Frank Stern
Dann bin ich um den Schlaf gebracht

Frank Stern

Dann bin ich um den Schlaf gebracht

Ein Jahrtausend jüdisch-deutsche Kulturgeschichte

Aufbau-Verlag

Mit 32 Abbildungen

ISBN 3-351-02533-5

1. Auflage 2002
© Aufbau-Verlag GmbH, Berlin 2002
Einbandgestaltung Regine Kujat Peix Berlin
Druck und Binden GGP Media Pößneck
Printed in Germany

www.aufbau-verlag.de

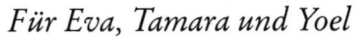

Für Eva, Tamara und Yoel

INHALT

Was ist Judentum? Diese albern scheinende Frage dürfte so manchen nicht minder verblüffen, der, mitten im Judentume stehend, seinen Inhalt erschöpfend zu kennen wähnt, als die Frage: Was ist Wahrheit? schon manchen in Verlegenheit gebracht hat, der die Wahrheit mit Löffeln in sich aufgenommen zu haben glaubte.

Heinrich Graetz, Die Konstruktion der jüdischen Geschichte, 1846

EINLEITENDES ZUR JÜDISCH-DEUTSCHEN KULTURGESCHICHTE

Was ist deutsch-jüdische Kultur und Geschichte? Woraus besteht deutsch-jüdische Erinnerung? Was war und was ist die deutsch-jüdische Erfahrung? Gibt es eine deutsch-jüdische Identität? Wieviele Bindestrich-Identitäten benötigt unsere Gesellschaft überhaupt für eine europäische Perspektive? Können wir damit zufrieden sein, wie bisher die deutsch-jüdische Geschichte geschrieben wurde? Ist alles gesagt und untersucht, was die deutsch-jüdische Erfahrung ausmacht von der großen Politik bis in den deutsch-jüdischen Alltag, vom Synagogengesang bis zum Übertritt zum Protestantismus oder Katholizismus? Waren tausend Jahre deutsch-jüdische Kultur 1945 zu Ende, oder waren es vielleicht auch zweitausend Jahre? Gehören deutsche Juden, ihre Kultur und Geschichte ins allgemeine deutsche historische Museum oder in Gedenkstätten der Judenverfolgung? Sind deutsche Juden ein Phänomen der Vergangenheit, da man in den jüdischen Gemeinden in Deutschland zunehmend Russisch hört? Wie verhält es sich überhaupt mit dem Zusammenhang von Juden in Deutschland und den Jüdischen Gemeinden? Schließlich, was hat die deutsche Einigung mit der deutsch-jüdischen Zukunft zu tun?

Die Kultur und Geschichte der Juden in Deutschland und die damit verbundene deutsch-jüdische Erfahrung sind kein abgeschlossenes historisches Kapitel. Viel ist über die Geschichte der Juden geschrieben worden, weniger schon über ihre Kultur in Deutschland, noch weniger über ihre Erfahrungen und über die Erfahrungen mit ihnen. Doch soll im vorliegenden Band hauptsächlich von der deutsch-jüdischen Erfahrung die Rede sein. Es geht dabei nicht um Theorien, um fachwissenschaftliche Fragen, wenngleich auch manches scheinbar Vertraute neu diskutiert wird, sondern um die Erfahrungen, die Menschen unterschiedlicher Herkunft in Deutschland machen konnten, die sie prägten, die zu Einsichten, Wissen und Bildung führten. Erfahrung kann Vertrautheit bewirken, auch Skepsis oder Fremdheit, Duldsamkeit oder Unduldsamkeit, blinde Ablehnung oder geistige Unruhe. Solche langwirkenden gesellschaftlichen Erfahrungen setzen sich im Denken und im Fühlen fest. Das zeigt sich beispielhaft und in schmerzhaften Extremen an der deutsch-jüdischen Erfahrung.

Die deutsch-jüdische Geschichte, die jüdisch-deutsche Wechselwirkung endete nicht mit den Deportationszügen in die Vernichtungslager. Zwar gibt es bis heute nichts, was man kulturell mit dem »Goldenen Zeitalter« vor 1933 vergleichen könnte, aber die sich entwickelnde Vielfalt jüdischen Lebens im heutigen Deutschland und in Österreich, insbesondere in Berlin und Wien, schafft neue Erfahrungen und begründet damit auch neue Kontinuitäten, deren Bedeutung erst in der Zukunft deutlich werden wird. Aber das hat die jüdisch-deutsche Erfahrung mit der allgemeinen deutschen Erfahrung gemein, Deutschland in Europa und Europa in Deutschland stehen am Beginn des 21. Jahrhunderts, und deutsche, österreichische, Schweizer, französische, holländische und belgische, ungarische, tschechische Juden begreifen sich zunehmend als Europäer – genauso wie ihre Landsleute. Juden sind heute keine europäische Minderheit mehr, und vielleicht sind sie es auch nie gewesen. Wie deutsche Juden sich selbst in ihrer Umgebung sahen und sehen, soll im folgenden genau so behandelt werden wie die Blicke der nicht-jüdischen Mitbürger auf ihre jüdischen Bürger oder auf die, die irgendwie als jüdisch galten.

Es gibt kein jüdisches Thema, das nicht immer wieder unser Nachdenken und unsere Gefühle herausfordert. Dabei kann durchaus in Frage gestellt werden, was das selbständige Denken einschläfert und etwa auf die gängigen Formeln vom »Scheitern des deutsch-jüdischen Verhältnisses« oder vom »Ende der deutsch-jüdischen Liebesbeziehung« hinausläuft. Dieser Essay versucht, überkommene und weidlich abgenutzte Begriffe wie »Assimilation« und »Symbiose« zu vermeiden. An deren Stelle soll etwas anderes treten, nämlich die Wechselwirkungen zwischen Juden und Nichtjuden im kulturellen, wirtschaftlichen, gesellschaftlichen Leben, aber auch im kulturellen Zusammenhang von gesprochener Umgangssprache und Schriftsprache, von Manuskript- und Buchkultur, die durch die Jahrhunderte existierten. An vielen Beispielen kann gezeigt werden, wie christliche und jüdische Bevölkerungsgruppen sich zunehmend aufeinander bezogen, und zwar sowohl in Phasen der Annäherung als auch der Distanz. Alltag und Kultur in ihren weiblichen und männlichen Ausprägungen, Weltläufigkeit und Wirtschaften, Dienen und Leiten ergeben einen kulturgeschichtlichen Blick auf die deutsch-jüdische Erfahrung, der davon absehen kann, sich der Biologie entlehnter Begriffe zu bedienen, die allzu leicht rassistische Deutungen nahelegen. Die hier beschriebene Alternative kann mit dem Begriff der Akkulturation zusammengefaßt werden.

Die inhaltlichen Bezugspunkte werden in der langen Kulturgeschichte des Humanismus, der Aufklärung und des Ringens um gesellschaftliche Gleichheit und Demokratie gesehen. In diesem Zusammenhang ist auch von vornherein festzuhalten, daß es weder einen gradlinigen oder etwa vorbestimmten Weg nach Auschwitz gab noch einen definitiven Endpunkt der deutsch-jüdischen Erfahrung. Der jüdische Schmerz an Deutschland bleibt, doch ist er ein jüdischer ebenso wie ein deutscher Schmerz, aus dem nachgeborene Generationen nicht Betroffenheit schöpfen sollten, sondern Nachdenken, Optimismus, kritisches Erinnern und Anregungen für neues Gestalten.

Zu Beginn des 21. Jahrhunderts wird jüdisches Leben in Deutschland und Österreich allmählich und in unvorhersehbarem Ausmaß zu einer gesellschaftlichen Selbstverständlichkeit. Damit ergeben sich auch neue Fragen an die deutsch-jüdischen Entwicklungen der zurückliegenden Zeitalter, wenngleich die Erschütterungen und Katastrophen des 20. Jahrhunderts den offenen Umgang mit den vergangenen 1 000 Jahren erschweren. Der ausschließliche Blick auf Antisemitismus, Verfolgung, Vertreibung, Deportation und Vernichtung, auf die kulturelle und gesellschaftliche Distanz verstellt die Wahrnehmung von Gemeinsamem, von wechselseitiger Teilhabe, kulturellen und sozialen Annäherungen und im gesellschaftlichen Austausch potenzierter Kreativität.

Eine zeitgemäße Darstellung deutsch-jüdischer Erfahrungen kann durch die aktuelle Bedeutung kultureller Zusammenhänge, Beziehungen und Entwicklungen in Deutschland und anderen europäischen Staaten Perspektiven gewinnen. Diskussionen über Staatsangehörigkeit, Bürger- und Menschenrechte, kulturelle Identität und religiöse Akzeptanz, auch das Nachdenken über vielfältige Formen einer demokratischen Identität gehören genauso in den heutigen deutsch-jüdischen Zusammenhang wie die Erkenntnisse der modernen Geschichtsschreibung, der Kulturwissenschaften oder der Wissenschaft des Judentums, wie sie im 19. Jahrhundert begründet wurde.

Die Nähe deutscher und jüdischer Kultur und ihre historisch unübersehbare und folgenreiche Wirklichkeit waren untrennbarer Bestandteil der Entwicklung und des Aufstiegs der europäischen Gesellschaft und sind auch ein Merkmal der gegenwärtigen Neugestaltung Europas. Vielleicht läßt sich aus dem widerspruchsvollen und konfliktreichen Aufeinanderzugehen von Juden und Deutschen, der Entwicklung der unverwechselbaren deutsch-jüdischen Kultur auch für das 21. Jahrhundert lernen.

Das Thema Juden in Deutschland wird in der wissenschaftlichen Literatur und in den Medien meist als politische Geschichte behandelt, als Religions- und Leidensgeschichte oder als Teil der Geschichte des Antisemitismus und des verheerenden deutschen Nationalismus. Oft findet eine Trennung in jüdische Geschichte und Kultur einerseits und deutsche Geschichte und Kultur andererseits statt, während es ja gerade ein wesentliches Merkmal der deutsch-jüdischen Erfahrung ist, daß es sich um kulturelle, religiöse, gesellschaftliche, wirtschaftliche und auch künstlerische Zusammenhänge handelt, die in die politische und gesellschaftliche Entwicklung Europas seit der Antike eingebettet sind. Heute ist es daher mehr als je zuvor erforderlich, die deutsch-jüdischen Lebensräume kulturgeschichtlich zu betrachten und nicht als vorbestimmten Weg, der in die Vernichtungspolitik des nationalsozialistischen Deutschlands führen mußte. Das Scheitern der deutsch-jüdischen Hoffnung in einer Periode deutscher Geschichte wirft Schatten auf andere Zeitalter, doch sollten diese Schatten gerade die Notwendigkeit stärker hervortreten lassen, den vergangenen jüdischen Stimmen und auch den heutigen mehr Gehör zu schenken, sie eben nicht in der vom Antisemitismus bestimmten willkürlichen Trennung zu betrachten oder in Betroffenheitsritualen und Sonntagsreden verklingen zu lassen.

Im Hinblick auf deutsch-jüdische Kultur und Geschichte geht es, um einen Gedanken Walter Benjamins aufzunehmen, darum, die *Überlieferung von neuem dem Konformismus abzugewinnen, der im Begriff steht, sie zu überwältigen.*[1] Mit anderen Worten: Schablonen, Klischees und überkommene Stereotype sind wenig hilfreich, wenn es um die Gegenwart und Zukunft von Juden in Deutschland geht. Der folgende Essay möchte Anregungen geben, die deutsch-jüdische Erfahrung neu zu durchdenken. Dabei sollen durch die Darstellung drei traditionelle Herangehensweisen in Frage gestellt werden: Weder die antisemitische Verfolgungsgeschichte noch die ostjüdische Erfahrung mit dem deutschen Judentum oder der zionistische Blick auf die deutsch-jüdische Kultur und Geschichte stehen hier im Zentrum. Dies sei vorab betont, da die genannten Schwerpunktsetzungen seit 1945 in der Auseinandersetzung mit deutscher Geschichte, mit der vernichtenden Stärke des deutschen Antisemitismus und der Shoah selbstverständlich waren und sich leider auch höchst unvorteilhaft auf Ausstellungen und Museen ausgewirkt haben. Wer daran rüttelte, provozierte schärfste Zurückweisung, emotionale Reaktionen und vor allem den Verdacht, er wolle die Bedeutung der Shoah herunterspielen.

Heute, da sich die historische Nähe zur Shoah und die Distanz zu ihr verbinden, ist eine andere, vielleicht nicht neue, sondern eher auf vergangene Sichtweisen zurückgreifende Betrachtungsweise nicht nur möglich, sondern erforderlich. Nicht Außenperspektiven, sondern Selbstbesinnung, nicht ideologische Schuldzuweisungen, sondern humanistisches Selbstverständnis sind gefragt. Die deutsch-jüdische Erfahrung muß sich nicht von außen definieren lassen, sie birgt in sich einen unerschöpflichen Reichtum, den es zeitgemäß zu entdecken und auszubreiten gilt.

Das Erinnern, Aufschreiben, Gestalten und Erforschen der jüdischen Überlieferung, Kultur und Geschichte unterliegt eigentlich seit dem Niederschreiben der Bücher der Bibel in der Antike dem ständigen Gebot des Infragestellens, des Erneuerns und des Bewahrens in historischer Gegenwart. Die deutsch-jüdische Geschichte ist voll von Widersprüchen, ihre Jahrhunderte eine kulturelle, soziale, intellektuelle, künstlerische und ästhetische Fundgrube nicht allein für das Verständnis der Vergangenheit, sondern auch im Hinblick auf eine sich neu entfaltende deutsch-jüdische Gegenwart. Was lasen denn Juden im Zeitalter des Minnesangs, welche Rolle spielten jüdische Frauen im deutsch-jüdischen Kontext durch die Jahrhunderte, wie sah die Selbstverteidigung und Organisation der Juden im Hochmittelalter aus, wie wirkten Humanismus und Reformation auf die Juden in deutschen Landen, und warum sind gerade Süßkind von Trimberg, Josel von Rosheim, Glückel von Hameln, Ludwig Börne, Heinrich Heine, Moritz Daniel Oppenheim, Fanny Lewald und Walther Rathenau, Bertha Pappenheim, Max Liebermann, Ernst Lubitsch und Werner Richard Heymann, Heinz Galinski, Fritz Lang, Hans Rosenthal, Wolfgang Hildesheimer, Jurek Becker, Barbara Honigmann und Jalda Rebling herausragende Repräsentanten der deutsch-jüdischen Erfahrung? Kann man überhaupt einzelne nennen, da man doch dann andere, ebenso bedeutsame, nicht erwähnt?

Deutsch-jüdische Kultur und Geschichte sollen auf den folgenden Seiten nicht vom Rand der Gesellschaft, sondern von ihrer Mitte her beschrieben werden, nicht als Beitrag, sondern als integrierende Teilhabe, nicht als Erfolg oder alternativ als Niederlage, sondern als Annäherung, Austausch, gemeinsame Kulturerfahrung und sich entwickelnde Identität – eben als ein widerspruchsvoller kulturgeschichtlicher Weg in die Moderne. Im Zentrum stehen daher die deutsch-jüdischen Stimmen selbst. Sie sind als jüdisch-deutsche, mithin als deutsche Stimmen Teil der kulturgeschichtlichen Entwicklung der westlichen Kultur und damit auch eines Universalismus, der den kulturell Anderen stets in sich selbst erkennt. Der Humanismus der frühen Neuzeit, die Wiedergeburt in der Moderne und – so müßte man hinzufügen – der Antihumanismus des 20. Jahrhunderts und eine zweite Wiedergeburt im Übergang zum 21. Jahrhundert bilden den Rahmen der deutsch-jüdischen Erfahrung.

Manasse ben Israel, Ex Libris, Amsterdam, Anfang des 17. Jahrhunderts

Dieser kulturgeschichtliche Weg soll vom Mittelalter in das 21. Jahrhundert führen. Das kleine romantische Ex Libris eines jüdischen Buchfreunds aus dem 19. Jahrhundert, das wiederum auf ein älteres Ex Libris zurückgeht, mag uns den Weg weisen. Es führt zurück zu den Liedern des Juden Süßkind von Trimberg, dem ersten jüdischen Dichter deutscher Sprache. Und gleichzeitig repräsentiert dieses Ex Libris durchaus die Ambivalenz der deutsch-jüdischen Erfahrung. Es gibt Drucke, auf denen der

Wanderer nach Westen, und andere, auf denen er nach Osten geht. Der folgende kulturgeschichtliche Weg beginnt daher in der Mitte Deutschlands, in dem kleinen Ort Trimberg zwischen Fulda und Würzburg unweit einer heute vielbefahrenen Autobahn.

I.

DER SPÄTE GRIFF DES MINNESÄNGERS NACH DEM JUDENHUT ODER WIDER DIE ARROGANZ DER RECHTGLÄUBIGEN MACHT

Im Sommer 1893 weilten zwei respektable jüdische Literaten, der Autor zahlreicher Romane, Karl Emil Franzos, und der Literaturwissenschaftler Richard M. Meyer, zur Kur im behäbigen Bad Kissingen. Sie beschlossen, einen Ausflug ins nahe Trimburg zu machen, um festzustellen, ob noch die Kunde fortlebe von einem jüdischen Minnesänger, der über 600 Jahre zuvor aus diesem kleinen Städtchen aufgebrochen war. Die Kutschfahrt war vergnüglich, der Kutscher wußte nicht, was denn Minne sei. Auch die Bürgermeisterin, eine alte Frau, ein Handwerker und der Lehrer am Ort wußten nichts, doch eine Magd schuf Klarheit. Deren Vater, ergrauter Hausherr eines alten Familienbesitzes, erläuterte den Besuchern, daß *der Jüd Süßkind geheißen habe. Mit denen auf der Burg oben habe er es gehalten, sei ihr »Schmuser« gewesen, ihr »Beiläufer«. Von Gedichten wüßte auch er nicht. Ein Jude habe vor Jahrhunderten in seinem Haus gewohnt, verarmt, und die Kinder seien ihm im Alter davongelaufen. Er wisse das alles durch Erbsage.*[1]
Ende des 19. Jahrhunderts war die Diskussion über Süßkind von Trimberg ein beliebter literarischer und kulturpolitischer Gegenstand unter deutschen Juden. Gab es doch hiermit den Nachweis über die jahrhundertealte Verankerung jüdischen Schreibens in der deutschen Literatur. Abgesehen davon war die intensive Beschäftigung mit der mittelalterlichen Literatur zentral in der Entwicklung des nationalen deutschen Kulturbewußtseins. Wenn Walther von der Vogelweide und die Meistersinger in aller Munde waren, warum, so schien es, sollte nicht auch der stolze jüdische Minnesänger Süßkind mit von der nationalen Partie sein.
Es war nur wenig über jenen Minnesänger und Spruchdichter aus der ersten Hälfte des 13. Jahrhunderts bekannt. Seine Lieder

sind in der Anfang des 14. Jahrhunderts in Zürich entstandenen *Manessischen Liederhandschrift* enthalten und gemeinsam mit den Liedern vieler anderer Minnesänger durch die Jahrhunderte bewahrt worden. Die Handschrift befindet sich heute in der Heidelberger Universitätsbibliothek. Trotz oder gerade wegen der wenigen Lieder und Informationen von Süßkind, dem Juden von Trimberg, wurde er zu einer deutsch-jüdischen Zentralfigur wie kaum jemand anderer. Heinrich Graetz hatte in seiner 1853 bis 1875 erschienenen *Geschichte der Juden* den Ton vorgegeben. Für bemerkenswert hielt es Graetz, *daß das gegen Juden nicht sehr liebvolle Deutschland in dieser Zeit einen jüdischen Dichter in der Landessprache, einen jüdischen Minnesänger erzeugt hat, der in schönen Weisen zu singen, Reim, Versmaß und Strophenbau zu verhandeln verstand und so viel Anerkennung fand, daß er in den Dichterkreis ebenbürtig aufgenommen wurde.*[2]

In seinen Liedern, der Lyrik des Mittelalters, singt Süßkind von Trimberg deutsche Psalmen, beklagt den Gegensatz von reich und arm, dichtet zornig über unzureichende Einnahmen für seine Lieder, betont gedankenvoll die Notwendigkeit von Gesetzen gegen den Wucher, wirft dem Adel vor, daß dieser äußere Pracht mit innerer Würde verwechsle und daß wahrer Adel keine Frage des Standes, sondern der inneren Haltung sei, er preist die Freiheit der Gedanken und besingt die offenbaren und geheimen Freuden der Liebe. Schließlich, da Kirche und Fürsten die Situation der Juden im Reich so verschlechtern, daß ein jüdischer Minnesänger kaum noch Aussicht hat, der Minne und dem Broterwerb durch seine Lieder frönen zu können, scheint er zu resignieren und seine Arbeit als mittelalterlicher Liedermacher aufzugeben.

> *Ich bin fürwahr ein Tor*
> *Mit meiner Kunst gefahren,*
> *Die Herren wollen nichts mehr geben*
> *Drum will ich ihre Höfe fliehn*
> *Und laß mir einen langen Bart*
> *Wachsen von grauen Haaren.*
> *Ich will allein als Jude leben*

Mit Würde meines Weges ziehn,
Umfängt mich mein Mantel lang,
Tief unter einem Hute,
Demütig soll sein mein Gang,
Und niemals sing ich höfischen Gesang,
Seit mich die Herren schieden von dem Gute.[3]

Und in dieser Kleidung bildet die *Manessische Liederhandschrift* Süßkind den Juden von Trimberg dann farbenfroh auch ab, wobei der spitze Judenhut eher der späteren Entstehungszeit des Bildes entspricht als der farbenprächtigen modischen Wirklichkeit, in der Süßkind sich bewegte.

Süßkind, der Jude von Trimberg, Abbildung aus der *Manessischen Liederhandschrift*, Zürich, 14. Jahrhundert

21

»Ausschweifungen einer so abscheulichen Vermischung«

Bevor der Minnesänger Süßkind am deutsch-jüdischen Horizont auftaucht und unter Zurücklassung etlicher Lieder auch wieder verschwindet, sei kurz skizziert, wie er denn nach Trimburg gekommen ist. Wie konnte es sein, daß ein Jude sich kreativ in der deutschen Sprache bewegte, die Laute stimmte und als fahrender Gesell den edlen Damen und Herren am Hofe und den ihn anschmachtenden Mädchen und Frauen so manch bekannten und unbekannten Ton vortrug?

Nach alter jüdischer Überlieferung gab es bereits im ersten Jahrhundert Juden in den römischen Rheinprovinzen. Jüdische Kaufleute hatten sich niedergelassen, Legionäre brachten jüdische Frauen aus der römischen Provinz zwischen Mittelmeer und Jerusalem mit sich ins Rheinland, wo die römische Verwaltung sie vorzugsweise siedeln ließ. Flüchtlinge und Vertriebene suchten das tolerante Klima der Rheinprovinzen. Die jüdischen Frauen bestellten Haus und Herd und widmeten sich der Kindererziehung. Jüdische Kaufleute, Ärzte, sprachkundige Übersetzer, Fahrende aller Arten und Herkunft charakterisierten darüber hinaus das bunte Völkergemisch des späten Römischen Reiches. Pax Romana, das Reich und die Provinzen kannten unzählige jüdische Niederlassungen und Gemeinden rund um das Mittelmeer, in Italien, Spanien, dem späteren Frankreich und anderen Gebieten nördlich der Alpen.

Lange vor den Folgen der Zerstörung des Tempels in Jerusalem im Jahre 70 nach der Zeitenwende war dies auch ein friedvoller Rahmen für die Entwicklung jüdischen Lebens und sich weltlich und religiös organisierender Gemeinschaften von Bauern, Weinbauern, Kaufleuten, Handwerkern, Soldaten, Ärzten, schließlich auch Schriftgelehrten. In der Mainzer, Ulmer und Regensburger jüdischen Überlieferung heißt es, daß dort bereits zu Zeiten Jesu Juden siedelten. Jüdische Siedler und germanische Stämme trafen hier aufeinander, lange bevor man von Deutschland reden konnte. Kurz, es gab längst jüdische Anwohner in den Rheinprovinzen, bevor das Christentum dort seinen Einzug hielt. Eine Wormser

Legende besagt, daß die Juden der Stadt sich in einem Schreiben an Pontius Pilatus gegen die Hinrichtung von Jesus gewandt hätten.

Als erstes Dokument der jüdischen Ansiedlung gilt neben einigen Inschriften ein Erlaß von Kaiser Konstantin I. aus dem Jahr 321, in dem er anordnet, daß auch Juden als Kuratoren in der lokalen städtischen Vertretung Kölns vertreten sein sollten. Diese Kuratoren waren für die finanziellen Geschäfte mit Rom verantwortlich. Folglich handelte es sich um ein nicht sonderlich beliebtes Amt, da Rom meist mehr forderte, als die Steuereinnahmen so ergaben. Zehn Jahre später, in einem Erlaß von 331, wurden die Rabbiner und Amtsträger der Jüdischen Gemeinden davon ausgenommen, womit sich der immense finanzielle Abgabendruck milderte. Da hat es wohl zehn Jahre lang Bittschriften nach Rom gegeben, Kontakte mit Geschäftspartnern und religiösen Würdenträgern in der imperialen Hauptstadt.

Viel wissen wir nicht über jüdisches Leben in dieser Zeit, aber die Juden waren Teil der städtischen und ländlichen Kultur mit weltlichen und religiösen Einrichtungen. Sie waren untrennbarer Bestandteil der Bevölkerung und der gesellschaftlichen und kulturellen Übergänge von der Spätantike ins frühe Mittelalter. Die Juden in den römischen Provinzen jenseits der Alpen galten in lateinischen Dokumenten als die Bleibenden, als Ansiedler, nicht als Wandernde. Und sie blieben. Landständigkeit und Beweglichkeit, Sprachkenntnisse, kulturelles Wissen über ferne Länder, über Handel, Herrscher und Höfe, Gebräuche und sichere Reiserouten verbanden sich auf glückliche Art in einer Zeit, in der sich das politische, ökonomische und militärische Gewicht vom Mittelmeer nach Westeuropa verlagerte.[4]

Juden waren so wie viele andere Gruppen durch mundartliche und regionale Besonderheiten geprägt und somit keine homogene ethnische Gruppe. Das Besondere war das Allgemeine. Das Christentum bezog sich auf das Judentum, das es ja gerade erst vor wenigen Generationen verlassen hatte, und das Judentum bezog sich auf Gott in der Welt und die jeweiligen Verhältnisse, über die man sich von Gemeinde zu Gemeinde ja gut austauschen konnte. Die Kommunikation klappte vorzüglich. Handel und

Wandel waren eine der Grundbedingungen des Imperium Romanum und der folgenden Franken- und Germanenreiche. Jüdische Kaufleute reisten weit, auf der Nordroute bis nach China, auf der Südroute nach Ägypten, Arabien, Mesopotamien, waren bei Hofe gut angesehen, brachten nach Worms und Aachen Güter aus dem Orient und nach Bagdad und Alexandria Waren von jenseits der Alpen. Dies ließ am Kaiserhofe zu Aachen auch gleich den einen oder anderen Neider verleumderische Reden halten. Doch das Frankenreich war weltläufig. Seit etwa 765 gab es Gesandtschaften aus dem Frankenreich in das Reich des Kalifen und umgekehrt, die oft jahrelang unterwegs waren. Karl der Große betrieb internationale Politik zwischen seinem Reich, Byzanz und den muslimischen Herrschern, vor allem Harun al Raschid, dem Kalifen von Bagdad.

Im Jahre 802 stapfte schweren Schrittes ein Elefant durch das Reich Karls des Großen. Ein orientalisches Geschenk Haruns für seinen okzidentalischen Amtskollegen am anderen Ende der Welt. Die Gesandten Lantfrid und Sigismund, die im Auftrag Karls den Kalifen aufgesucht hatten, um diplomatische Beziehungen aufzunehmen und dabei die Möglichkeiten von Pilgerfahrten nach Jerusalem zu erkunden, überlebten die beschwerliche Reise nicht. Zurück kehrte nach vier Jahren, schwerbeladen mit nahöstlichen Geschenken, der Dritte im Bunde, der vielbewanderte und sprachkundige Geschäftsmann und Reiseführer Isaac, ein Aachener Jude. Die fränkischen Reichsannalen berichten ausführlich hierüber. Isaac war nach diesen Quellen ein erfahrener und sprachkundiger Kaufmann, dem die Kenntnis der Welt zwischen Okzident und Orient eigen war.

Nach dem Tod der beiden fränkischen Sendboten wurde er mit der Führung des mitreisenden Personals, Soldaten, Sklaven, Männer und Frauen betraut. Nach langem Aufenthalt in Bagdad am Hof des Kalifen wurde der Sicherheit seiner Rückreise durch Karl Rechnung getragen. Der rüstete eine Begleitflotte zur Unterstützung aus, um Piraten, neidische Herrscher und die byzantinische Flotte auf Abstand zu halten. Schwer beladen steuerten die Schiffe Karls unter Isaacs Leitung von Nordafrika kommend Norditalien an. Er landete mit all der orientalischen Pracht im Oktober 801 im Golf von La Spezia, doch tiefer Schnee verhinderte den Zug der Karawane nach Aachen, wo der Kaiser ungeduldig wartete, insbesondere auf das Prachtstück unter den Geschenken, den Elefanten, den er sich ausdrücklich gewünscht hatte. Nach der Schneeschmelze wurde ein Rheinschiff für den Elefanten hergerichtet, das dann, für alle Rheinanwohner sichtbar, das tierische Wunder gen Norden brachte. Am 20. Juni 802 erreichte Isaac mit dem Elefanten, der liebevoll Abulabaz genannt wurde, die Kaiserstadt Aachen. Kalif Harun hatte dem Elefanten diesen Namen gegeben, der an den Stammvater der Dynastie und Onkel des Propheten Mohammed erinnerte.

Doch war der Elefant nur eines der prachtvollen Geschenke. Es gibt keine definitiven Belege, welche weiblichen oder männlichen Begleiter oder Sklaven im Geschenkzug dabei waren. Die Reichschronik setzt dies als selbstverständlich voraus, und die kirchlichen Chronisten hüllen sich darüber verständlicherweise in Schweigen.[5] Der Elefant wurde zur Attraktion des Hofes, Machtsymbol des Herrschers und Zeichen seiner Weltläufigkeit. Das Ereignis wurde reichsweit beachtet, zahlreiche Chronisten und Zeitgenossen widmeten sich in ihren Texten der Sensation. Ein Kommentar zu den Psalmen, geschrieben im 9. Jahrhundert in St. Denis, deutet sehr anschaulich auf die verbreitete Kenntnis der elefantischen Anatomie hin. Die Gestaltung des Textes, einer farbenprächtig illuminierten Handschrift, enthält einen schön gezeichneten Elefantenkopf.[6] Noch prächtiger gestaltet ist der *Leipziger Machsor*, der einen roten Elefanten wohlproportioniert für die Nachwelt festhält. Abulabaz paßte sich dem kühlen Klima an und gewöhnte sich an die geschmacklosen rheinischen Zukkerrüben, blieb immer in der Nähe Karls und starb 810, viel betrauert von seinen Bewunderern, bei einem Feldzug gegen die unbotmäßigen Dänen.

Diese eher folkloristisch anmutende Begebenheit hatte politische Bedeutung und wirkte sich auf das Bild der Juden in höfischen Kreisen aus. Ein Jude hatte bleibend zwischen Christentum und Islam vermittelt und funktionierende diplomatische

Beziehungen hergestellt, den Zugang zur Heiligen Stadt und zum Grabe Jesu erleichtert.

Noch im 9. Jahrhundert, der Blütezeit des Frankenreichs, luden die Bischöfe von Augsburg, Regensburg und Salzburg Juden ein, sich in ihren Städten anzusiedeln. Speyer, Worms und Mainz entwickelten sich zu jüdischen Zentren, Frankfurt am Main, Bonn, Trier, Magdeburg, Halle und andere Orte folgten. Das Reich der Franken, so wie zuvor die römischen Provinzen, waren Einwanderungsgebiete. Namentlich überliefert ist insbesondere die Familie Kalonymos aus Norditalien, die eine ganze Schule gelehrten Rabbinertums begründete, lateinisch-hebräische und aramäische Sprachformen mitbrachte. Christliche, vorchristlich-germanische und jüdische Kulturtraditionen trafen aufeinander, und immer noch können wir von neuen Funden oder kritischen Interpretationen vorhandener Relikte ausgehen.

Ein Beispiel hierfür ist eine langjährige Debatte über ein auf die germanische Mythologie zurückgehendes Schlaflied. 1435 wurde eine Handschrift verfaßt, in deren Einband Jahrhunderte ältere Pergamentstreifen verwendet worden waren. 1852 entdeckte ein Wiener Wissenschaftler diese Kostbarkeit. Es war das *Schlummerlied*, ein althochdeutscher Text aus dem 9. bis 10. Jahrhundert mit althebräischen Anmerkungen. Eine Mutter wiegt ihr Söhnlein in den Schlaf, vier germanische Göttinnen, Wotan selbst, der Göttervater, werden genannt. Unter dem Wort Docke (Puppe) steht auf hebräisch Dodi, und unter den Göttternamen Ostra und Zanfana stehen die Namen Esther und Zippora. Über dem Text finden sich hebräische Wörter in einer Schreibweise, wie sie in Europa gar nicht üblich war, und im Text einzelne deutsche Buchstaben, die eher hebräischen Buchstaben ähneln. Die Vermutung liegt deshalb nahe, daß es sich bei dem Verfasser des Liedes um einen ausländischen Juden gehandelt hat.[7]

Der Dichter Karl Wolfskehl forderte 1928 in der Festgabe für Martin Bubers 50. Geburtstag, dem *Schlummerlied* wieder die ihm zustehende Bedeutung in der deutsch-jüdischen Geschichte zu geben. Nicht viel hat sich seitdem verändert, die deutsch-jüdische Kulturgeschichte wird immer wieder die Funde der Vergangenheit, das Wissen, das es Ende des 19. Jahrhunderts gab und dessen Druckwerke 1933 dem Vergessen überantwortet wurden, rekonstruieren müssen. Und das beginnt auch mit dem Blick auf die steinerne Erinnerung, auf Synagogen, Mikwen, Hochzeitssteine, Judengassen und Bürgerhäuser.

Synagogenbauten werden in Köln seit dem 11. Jahrhundert urkundlich belegt. Juden waren ein Bevölkerungsteil unter vielen im Heiligen Römischen Reich, Teil jener regionalen und kulturellen Vielfalt unter christlicher Oberhoheit, in der die Juden primär nicht als kulturell andere galten, sondern als dazugehörig, ihre Religion wurde, wenn auch mit Sonderstatus, als einzige nichtchristliche Religion in die mittelalterliche Gesellschaft eingebunden. Das jüdische Recht war reichsweit als bindend für die jüdischen Gemeinschaften akzeptiert. Sie wohnten nicht in abgetrennten Wohnvierteln, wenngleich sich Judengassen, bestimmte Ballungszentren, entwickelten. Wesentlicher waren jedoch die ständigen Kontakte und eine sich entwickelnde wirtschaftliche und soziale wechselseitige Teilhabe. Ihre Existenz schwankte stets zwischen dem auch rechtlich durch das Drängen der Kirche bestimmten Status einer religiösen Minderheit, zwischen Integration und Ausgrenzung, Diskriminierung und Privilegierung. Doch handelt es sich in der Periode bis zu den Pogromen, die Mitte des 14. Jahrhunderts durch die einer Pestepedemie folgende Volkshysterie ausgelöst wurden, um eine sich intensiv und in allen gesellschaftlichen Bereichen entfaltende jüdische Gemeinschaft und Kultur.

Zwar brachten die im Jahr 1096 beginnenden und bis 1270 immer wieder aufflammenden Kreuzzüge gesellschaftliche Einschnitte, die allmählich den Status der Juden im Reich veränderten. Tod, Verwüstung und Märtyrertum kennzeichneten insbesondere die Geschichte der jüdischen Kommunen des Rheinlands. Die kirchlichen und weltlichen Fürsten versagten vor der irrationalen Kraft des christlichen Fundamentalismus in ihrer Schutzpflicht, so sie denn überhaupt das angestammte Recht der Juden verteidigen wollten. Doch der plündernde und mordende Mob setzte sich nicht nur aus fanatisierten Kreuzfahrern, sondern auch lokalen Neidern und religiös aufgeputschten Mitbürgern zusammen. Die Chroniken beschreiben die zahlreichen Selbsttötungen von Juden, um Folter, Mord und Zwangstaufe zu entgehen, aber auch die Hilfe, die Versuche, sich zu verstecken, den mutigen Verteidigungskampf und die hilflosen Scheinbekehrungen, die bald wieder rückgängig gemacht wurden.

Drei Berichte sind in hebräischer Sprache überliefert. Zwischen 20000 und 25000 Juden lebten zu dieser Zeit wohl noch in den deutschen Landen. An die 5000 Juden – Kinder, Frauen, Männer – wurden während der Pogrome auf dem Altar eines mißverstandenen messianisch-fundamentalistischen Christentums geopfert. Ein erheblicher Teil des frühen deutsch-jüdischen Schrifttums wurde dabei vernichtet, so daß wir über diese frühe Phase der deutsch-jüdischen Sprach- und Kulturentwicklung nur recht wenig wissen. Heinrich Heine hat in seinem Fragment gebliebenen

Lithographie von Max Liebermann zu Heines *Der Rabbi von Bacherach*, 1923

Text *Der Rabbi von Bacherach* dem damaligen rheinischen Judentum ein literarisches Denkmal gesetzt, und Max Liebermann hat dieses Fragment Jahrzehnte später mit einfühlsamen Zeichnungen versehen.

Mit der Rückkehr der Juden in die angestammten Orte, meist kurze Zeit nach den Pogromen, wurden auch ihre Privilegien langsam erneut garantiert. Die jüdischen Stadtbewohner ordneten sich nun stärker als bisher direkt der jeweiligen Herrschaft unter, wurden zunehmend *Diener von Königen und nicht Diener von Dienern*[8], ihr Sprecher in allen Belangen mit der Obrigkeit wurde ein sogenannter Judenbischof, ein Amt, das in Worms sogar noch bis ins 18. Jahrhundert existierte. Doch sollte man den Judenbischof nicht mit dem gleich klingenden Titel der christlichen Kirche verwechseln. In Schlesien vereinigte der Judenbischof zu Beginn des 13. Jahrhunderts die Ämter des Sprechers, Rabbiners, Religionslehrers, Vorsängers und Schächters, gerade letzteres wäre bei einem christlichen Bischof wohl kaum denkbar.

Trotz des unermeßlichen Kulturverlusts bildete sich *Aschkenas* jetzt wieder als ein Zentrum jüdischen Lebens heraus. Der hebräische Begriff *Aschkenas* für die Juden zwischen Seine und Elbe setzt sich seit dem frühen 11. Jahrhundert durch. Er taucht bereits im Talmud als Bezeichnung für Germanien auf und setzt sich später als Sammelbegriff für die west- und mitteleuropäischen, insbesondere die deutschsprachigen jüdischen Gemeinschaften durch. Gegenüber den althergebrachten jüdischen Zentren im Gelobten Land, an den Ufern Babylons, in Ägypten, Italien und Spanien formierte sich langsam eine kulturelle Eigenständigkeit. In Wechselwirkung mit den städtischen Gemeinden in Deutschland entwickelten sich lokale und regionale Interpretationen der religiösen Tradition, sie führten zur Bildung von Gemeinden, die vornehmlich soziale, wirtschaftliche und repräsentative Aufgaben hatten. Man konnte nun Jude sein, ohne sonderlich religiös aktiv zu werden. Gemeindemitgliedschaft reichte aus, eine durchaus moderne Praxis. Ein beamtetes Rabbinat gab es lange Zeit nicht, die Gemeinden wahrten bedacht ihre Unabhängigkeit und entsprachen so der dezentralen Machtstruktur des Reiches. Jüdische Lehrhäuser entstanden, linderten den Bildungshunger, förderten den regionalen und überregionalen gesellschaftlichen Austausch und die Suche nach Status in den jüdischen Gemeinschaften. Diese Entwicklungen wurden durch immer wiederkehrende Pogrome, ökonomische Verschlechterung der Situation erheblich behindert, aufgehalten werden konnten sie allerdings nicht, wie zahlreiche Anpassungen der jüdischen Bevölkerung im familiären und gesellschaftlichen Bereich an die Welt des Mittelalters zeigen.

Bereits zu Beginn des 10. Jahrhunderts hatte der Mainzer Rabbiner Gerschom ben Juda das Verbot der Vielehe durchgesetzt und untersagt, Frauen die Ehescheidung aufzuzwingen. Das entsprach der damaligen Veränderung in der Stellung jüdischer Frauen und beeinflußte gleichzeitig erheblich ihren künftigen Status, trug ihrer veränderten Stellung und Verantwortung in der Verwaltung des Vermögens, in der Erziehung und der häuslichen Organisation des religiösen Lebens Rechnung. Die rege Wirtschaftstätigkeit in der expandierenden städtischen Wirtschaftsstruktur, weitläufiger Handel der Männer oder religiöse Belange hatten zu immer häufigerer Abwesenheit der Hausherren geführt, und den Hausfrauen wuchsen im umfassendsten Sinne neue Aufgaben zu. Eine Nebenfrau war füglich unerwünscht, ebenfalls die rechtlose Scheidung. Süßkinds Minne galt den Frauen:

> *Des Mannes Krone ist das reine Weib,*
> *Von Tag zu Tag erquickt sie Seele ihm und Leib,*
> *Wie glücklich der, dem sie zur Seite steht,*
> *Mit großer Treu ist sie bedacht,*
> *Ihr lichtes Feuer erlöscht nicht in der Nacht.*[9]

Im Unterschied zu den Liedern vieler anderer Minnesänger fällt es allerdings schwer, diese Strophe der Mutter von Jesus, Maria, zuzuordnen, allerdings gibt es Anleihen im *Lied der Lieder*, dem Hohelied Salomons. Süßkind wußte, welche Gedanken und Gefühle er ansprechen wollte, insbesondere mit der letzten Zeile. Der geringen weltlichen Dichtung stand im rituellen Bereich eine an Umfang zunehmende liturgische Dichtung gegenüber. Doch enthielt diese, insbesondere durch die Vorsänger in Synagogen und Betstuben beim Gebet, Anklänge an das aktuelle Geschehen. Die Schulpflicht für Knaben wurde streng eingehalten, und in überlieferten Schilderungen des ersten Schultages heißt es, daß den Knaben das ganze Alphabet auf einer Tafel gezeigt und vom Rabbiner vorgelesen wurde. Dann werde die Tafel mit Honig beschmiert, und der Knabe dürfe die Buchstaben ablecken. Keine Schultüte, aber echter Bienenhonig.

Jüdische Lehrhäuser wetteiferten bald mit den Universitätsgründungen in Deutschland. Auslegung und Anwendung der religiösen Schriften, insbesondere des Talmud im Hinblick auf das wirtschaftliche und gesellschaftliche Leben innerhalb der kleinen jüdischen Gemeinschaft und in der deutschen Gesellschaft, standen im Zentrum. Doch daneben entwickelte sich ebenfalls eine aschkenasische Mystik, die sich in einer Reihe Schriften niederschlug, die zum Teil noch immer einer zeitgemäßen deutschen Übersetzung harren. In diesen Schriften sind insbesondere die moralischen Ideen, die Juden und Christen gleichermaßen betreffen, von Bedeutung. Die Frömmigkeitsvorstellungen entsprechen in vielem der christlichen Welt und den Zielsetzungen der entstehenden Mönchsorden. Sozialkritik, Ethik, aber auch Geisterglaube, Askese und Martyrium ähneln sich in ihrer auf das einfache Volk zielenden Frömmigkeit. Hervorzuheben ist das *Buch der Frommen, Sefer HaChassidim,* das zwar Ende des 12. Jahrhunderts auf Hebräisch abgefaßt ist, doch eine Art *Judenspiegel* des Lebens in Deutschland, in Aschkenas darstellt. Es ist für die deutsch-jüdische Kulturentwicklung eines der wichtigsten Bücher jener Zeit, so wie der *Sachsenspiegel* aus dem ersten Drittel des 13. Jahrhunderts das ganze gesellschaftliche Leben zu erfassen sucht.

Das *Buch der Frommen* instruiert im rechten frommen Leben, indem es sich auf das alltägliche Leben konzentriert und auf die Beziehungen zwischen Juden und Nichtjuden. Es schildert höchst lebendig die deutsch-jüdische Vielfalt des Mittelalters. An einer Stelle heißt es, daß *die Lebensweise der Juden sich an den meisten Orten nach der Lebensweise der Nichtjuden richtet, die in*

deren Umgebung leben.[10] Das heißt, das bereits in der Zeit Süßkinds jüdische und nichtjüdische Lebenswelten in deutschen und
fränkischen Landen ineinanderflossen, die jüdische Bevölkerung
sich als Teil einer umfassenderen Kultur verstand. Die Entwicklung
eigenständiger westeuropäischer Lebensweisen und Umgangsformen, die Formierung rabbinischer Gelehrsamkeit in Aschkenas,
das Heranwachsen von jüdischen Generationen, für die Jerusalem
und ein jüdisches Gemeinwesen im Heiligen Land zum Sagen-
und Legendenstoff der Vorfahren gehörten, prägten auch die Fragen der in Aschkenas Gebürtigen an die Inhalte und Geschichte
dessen, was das Judentum sie lehrte. Das Interesse an der jüdischen Vergangenheit wuchs und wurde mit den Erfahrungen der
Handelsreisen verbunden, die irgendwie auch immer Bildungsrei-
sen waren und über die an vielen Abenden ausführlich berichtet
wurde.

Um das Jahr 1175 war Rabbi Petachja ben Jakov von Regensburg Richtung Jerusalem gereist. Von Prag über Polen. Rußland,
das Reich der Chazaren, Persien, Damaskus, wo er zehntausend
Juden zählte, führte ihn die Reise nach Bagdad, wobei er über die
große jüdische Gemeinde Bagdads klagte, daß alle Kopftücher
trügen und man nie eine Frau zu Gesicht bekäme, mithin islami-
scher Einfluß nicht zu übersehen war. Dennoch fand er dort die
Tochter eines Rabbiners, die, verborgen hinter einem vergitter-
ten Fenster, die auf der Straße sitzenden Schüler in der Thora
unterrichtete. Seine Schilderungen betreffen jüdische Gemeinden, Gebräuche und mystische Erfahrungen, gemischt mit mes-
sianischen Botschaften. In Babylon hört er Synagogenmusik von
vielstimmigen Lauten. Auch sucht Petachja in den Bergen Ararat
die Arche Noah. Enttäuscht berichtet er, sie sei bereits verfault
gewesen. Er besucht die Gemeinden in Tiberias, in Akko, die
Grabstätte Josuas und findet den Fußabdruck des Engels, der das
Land Israel nach dem Tod Josuas erbeben ließ. Allerdings vermerkt Petachja etwas irritiert, daß das ganze Land Israel bloß drei
Tagesreisen groß sei. Er sucht das Grab Rachels auf, und nicht
weit davon entfernt, in Jerusalem, trifft er lediglich auf einen einzigen ansässigen Juden, Avraham, den Färber. Ebenfalls enttäu-

schend war für ihn der Besuch am Toten Meer und in Sodom; denn von der Salzsäule war überhaupt nichts zu sehen.[11] (Offensichtlich ist die heute vorgezeigte Salzsäule eine späte Erfindung des israelischen Ministeriums für Tourismus.)

Nach der Reise durch Griechenland kehrte Petachja über Prag zurück nach Regensburg. Leider ist sein Bericht nur in einer durch den Leiter der Regensburger Talmudschule stark zensierten Fassung überliefert, in der Farbenpracht und Weltläufigkeit nur bisweilen erahnt werden können und eher die religiösen und traditionell männlichen Elemente von Reiseschilderungen bestimmend sind.

Offensichtlich wird an dem überlieferten Reisebericht, daß die aschkenasischen Juden nicht als weltabgeschiedene religiöse Gemeinden lebten, sondern mit Herz und Verstand, Kopf und Fuß in der ihnen bekannten oder auch unbekannten Welt standen. Sie erkundeten Abendland und Morgenland, der Blick ging traditionell nach Südosten, gen Jerusalem, aber auch darüber hinaus. Das Wissen um die konkreten Widersprüche zwischen Heiligen Schriften und gesellschaftlicher Wirklichkeit war genauso vorhanden wie das von den verschiedenen und miteinander konkurrierenden jüdischen Zentren. Es wurden wirtschaftliche und intellektuelle Beziehungen aufgenommen, fremde jüdische Gebräuche und Lebensweisen kritisch registriert. Viele Juden, so wie Isaac aus Aachen, waren aufgrund ihrer Weltläufigkeit und Sprachkenntnisse von immenser Bedeutung für die Fürstenhöfe, Könige und Kaiser.

Eng, dunkel und rückständig, wie diese Epoche oft beschrieben wird, war die Welt des beginnenden 13. Jahrhunderts wohl kaum. Vielmehr war sie von einer immensen Entwicklung geprägt. Von etwa fünfzig stieg die Zahl der Gemeinden im Verlauf von zwei Jahrhunderten auf ungefähr tausend. Hessen, Franken, Österreich waren Gebiete, in denen neue Städte jüdische Familien anzogen. Das ging einher mit wachsenden gesellschaftlichen Kontakten, die vor allem von den christlichen Geistlichen mißmutig beobachtet wurden, schließlich verfiel nicht selten so manch unbescholtene christliche Jungfrau dem Charme eines weltläufigen und gelehrten jungen Mannes, der im zweiten Drittel des 13. Jahrhunderts seinen spitzen Judenhut lieber im Kleiderschrank ließ und auch nach wie vor das Schwert an seiner Seite trug, was allerdings später durch das Verbot des Waffentragens für Juden und Geistliche unterbunden wurde, da sie unter dem Schutz des Kaisers standen. Diesen Königsfrieden konnten Geistliche, Mädchen, Frauen und Juden genießen. Er betraf ihr Leben und ihr Vermögen. Der *Sachsenspiegel* zeigt auf schlicht gezeichnete Weise, wie Juden, Frauen, Mädchen und Mönche einen gemeinsamen Status hatten.[12]

Für diese Epoche immenser sprachlicher und kultureller Entwicklungen, in der die mittelalterliche Klassik des deutschen

Abbildung eines Juden mit Frauen und einem Geistlichen (oben), unten rechts: waffentragender Jude zu Pferd, Sachsenspiegel, 13. Jahrhundert

Spruch- und Legendenschatzes entstand, steht der junge Süßkind von Trimberg. Ihn hatte es so unwiderstehlich in die deutsche Literatur und Gesellschaft gezogen, daß er der heute einzig bekannte deutschsprachige jüdische Minnesänger wurde. In etlichen seiner Verse finden sich nicht allein die Motive traditionellen Minnesangs, sondern auch das gesellschaftliche Leben wieder:

Der Reiche Mann hat Mehl, der Arme dafür Asche hat,
Bedenk, willst Du weise sein, den Rat.
Verschmäh des Armen Freundschaft nicht,
Leicht kommt die Stunde, da man sein bedarf,
Drum sei der Reiche mit dem Armen nicht zu scharf.
Gäbs keine armen Leute mehr,
Wärs mit dem Reichtum nicht weit her.
Wer sollte dienen, wenn kein Armer wär?

Süßkinds Verse, die religiöse und weltliche Literatur, die die Juden in Aschkenas beschäftigt, lassen uns mit Neugier auf dieses Zeitalter blicken. So wie sich allmählich die europäischen Schulen des Wissens, der Religion, der Mystik und Alltagskultur zusammen mit der Herausbildung der europäischen Sprachen und Literaturen entwickelten, liegt es nahe, von Elementen einer ersten jüdischen Aufklärung mit kultureller und gesellschaftlicher Relevanz zu sprechen. Gegen solche weltlichen Tendenzen, insbesondere die Normalität im jüdisch-christlichen Zusammenleben, richtete sich dann allerdings auch der religiöse Furor. So verlangte die Kirche ob der umfassenden Begegnungen von Juden und Christen 1215 im Vierten Laterankonzil, daß Juden ein Erkennungszeichen an der Kleidung tragen sollten. Offensichtlich waren sie also seit langem nicht mehr erkenntlich oder unterschieden. Das päpstliche Konzil empörte sich, daß es manchmal vorkomme, *daß irrtümlich Christen mit jüdischen und Juden mit christlichen Frauen sich vermischen. Damit also den Ausschweifungen einer so abscheulichen Vermischung in Zukunft die Ausflucht des Irrtums abgeschnitten werde, bestimmen wir, daß Juden beiderlei Geschlechts in jedem christlichen Land und zu jeder Zeit durch ihre Kleidung öffentlich sich von den anderen Leuten unterscheiden sollen.*[13]

Das Konzil wandte sich aufgeregt auch dagegen, daß Juden öffentliche Ämter bekleideten. Das bestätigt jedoch auch, daß Juden öffentliche Funktionen innehatten. Doch die deutsch-jüdischen Liebesgeschichten erregten den Zorn der Theologen und ihrer Exekutivorgane. Es dauerte, bis einzelne Länder, Fürsten und Städte Verordnungen zu den Beschlüssen des Konzils erließen.

Das jüdische *Buch der Frommen* hatte aufgrund der Kenntnis kirchlicher Politik mögliche Veränderungen bereits vorab berücksichtigt und ausdrücklich darauf hingewiesen, daß Juden sich nach Landesart kleiden sollten. Jüdischen Frauen wurde artig nahegelegt, sich doch auf Reisen wie Nonnen zu kleiden, um nicht mißliebigen Belästigungen ausgesetzt zu sein. Leider haben wir hierzu noch keinen Bericht einer jüdischen Frau jener Zeit, allerdings wissen wir dadurch, daß jüdische Frauen ebenso wie ihre Männer weite Reisen unternahmen. Zur selben Zeit wurde kirchlicherseits angeordnet, daß Juden nicht den damals modischen kurzen Haarschnitt tragen sollten, sondern langes Haar, was möglicherweise eine Fehleinschätzung des Geschmacks der züchtigen jungen christlichen Frauen war.

Hinsichtlich einer Überinterpretation der kirchlichen Kleideranordnungen für Juden ist Vorsicht angebracht. Der Judenhut ist mit dem Gelben Stern nicht zu vergleichen. Viele Zeichnungen und Illustrationen zeigen, daß er auch ein Statussymbol war, analog den besonderen Kleidungsstücken der Zünfte eine respektable Zuordnung ermöglichte. Abgesehen davon gab es immer wieder Ausnahmeverordnungen, so wurde den Juden in Nürnberg und in der Mark Brandenburg das Tragen besonderer Kennzeichen zeitweise erlassen.

1223 erließen die Vertreter der jüdischen Gemeinden von Speyer, Worms und Mainz gemeinsam Verordnungen, die das Glücksspiel generell untersagten, sich gegen Wucher aussprachen und erneut betonten, daß der Mann seiner Frau nicht ohne deren Einwilligung den Scheidebrief geben könne, und legten dar, wann man christliche Nachbarn zur Mahlzeit einladen könne. Eleazar ben Jehuda aus Worms betonte die wirtschaftliche und häusliche

Rolle der Frau, die den Männern erst das ausgiebige Studium ermögliche. Frauen hatten gewerblichen Kontakt, übten Geld- und andere Geschäfte aus, waren also im ständigen Kontakt mit der nichtjüdischen Umwelt. Seine eigene Frau Dolce und zwei Töchter wurden 1196 von zwei habgierigen Halunken ermordet, obwohl die Ehe- und Geschäftsfrau Widerstand leistete und erst im Kampf vor dem Haus ermordet wurde. Die Behörden faßten einen der Täter und ließen ihn sofort hinrichten.

Berichte und Erzählungen über dieses und ähnliche Ereignisse, die Jahrhunderte später in jüdischen Legendensammlungen publiziert wurden, schilderten allerdings eine andere Wirklichkeit. Dolce wird gar nicht erwähnt, der eigentlich abwesende Mann und seine ja ebenfalls abwesenden Schüler kämpfen mit den Verbrechern. Die Geschlechterrollen werden dem Übergang in die Moderne angepaßt, die aktive und selbstbewußte Frau des Mittelalters macht dem gängigen Männerbild des 17. Jahrhunderts Platz, in dem der auch physisch starke Mann die Familie schützt.[14] Es schien vergessen, was ein Gesetzeslehrer der früheren Jahrhunderte mit Blick auf die wachsende Rolle der Frauen im jüdischen Alltag geschrieben hatte, nämlich daß diese im Geschäftsleben aktiv seien und es daher richtig sei, wenn sie wie Männer vor Gericht erscheinen können.

Andere Werke behandelten die wirtschaftlichen Vollmachten für Frauen und deren rechtliche Geschäftstüchtigkeit. *In jetziger Zeit sprechen für die Frauen zwei Gründe: Sie machen Geschäfte, und es würde ihr Lebensunterhalt gestört, wenn sie nicht wie Männer vor Gericht kommen könnten.*[15] Elieser ben Samuel Halevi, ein Gelehrter in Mainz, der 1371 starb, klagte allerdings in seinem Testament über den Müßiggang seiner widerborstigen Töchter: *Meine Töchter sollen stets im Hause ihre Welt finden, nicht in den Straßen umherlaufen und, an der Tür des Hauses stehend, nicht jeden Vorübergehenden mit den Blicken verfolgen. Ich befehle, daß die Frauen nicht müßig sitzen; denn Müßiggang führt zu Lastern.*[16]

Nichtjüdische und jüdische Texte betonen immer wieder die große Nähe von Deutschen und Juden im beruflichen und gesellschaftlichen Alltag. Das *Buch der Frommen* kritisiert die Anstellung nichtjüdischer Bauleute, die Zusammenarbeit selbst bei heiligen Schriften mit christlichen Buchbindern, den jüdischen Handel mit christlichen Kultgegenständen. Beeindruckend ist die Empörung der Frommen darüber, daß die Deutung von christlichen Träumen durch Juden um sich gegriffen habe. Diese sinnvolle jüdisch-deutsche Frühform der Psychoanalyse wurde bedauerlicherweise untersagt. Jüdische Ärzte mußten sich fortan auf die Heilung des christlichen Körpers beschränken, die Seele sollte dem kirchlich autorisierten Beichtvater gehören. Man überlege nur, was beim Übergang der deutschen Psyche in die frühe Neuzeit so alles hätte kuriert werden können, hätten sich die jüdischen Traumdeuter langfristig als eigene Berufssparte etablieren können.

Das schönste Beispiel für ein aufgeklärtes deutsch-jüdisches Milieu im *Buch der Frommen* ist die Beschreibung, wie ein Christ einen Juden bittet, ihm bei der Ausarbeitung einer Liturgie behilflich zu sein und ihm hierzu Lieder aus dem jüdischen Gottesdienst vorzusingen, eine Art frühchristlich-jüdischer Dialog. So wie die Kirche immer wieder auf Abgrenzung bedacht war, befürchtete allerdings auch die Synagoge eine Lockerung der traditionellen Sitten. Gewarnt wird auf Seiten der Frommen, daß es Juden gebe, die nichtreligiöse Frauen ehelichen, und daß es dann kein Wunder sei, wenn deren Söhne unmoralisch leben und ohne Thorawissen aufwachsen.[17] Derartiges wiederum könnte auch aus Schriften des 18., 19., 20. oder des beginnenden 21. Jahrhunderts zitiert werden.

Das 13. Jahrhundert war nicht nur klimatisch eine freundliche Epoche – um Köln wuchsen Feigenbäume –, es wuchs auch die europäische Bevölkerung um zehn Millionen, die großen Kathedralen entstanden, der Synagogenbau florierte, das weltliche Leben war untrennbar mit dem religiösen verbunden. All das gehörte zum kulturellen Ambiente, in dem Süßkind, der Jude von Trimberg, von Hof zu Hof zog. Und er war nicht der einzige, er hatte auch unter den französischen und spanischen Troubadouren jüdische Kollegen, die in ihrer Kultur und Sprache dichteten.

Die aschkenasischen religiösen Debatten wurden im 13. Jahrhundert stark von der überragenden Person Rabbi Meirs von Rothenburg bestimmt. Manche Hinweise deuten darauf hin, daß er möglicherweise der erste kaiserliche Reichsrabbiner war. Gesetzesauslegungen, Responsen genannte Antworten auf Fragen zur *Halacha*, der jüdischen Tradition und Gesetzesauslegung, sowie religiöse Dichtungen gehören zu seinem Nachlaß, in dem nicht wenige jüdisch-deutsche Randbemerkungen hebräische Begriffe erläutern. Jüdisch-Deutsch bedeutete, daß die deutsche Sprache der Zeit, versetzt mit hebräischen Brocken, in hebräischen Buchstaben geschrieben wurde, worauf im folgenden noch ausführlich eingegangen werden soll.

Rabbi Meir setzte das Mehrheitsprinzip bei Wahlen und Beschlüssen durch, eine Art vordemokratische Demokratisierung der aschkenasischen Gemeindestrukturen. Die Gemeinden waren nicht religiöse, gemeinschaftliche oder juristische Institutionen. Sie waren auch Bauherren. Synagogen dieser Zeit nahmen den gotischen Stil der Kirchen auf, wobei die Frauen während der Liturgie zwar streng abgeschieden waren, jedoch eine Vorbeterin hatten, die durch ein Loch in der Trennwand den Männern zuhörte und dann vorsprach und vorsang, was in der »Frauenschul« zu folgen hatte. Frauen waren keine passiven Zuhörerinnen. Zu einer funktionierenden Gemeinde gehörten neben der Synagoge das Ritualbad, die Mikwe, das allgemeine Badehaus, das Krankenhaus und, nicht zu vergessen, das Tanzhaus, weniger eine Art prämoderne Diskothek als ein Ort gesellschaftlicher Ereignisse wie Hochzeiten und rauschende Purimfeiern.

Das Auf und Ab des Status der Juden bewegte sich trotz der Angleichung in Lebensweise und Lebensgewohnheiten Mitte des 13. Jahrhunderts auf eine Verschlechterung zu, da durch die Häufung der kirchlichen Edikte die Juden nicht mehr als Individuen, sondern erschwerend als Kollektiv der christlichen Gesellschaft gegenüberstanden. Kaiser Friedrich II. verfügte 1236 ein Privileg, nach dem alle Juden im Reich seine Kammerknechte wurden. Damit war der Gedanke der Schutzknechtschaft der Juden reichsweit juristisch festgeschrieben.

Finanzielle Ausbeutung und kaiserlicher Schutz gingen Hand in Hand. Verheerender noch war die Tatsache, daß Juden bald, so wie Frauen und Geistlichen, das Tragen von Waffen untersagt war. Dies verwies die Deutsch sprechenden Juden wieder in die Abgrenzung. Süßkind dichtete:

> *Wenn ich bedenke, was ich war und was ich bin,*
> *Und was ich werden muß – ist all mein Lust dahin,*
> *Denn meines Lebens Tage fliehn geschwind.*
> *Und ist das nicht Jammer und tränenschwere Not,*
> *Daß ich von Tag zu Tag fürchten muß den Tod,*
> *Der ekle Würmer mir gesellt zum Ingesinde?*
> *Wie kann ich jemals werden froh,*
> *Da Not und Angst mich kränken?*

Die Judendarstellungen an den europäischen Sakralbauten trugen das ihre dazu bei, in der christlichen Bevölkerung Jahre nach den Kreuzzügen neue visuelle Formen der Charakterisierung und Ablehnung der Juden in ihrer Mitte zu befördern. In Gemälden in Kirchen und in Skulpturen tauchten antijüdische Bilder auf, die bis heute den Antisemitismus bestimmen. Die Judendarstellungen erhielten alle äußeren Merkmale der Ausgrenzung des kulturell Anderen, basierten immer auf dem Vorwurf des Mordes an Jesus, was in immer wieder auftauchenden Ritualmordvorwürfen aktualisiert wurde. Die jüdischen Gemeinden wurden in eine gesellschaftliche Defensivstellung gedrängt, aus der sie auch in aufgezwungenen theologischen Disputationen mit Kirchenvertretern nicht erfolgreich ausbrechen konnten. Die Arroganz rechtgläubiger Macht, der Absolutheitsanspruch der Kirche auf die alleinseligmachende Wahrheit, setzte sich als kulturelle Norm durch und trug dazu bei, die gesellschaftliche Akkulturation der Juden abzuwehren.

Doch gibt es auf der christlichen Seite dieser Konfrontation ein künstlerisches Beispiel, das keine Schwarz-Weiß-Zeichnung zuläßt. Als Süßkind durch die Lande zog, entstanden in Reims, Straßburg und Bamberg Doppelskulpturen, die die Kirchenportale dominierten: *Ecclesia et Synagoga*, Kirche und Synagoge in Frauen-

Synagoga, Straßburger Münster, 1230

gestalt. Die Ecclesia als überlegenere, sieghafte Repräsentantin der christlichen Religion, die auf ihre überwundene ältere Schwester herabzublicken scheint. Das Zepter der letzteren ist gebrochen, die Schrift hängt wie demütig in ihrer Hand, die Augenbinde will sagen, daß das Judentum blind sei. Doch im Münster in Straßburg scheint die 1225 bis 1230 entstandene Synagoga viel jünger zu sein, sogar durch die viel zu dünne Augenbinde hindurchzublicken, zu dem Betrachter zu sprechen. Es gibt wohl kaum eine anmutigere und ästhetisch gelungenere Darstellung der jungen jüdischen Frau des Mittelalters trotz gebrochenen Speers und niedergehaltener Gesetzestafeln. Selbst in der Literatur zum Münster wird vermerkt, daß dieser *bezaubernden Gestalt wohl die ganze Liebe des Meisters gegolten habe, der zu ihrer rührenden Haltung eines der schönsten Antlitze der gesamten mittelalterlichen Bildhauerkunst schuf.*[18] Den Namen dieses großartigen Künstlers kennen wir nicht. Die Schönheit, Harmonie und Souveränität der Körpersprache der Synagoga widersetzt sich der religiösen Aussage. Und wie um dies zu bestätigen, blickt die Ecclesia mehr als freundlich auf gleicher Augenhöhe zu ihrer älteren Schwester, deren jüngeres Gesicht wiederum individuelle Züge zeigt.

Doch kann man die jugendliche Synagoga auch anders sehen, anders fotografieren, als es die Reproduktionen in den gängigen Bildbänden nahelegen. Daher soll Synagoga hier auch einmal so abgebildet werden, wie Süßkind und die jüdischen Straßburger sie gesehen haben mögen.

Allerdings hatte die Botschaft der Kunst Grenzen. 1349 beraubten und verbrannten die Straßburger an die 2000 Juden und führten an jüdischen Kindern Zwangstaufen durch. Süßkind, der Jude von Trimberg, lebte nicht mehr, aber seine Lieder wurden im 14. Jahrhundert in die *Manessische Liederhandschrift* aufgenommen, und im Haus zum Brunnenhof in Zürich entstanden zu dieser Zeit höfische Wandmalereien, auf denen die Wappen mit hebräischen Schriftzeichen versehen sind. Die Namen der Geschlechter erscheinen in hebräischen Buchstaben, und es kann davon ausgegangen werden, daß die Malereien insgesamt von den jüdischen Besitzern in Auftrag gegeben wurden.[19] Die Juden in

Die gleiche Synagoga aus der Sicht des Autors

Aschkenas konnten diskriminiert oder zeitweise vertrieben werden, doch ihre kulturelle Gegenwart war nicht mehr zu zerstören,
genausowenig wie die Integration der deutschen Literatur des 13.
Jahrhunderts in die aschkenasische Lebenswelt.

Mit der »Jüdischheit teutscher Nation« in die frühe Neuzeit

Zu Beginn des 16. Jahrhunderts, es lebten nur noch etwa 8000 Juden in den deutschsprachigen Landen, wählten sich Vertreter der jüdischen Gemeinden einen Repräsentanten gegenüber dem kaiserlichen Hof, der von Kaiser Karl V. als *unser Jud Josel, gemeiner Judenbefehlshaber,* bestätigt wurde. Mit Josel von Rosheim präsentierten sich die Juden in Deutschland von nun an als *Jüdischheit teutscher Nation.*[20]

Seit 1503 ist Josel im Reich, aber auch darüber hinaus aktiv, vermittelt zwischen den jüdischen Bewohnern und ihrer Umgebung, den Gemeinden und den jeweiligen Herrschern. In Angelegenheiten zwischen Juden und Christen kann er sogar Geldstrafen und Bann verhängen, verhindert beim Kaiser Ausweisungen, schützt Gemeinden vor Überfällen, weist Ritualmordbeschuldigungen zurück und vertritt die deutschen Juden gegen antijüdische Angriffe auf dem Reichstag zu Augsburg 1530. Dort kämpft er gegen den Vorwurf, daß Juden Christen zum Abfall vom Katholizismus bewegen und in den Protestantismus führen würden. Immer wieder tritt er für die Wiederzulassung von vertriebenen Juden ein, so insbesondere in Brandenburg, oder rehabilitiert unschuldig durch Scheinprozesse ermordete Juden.

Josel ist eng mit dem süddeutschen Reformator Wolfgang Capito befreundet, der in Straßburg lehrt. 1537 reist Josel zu Luther, doch dieser empfängt ihn nicht und schreibt einen Brief, in dem er das Ansinnen der Juden auf Toleranz zurückweist und sie auffordert, Jesus als den Messias anzuerkennen. Als Luther 1542 seine antijüdische Schmähschrift *Von den Juden und ihren Lügen* veröffentlicht, reagiert Josel sofort. Er schlägt dem Straßburger Magistrat eine öffentliche Disputation mit Luther vor und das Verbot einer Neuauflage der Schrift, da etliche Pfarrer von der Kanzel herab mit Luthers Schrift in der Hand bereits die Pogromhetze begonnen hatten. Auf Josels Drängen hin verbietet der Straßburger Magistrat den Druck der judenfeindlichen Schrift Luthers. Aber auch Kurfürst Joachim II. von Brandenburg hält seine Josel gegebenen Versprechen und widersteht Luthers Aufforderung, die Juden aus dem Land zu jagen. Die lange Geschichte der Juden in deutschen Landen hatte spät Früchte getragen.

Josel von Rosheim war Politiker, Jurist, Sozialreformer und gewählter Repräsentant, Verkörperung des neuen Humanismus, der Wende zur Neuzeit, an deren Beginn die Forderung nach der Würde, dem Recht und der Freiheit des Individuums steht. Josel war nicht nur Politiker, sondern auch eine geistige Leitfigur, die, vergleichbar dem Christen Johannes Reuchlin, dem überkommenden katholischen Antijudaismus genauso Paroli bot wie dem reformatorischen Antijudaismus Luthers. Aus dieser Zeit datieren alle vergeblichen und erfolgreichen Versuche, einen übergreifenden rechtsformenden kulturellen und politischen Zusammenhalt der deutschen Juden zu schaffen.

Auf diese historischen Erfahrungen geht das Selbstverständnis zurück, Jude in christlicher Umwelt zu sein und Deutscher als Teil eines auf Rechtsnormen basierenden Gemeinwesens. Insofern, und dies sei betont, ist die deutsch-jüdische Erinnerung an die Reformationszeit nicht identisch mit der katholischen oder protestantischen Erinnerung. Josel war der erste politische Repräsentant einer deutsch-jüdischen Hoffnung.

Zu Pessach 1554 starb Josel von Rosheim, Befehlshaber der Judenschaft im Heiligen Römischen Reich Deutscher Nation. Schlicht gehaltene jüdische Memoirenbücher aus dem Elsaß überliefern die Reaktion auf die Kunde seines Todes: *Gott möge gedenken der Seele des Greises, des Fürsten Rabbenu Joseph, Sohn des Gerschom, seligen Angedenkens, welcher genannt wurde mit seinem Namen Joselmann, mit den Seelen Abrahams, Jitzchaks und Jakobs, weil er weder seine Ehre noch sein Vermögen geschont hat, und weil er viele Male sein Leben in Gefahr gebracht hat durch seine Fürbitte und seinen Schutz für die Gesamtheit und für Einzelne. Er ging länger als vierzig Jahre an die Höfe der Könige und Fürsten und hielt von der israelitischen Nation Austreibungen, Unterdrückungen, Verfolgungen und Ermordungen fern. Auch erlangte er Schutzbriefe am Hofe des Kaisers, Seine Majestät werde erhöht! Für alles dieses nahm er weder Dienst noch Belohnungen. Er tat es nur aus Liebe zu Gott und Israel. Um dessentwillen sei sein Anteil mit den anderen Hirten und Führern Israels und seine Seele sei eingebunden in dem Bunde des Lebens mit den anderen Frommen im Paradiese.*[21]

Süßkind – ein später deutsch-jüdischer Traum

Die gesellschaftskritischen Lieder des Süßkind von Trimberg, seine Hoffnung auf soziale Veränderungen, auf eine grundlegende Besserung der Rechte der Juden waren für seine Zeit eine utopische Vision. Josel von Rosheim, fast drei Jahrhunderte später, war der erste deutsche Jude, der diese Vision zu seiner persönlichen und öffentlichen Aufgabe machte. Süßkinds höfischer und literarischer Schaffensraum war im 16. Jahrhundert zum politischen und humanistischen Lebensraum geworden. Repräsentanten der deutschen Juden wie Josel von Rosheim folgten dem schlichten inneren Auftrag, der gleichermaßen aus jüdischer Tradition und Humanismus gespeist war, daß der richtigen Anschauung auch das richtige und gesellschaftlich relevante Handeln folgen mußte. Kein Josel ohne Süßkind, kein Marx ohne Börne, keine Bertha Pappenheim ohne Glückel von Hameln, kein Feuchtwanger ohne Rathenau, keine Charlotte Salomon ohne Herbert Baum, kein Hans Rosenthal ohne Jeanette Wolff, und diese Reihe reicht weiter ins 21. Jahrhundert. Erwähnt werden sollte sie jedoch bereits hier als bedeutungsvolle kulturelle und politische Erfahrung auf dem kulturgeschichtlichen Weg in die Moderne und deren Krisen.

Knapp 300 Jahre nach Josels Tod wurde die erste umfassende Übertragung der Lieder der Minnesänger publiziert, darunter selbstverständlich auch die des Juden Süßkind. Seit 1748 waren bereits Teile der *Manessischen Handschrift* publiziert worden. 1838 erfolgt durch Friedrich Heinrich von der Hagen erstmals eine wissenschaftlich kommentierte Ausgabe der Minnesänger. Unter den 140 Stimmen des 12. bis 14. Jahrhunderts findet sich auch Süßkind, der, wie von der Hagen anmerkt, die *jambischen Weisen [...] kunstgerecht gebaut* habe.[22]

Im März 1840 veröffentlichte das *Literaturblatt des Orients. Berichte, Studien und Kritiken für jüdische Geschichte und Literatur*[23] einen Bericht über diverse Veröffentlichungen der Lieder. Zahlreiche Abhandlungen der altdeutschen Dichtkunst beziehen sich auf Süßkind, die frühen, auch nichtjüdischen Interpretationen aus Süddeutschland betonen die Tatsache, daß er ein jüdischer Minnesänger ist, loben ihn, vergleichen ihn mit Lord Byron, oder schmähen ihn und seine sozialkritischen Gedichte. Oft wird er aufgrund eines seiner Lieder, das auf Kenntnisse in der Heilkunde schließen läßt, als Arzt bezeichnet, auch eine Würzburger Kaufurkunde aus Süßkinds Zeit deutet auf einen Juden seines Namens hin. In manchen dieser nichtjüdischen Kommentare ist deutlich, daß die Autoren Heinrich Graetz' *Geschichte der Juden* gelesen hatten und die Rezeption von Süßkind der Anstoß für Darstellungen der Rolle von Juden in der Literatur ist.

Im letzten Drittel des 19. Jahrhunderts gab es zahlreiche literaturwissenschaftliche Bezüge und Diskussionen, in denen Süßkind stärker als im 20. Jahrhundert eine Rolle spielte. In literarischer und auch nationaler Hinsicht gehörte er dazu, genauso wie Rabbiner und Prediger die Verschmelzung der althochdeutschen Poesie mit literarischen jüdischen Überlieferungen betonten. In den Legenden vom Kyffhäuser, Tannhäuser, und zahlreichen Hausmärchen wie Reineke Fuchs wurden Bezüge zu jüdischen Quellen hergestellt.

Die literaturwissenschaftlichen Debatten, die Rezeption von Süßkinds Minnesang müssen deshalb erwähnt werden, weil die Diskussionen im 19. Jahrhundert das Allgemeine der deutschen Literaturentwicklung mit dem Besonderen der jüdischen Literaturtradition zu verbinden wußten. Nicht wenige Hinweise finden sich auf Süßkinds Aufnahme von Ideen des rabbinischen Judentums und talmudischer Interpretationen, auf seine Bezüge zu den Sprüchen Salomons oder die Verbindung von Gott und Natur, wie sie sich bei den Propheten findet. Der jüdische Zeitgeist spiegelte sich genauso in den wenigen Liedern wider wie der

Herren eigener Geist, die Kultur der höfischen und kirchlichen Obrigkeit. Entscheidend ist, daß Süßkind deutsche Literatur schuf, die auf einem gemeinsamen gesellschaftlichen, kulturellen und spirituellen deutsch-jüdischen Fundament basierte. Und doch, muß man wehmütig hinzufügen, es sind leider nur wenige Lieder, zwölf oder in anderer Zählung sechs an der Zahl, die uns geblieben sind.

Mit dem politischen Antisemitismus, der Ende des 19. Jahrhunderts durch Deutschland waberte, wurde auch Süßkind ein Streitpunkt. Die einen sahen in ihm nur den Spruchdichter oder den Ahnherrn des liberalen Journalismus, andere ergingen sich in einer Romantisierung des Dichters oder stellten überhaupt in Frage, daß es sich um einen jüdischen Minnesänger handelt. Die Frage nach der Identität, danach, wer denn nun Jude sei, stellt offensichtlich von Anfang an eine Zivilisationskrankheit des deutsch-jüdischen Diskurses dar.

Beachtlich an diesen Literaturdebatten ist, daß sich jüdische und nichtjüdische Stimmen aufeinander bezogen und die Wertungen oft gar nicht auseinanderlagen, wobei sowohl die Gedichte, die historische Quellenlage, die theologischen Implikationen immer wieder debattiert wurde, als auch die Frage, ob Süßkind nun gleichberechtigt neben Walther von der Vogelweide und anderen zum deutschen Kulturerbe gehöre. Dennoch sollte auch hundert Jahre später nicht übersehen werden, daß Süßkind für die deutsch-jüdische Erfahrung sowohl die deutschen Juden in das Zentrum der deutschen Gesellschaft begleitet als auch manche nichtjüdischen Autoren in ein tieferes Verständnis dieser Entwicklung. Das ließ den kulturellen Antisemiten natürlich keine Ruhe. Seit 1913 wird Süßkind in der antisemitischen Literatur angekreidet, daß er für Gedankenfreiheit eintrat, offensichtlich also in den Augen der Gegner der Aufklärung ein durchaus moderner und gefährlicher Dichter.

Die zwanziger Jahre des 20. Jahrhunderts waren eine Blütezeit für Süßkinds Lieder. 1926 publiziert die Soncino-Gesellschaft der Freunde des Jüdischen Buches eine bibliophile Sonderausgabe der Lieder in 800 Exemplaren für ihre Mitglieder. Soncino war der Familienname einer Druckerfamilie, die im Mittelalter aus Deutschland nach Italien ging und über Generationen die Druckerkunst jüdischer Schriften entwickelte. Die essayistischen Abhandlungen der Soncino-Gesellschaft lesen sich wie eine literarische Festveranstaltung des jüdisch-deutschen kulturellen Lebens der Weimarer Zeit.

Doch es nehmen auch Versuche zu, der Gestalt Süßkinds, seiner Bedeutung für den deutsch-jüdischen Zusammenhang, literarische Form als Gedicht, Drama, Novelle zu geben. Jakob Löwenberg, dessen *Rübezahl* 1920 aufgeführt wird, möchte Dramen über Kohlhaas und Süßkind schreiben. Er notiert in seinem Tagebuch: *Deutschtum, Judentum, Zionismus, Menschentum. Schatten! Schatten!*[24]

Der Dichter Karl Wolfskehl verfaßt 1928 ein Memorandum, in dem er dazu aufruft, eine deutsch-jüdische Bibliothek anzulegen, eine Sammlung des *von Juden verfaßten und für Juden bestimmten deutschen Schrifttums seit dem Mittelalter*, die mit Süßkind beginnen sollte.[25] Er denkt an etwa 20 Bände mit ungefähr 200 Seiten pro Ausgabe. Doch bereits im 19. Jahrhundert hatte der Gelehrte Moritz Steinschneider für die Zeit bis 1740 über 380 jüdisch-deutsche Druckwerke bibliographiert.[26] Süßkind war also nicht allein geblieben.

Doch nach seiner Emigration verfaßt der Jurist und historische Schriftsteller Josef Kastein in Jerusalem 1934 eine umfassende biographische Studie über Süßkind, die ein bitterer Aufruf ist, Süßkind möge ein für allemal heim- und den deutschen Landen endgültig den Rücken kehren.[27] Die Situation in Deutschland wird erneut zum Hintergrund der Interpretation von Süßkinds Person und Werk. Nun wird sowohl sein Judentum in Frage gestellt, als auch überhaupt die Unmöglichkeit eines deutsch-jüdischen literarischen Zusammenhalts festgestellt. Gerschom Scholem wird im Hintergrund sichtbar mit seinem Diktum vom *Mythos des deutsch-jüdischen Gesprächs*.[28] Doch das Buch Kasteins erscheint in Jerusalem auf deutsch, es ist erst 1934, die Ablehnung der deutschen Sprache noch keine Norm unter den Juden Palästinas. Arnold Zweig in Haifa steht diesem Abgesang auf die deutsch-jüdische Kulturentwicklung bald mehr als skeptisch gegenüber.

Gleichzeitig widmet sich 1934 die *Germania Judaica* in Deutschland dem Sänger aus Trimberg, und bis zum Ende der verlegerischen Tätigkeit jüdischer Autoren unter Nazi-Kontrolle wuchs die Zahl der Veröffentlichungen noch.[29] 1938 legte zum Beispiel Meier Spanier im *Jahrbuch für Jüdische Geschichte und Literatur* neue Übertragungen der Gedichte vor.[30]

Nach 1938 blieb Süßkinds Liedern allerdings keine andere Wahl, als zu emigrieren. Doch die literarischen Obrigkeiten Nazi-Deutschlands hatten das Problem, Süßkind nicht auf den Scheiterhaufen der anderen jüdischen Autoren werfen zu können, da seine Verse stets in Sammelbänden des deutschen Minnesangs und der Spruchdichtung enthalten waren. Er wurde jetzt ganz einfach aus den Textbänden der Germanisten entfernt. Nun war auch Süßkind mit einer Verzögerung von 700 Jahren aus Deutschland vertrieben worden. Es schien, als sollte sein Klagelied über Tod, Elend und Abschied aus der deutschen Gesellschaft späte Wirklichkeit werden.

1943 erschienen seine Lieder in Palästina übersetzt auf hebräisch, in der Wochenendbeilage einer Tel Aviver Tageszeitung. Der deutsch-jüdische Weg aus dem Hebräischen ins Deutsche hatte nach 700 Jahren wieder ins Hebräische geführt.[31] Der Minnesänger war verstummt.

Nachkriegsanthologien des deutschen Minnesangs, der deutschen literarischen Altertümer standen ganz in der Tradition der nationalsozialistischen Germanistik. Süßkind war meist nicht enthalten oder wurde als literarisch unwesentlich abgetan. Veröffentlichungen zu Süßkind standen nun durchweg unter dem Thema des Scheiterns der deutsch-jüdischen Erfahrung. Allerdings waren es zumeist nicht die Lieder des Troubadours, die interpretiert wurden, sondern der jeweilige Zeitgeist.

Erst 1979 schließt sich der historische Kreis, und Süßkind kehrt in dem vielgelesenen Roman von Friedrich Torberg *Süßkind von Trimberg* als liebevoll gezeichnete Gestalt eines deutschen Juden in die zeitgenössische deutsche Literatur und Kultur

דב שטוק
י. רוונגיצ׳נקו
מ. א. ביגיל

עתון פועלי ארץ ישראל
מוסף לשבתות ולמועדים

שנ (כרך ו)   יום ו׳, ז׳ אדר תר״ץ   1452 רל

זיסקינד איש טרימפרג

באסתת הכתבים הישנים הקרויה בשם ״המאסף
המנֶסי״ ושנגנזה בהיידלברג ובמאריש, מצוי צרור
שירים של אחד משורר ובציורופו מובאת תמונה ובה
דמות-אדם מישראל, שמצנפת רחבה חבושה לראשו
וזקן-מדות מעטר את פניו וידיו כאילו אומרות מחא
ללרית-זמר ולפניו שלשת שומעיו והמה מאדני-
האצילים והכמרים. בפתח-השירים כתוב לאמר:
Suesskind, der Jüde von Trimberg — ובזה נתפצו
כל הידיעות שנשתמרו על מציאותו של יהודי אחד
אחד וזיסקינד שמו שנטמה ללהקת-המזמרנגרים בשמח
אשכנז ושוטט בטיריות-שרים להרגן אציל וכומר
במזמורי-טרימפרג (טרימברג) זו עיירה בברריה אינה
מרוחקה מוירצבורג ובאותה הפנה שבפרנקוניה-
התחתית מתנוססת עדֶנה טירת-הבצר של אדוני-המקום
מימי-הבינים. משוררנו – לידתו חלתי כנראה בראשית
המאה הי״ג או סמוך לה, כי שיריו נתחברו בשנות
1218 עד 1222.

ומופלא הוא: כי הלך אדם מישראל להגעים
זמר בנכר ובבית ישראל תאניה ואניה, דמי-ישראל
נגר ברחובות-קריה כמים, מבתי-התפלה בוקעות
הקינות, ניב-העינויים, עלילות-הדם והשחיתות שנפרצו
בימים ההם, קינונא-תמרורים זו שיצאה מלבו הדווי
של ר׳ מאיר מרוטנבורג, – כי לעיני-
צאן ישראל הנבוכות והאובדות מנוצצה אבחת-החרב
וברק-הקרדומות אשר לרינבדטלייש הצורר ומריעיו.
מורים מצעדי-המשורר הבודד במחנה-הזרים והשליטים,
מורים צלילי-מגינתו בסדר-אביריים: באחד-הארמונים
הממאארים יעמוד וירגן כרות-השירה הטובה עליו בעוד
רבי-הטבחים משתוללים במשכנת-ישראל להרוג
ולאבד ולהשמיד את בית-יעקב, באחד הארמונים
יצתהל ״שיר״זיסקינד לב-אביריים ונשיהם ובאחד
הבתים משתערים נוסעי-צלב על גדול-דורו ר׳ אלעזר
בר יהודה בעל ״הרוקח״ אשר בוורמיזא ורוצחים את
אשתו וילדיו ואותו יכו הכות ופצוע, לאמר: אחת
המערכות במחזה הטראגי של שבויי-נכר.

שפת-השירה: הקצב ומשקל שלה אינם עשויים

הערגה לחיי-מישרים כמצות-הלב מזה ולחם-מרמה
הנאכל בעל כרח מזה, והמשורר משכיל לחשוף
מסבכי-השרשים הסוציאליים והוא מצביע כעל ראשי-
המזיקין על ממשטר ואדניו ובבתי-הארמונים וידע-
אשר לא חרב-השרים ובטחתם של רבי-הגכס כי אם
עמל-העניים הוא מלח-החיים. ואם נעלה בשולי-
שירתו את רמ״האהבה של יהודי המביא באהבה
אם תרומת-רוחו ובת-שירתו ושומעיו משלחים אותו
בלא תודה – וחיתה לעינינו הדמות במלוא-מצעה
הכאוב.

בתחנו איפוא בזה את פרקי-השירה של המין-
נוגר מבית-ישראל והם נעתקים ללשון העברית לא
נתכוונו גם בדרכי-החרגום שנקטנו בם אלא לבור
מתוך שסת-הנכר, קצבה ומשקלה את יהודי של איש-
יהודי עני וגולה שלא יכול להגזר מעמו וגורלו גם כי
יתיצב כולו בנכר.

*

אָצִיל – פֶּעֱלוֹ נָאֱצַל
וְאִם כְּתָב-יַחֲשׁוּ מְמֻרְטָט׃
בַּחוֹתָמִים גַּם תְּנַץ שׁוֹשַׁנָּה׃
אָצִיל כִּי יִתְרַע אֶת נִשְׁחָת –
מַטְלִית עֻצְּבָה שַׂלְמָתוֹ׃
שָׂמְחוּ מְעוֹרָב בָּר וָמֹץ׃
אָצִיל נָאֱצַל מֵעֲלָלוֹ –
זַרְחוּ כְּאוֹר-הַשֶּׁמֶשׁ׃
אֶפֶס יָרְשִׁיעַ עֲשׂה –
יִדְלַח בְּאֵרוֹת-טָהֳרָה׃
אֲשֶׁר מִשְׁפַּל-יַחַשׂ הוֹרָה
וְיִרְמֹק מִפְּתִיבַת-נְלוֹזִים
וְעֵינוּ תֶּחֱזֶה מֵישָׁרִים –
אָצִיל הוּא לִי, גַּם כִּי דָמוֹ
מִבְּאֵר-גְּדִיבִים לֹא יָקָר׃

ב

Hebräischer Abdruck der Lieder Süßkinds in einer
Tel Aviver Tageszeitung, 1943

51

zurück. Wie nicht anders zu erwarten, war damals ob so viel Un-
ruhestiftung der Literaturkritiker Marcel Reich-Ranicki empört
und beschwerte sich: *Dieser Süßkind von Trimberg soll unbedingt
ein stolzer Jude und ein deutscher Minnesänger, ein ganzer Kerl und
ein zarter Dichter zugleich sein. Ein schmucker Kavalier ist er, dem
die Mädchen und Damen gern und rasch Einlaß gewähren in Kam-
mer und Schoß. Er liebt wie Heine und leidet wie Torberg. Und
wenn es darauf ankommt, kann er auch kräftig zuschlagen und einen bedrohten Rabbi verteidigen: Er ist ein David mit den Muskeln
Goliaths, ein strahlender Siegfried, doch mit der Trauer Kafkas und
dem Lächeln Dajans.*[32] Spätestens hier wird deutlich, daß Süßkind
eben doch im Nachkriegsdeutschland angekommen war – bloß
wie. Die deutsch-jüdischen Debatten hatten nun ihre neuen Un-
tertöne und Deutungen und gaben den jeweiligen deutsch-jü-
disch-israelischen Befindlichkeiten auch kulturell Ausdruck.

Kurz, nach mehr als 700 Jahren klopfte der Minnesänger erneut
an unsere Tore und begehrte Einlaß. Entdecken wir ihn und seine
Zeit für das 21. Jahrhundert. Süßkinds folgende Zeilen verdeutli-
chen, warum mit ihm der Weg der deutsch-jüdischen Literatur
beginnt, er der Repräsentant der deutsch-jüdischen Erfahrung zu
einer Zeit ist, in der sich die literarische deutsche Kultur heraus-
zubilden beginnt.

> *Gedanken kann kein Mensch verwehren, Toren*
> *nicht noch Weisen,*
> *Darum sind auch Gedanken frei für alle Ding*
> *auf Erden.*
> *Herz und Sinne sind zur Ruh*
> *Auch dem Mensch gegeben,*
> *Gedanken schlüpfen durch den Stein, durch*
> *Stahl und durch Eisen,*
> *Gedanken schertsnicht, was und wie die Hand gemacht.*
>
> *Gedanken, keiner hat sie je gesehn,*
> *Doch spürest Du ihr Leben;*
> *Gedank eilt schneller durch die Welt*

Als des Auges Blicken.
Gedank lüstet nach der Liebe Gabe
Und nach des Traums Entzücken.
Gedanke kann noch über jedem Aar hoch
in den Lüften schweben.

Nicht mit Moses Mendelssohn, sondern mit Süßkind von Trimberg betreten wir jenen widerspruchsvoll-schmerzhaften, aber auch farbenprächtigen deutsch-jüdischen Weg. In der Kultur und in der Gesellschaft fanden sich Juden und Nichtjuden, lange bevor sie sich in einer gemeinsamen Sprache fanden, verloren und wiederfinden mußten.

II.
MIT JÜDISCH-DEUTSCHER KULTUR IN DIE BÜRGERLICHE GESELLSCHAFT: VON KAUFFRAUEN, LITERATEN UND RABBINERN

Im Jahre 1272 finden sich in einem Wormser Gebetbuch, das auf hebräisch und aramäisch abgefaßt ist, einige wenige Zeilen, die, zwar in hebräischen Buchstaben geschrieben, aber eindeutig Deutsch sind. Am 9. November 1382 schreibt ein anderer Unbekannter liebevoll in hebräischen Lettern einen mittelhochdeutschen Text auf, den *Dukus Horant*. 1896 war dieser mit anderen genauso geschriebenen Texten zu biblischen Themen, einer Beschreibung des Paradieses, einer Variante von Äsops Fabel vom kranken Löwen aus der Kairoer Genizah, dem verborgenen Synagogenarchiv, nach Europa gekommen. Eine der biblischen Geschichten in der Form eines Gedichtes schildert die Begebenheiten, die sich zwischen Joseph und der Frau des Potiphar zutrugen. Dieses Gedicht ist keine Übertragung einer Vorlage, sondern ein Text, der *von Anfang an von einem Juden in deutscher Sprache konzipiert wurde*.[1]

Das längste Gedicht dieser Manuskriptsammlung ist eben jener auf dem *Kudrun*-Epos basierende *Dukus Horant*, der wahrscheinlich das älteste geschlossene Schriftsück des Jüdisch-Deutschen darstellt, jener Sprach- und Schriftentwicklung, die auf dem gesprochenen Deutsch jener Jahrhunderte, dem Mittelhochdeutschen, basiert und in hebräischen Buchstaben aufgeschrieben wird. Reim- und Verstechnik entsprechen genau dem deutschen Stil, es sind Werke der jüdisch-deutschen Literatur. Die Fassung der deutschen Sage basierte möglicherweise auf einer noch älteren, in hebräischen Buchstaben geschriebenen Vorlage.

Der schöne Stoff der *Kudrun*-Sage ist allerdings, weil es sich für einen deutsch-jüdischen Schreiber jener Zeit so gehörte, an einigen Stellen dezent entchristianisiert worden. Schließlich mußte man die Kinder ja auch gegen die ständigen Missionsversuche von Kirche und Obrigkeit abschirmen. Auf jeden Fall kann man im 14. Jahrhundert hier eine Sprach- und Kulturentwicklung sehen, die, unabhängig davon, ab wann eigentlich überall in Aschkenas Jüdisch-Deutsch gesprochen wurde, über vier Jahrhunderte anhalten sollte. Die Erzählweise der Sage, so wie überhaupt die ganze Textsammlung mit ihren jüdischen und nicht-jüdischen Stoffen, illustriert auf wundervolle Weise die Wechselwirkung zwischen jüdischer und nichtjüdischer Umwelt und widerlegt bereits für diese frühe Periode Mutmaßungen über eine Getto-Existenz deutscher Juden.[2] Juden in Deutschland mochten bereits sehr früh *gut gebaute deutsche Verse jüdischen Inhalts,*[3] zugleich bevorzugten sie allerdings auch die spannende und anregende Unterhaltung der nichtjüdischen Literatur. Hierzu vermerken Studien zur jüdischen Religionsgeschichte etwas abfällig, daß es neben der rabbinischen Literatur auch noch eine Art Volksliteratur gegeben habe.

Dukus Horant ist eine Liebes-, Brautwerbungs- und Heldengeschichte, die in vielem an das Nibelungenlied und andere Sagenkreise gemahnt, doch entschieden weltläufiger ist. Der über Deutschland, Italien, Dänemark, Spanien, Ungarn und Frankreich herrschende elternlose junge König Etene soll auf Anraten seines Vertrauten Herzog Horant heiraten. Unwiderstehliche Kandidatin ist Hilde von Griechenland, die schöner sei als Ilion-Helena von Troja. Allerdings hat ihr Vater, Hagen, Einwände gegen jeden Freier, und sei er auch noch so mächtig. Horant soll mit seinem süßen Gesang und seiner Manneskraft die Liebe Hildes für seinen Herrn erringen. Nach vielerlei Verwicklungen, in denen ein leicht wippender Lindenbaum eine Rolle spielt, das Versprechen einer Schlafgesellin nicht zum Tragen kommt und Vöglein ob des Schmachtgesanges von Horant genauso verstummen wie grunzende Wildschweine, bricht das Manuskript ab, und wir müssen auf mündliche jüdisch-deutsche Überlieferung vertrauen, daß es schon irgendwie ein Happy-End gegeben habe.

Worum es bei diesem Heldengedicht und anderen, vielleicht sogar noch zu entdeckenden jüdisch-deutschen Texten geht, ist zweierlei. Zum einen können wir eine parallel und ergänzend zur

Tradition und religiösen Literatur sich entwickelnde Integration der nichtjüdischen Kultur in deutschen jüdischen Kreisen feststellen. Zum anderen handelt es sich um Wegzeichen auf dem langen jüdisch-deutschen Weg aus dem Mittelalter und um Anzeichen des Übergangs in die deutsche Gesellschaft, aber eben nicht von außen, sondern von innen. Diese Wegzeichen werden für uns heute nur deutlich unterscheidbar, wenn wir wesentliche Entwicklungsschritte, Kontinuitäten, aber auch Brüche als Bindeglieder zwischen der Zeit Süßkinds und dem kulturellen und gesellschaftlichen Fortschritt im 19. Jahrhundert betrachten.

In der Literatur über die Geschichte der Juden in Deutschland stehen überwiegend Diskriminierung, rechtlicher Status, Judenfeindschaft, Religionsgeschichte, die gesellschaftliche und politische Emanzipation und die schwierige, aber auch immer wieder erfolgreiche Integration in die deutsche Gesellschaft im Vordergrund. Vernachlässigt werden nach wie vor Alltag, direkte Wechselwirkung im Wohn- und Arbeitsbereich, die Begegnung der nichtjüdischen und jüdischen Frauen auf dem Markt, der Kinder vor dem Haus, beim Einkaufen, der immense kulturelle und geistige Austausch, das gemeinsame Gespräch, Zank, Streitereien und heimliche Lektüre, sei es in lateinischen oder hebräischen Schriftzeichen.

Im Zentrum des Übergangs in die Moderne stehen jedoch gerade die engen Wechselwirkungen von Sprache, Gesellschaft, Wirtschaft, politischer Herrschaft und Kultur: Die Kontinuität deutsch-jüdischer Kultur wurde zum einen durch den lebendigen und kreativen Zusammenhang der *Jüdisch-Deutsch*, auch *Westjiddisch* genannten Sprache und Literatur über die Jahrhunderte bewahrt. Zum anderen entwickelte sich eine immens folgenreiche Wechselwirkung zwischen kultureller und religiöser Annäherung und Zurückweisung, zwischen unvollendeter und gelungener Integration, zwischen egalitärer Avantgarde, sozialer und ökonomischer Teilhabe sowie fehlender Gleichstellung in vielen gesellschaftlichen Bereichen.

Gehen wir den jüdisch-deutschen Weg zurück dahin, wo ein junger Sänger mit Judenhut und langem Mantel den Blicken der Chronisten entschwunden ist.

König Artus zu Gast in jüdischen Familien

Die von der Kirche im Mittelalter vehement betriebene soziale Ausweisung der Juden in die Geldgeschäfte, die physische Vertreibung sowie die selbstgewählte Abwanderung aus den Städten oder überhaupt aus Deutschland verstärkte sich nach den Pogromen, die durch die Kreuzzüge seit dem 11. Jahrhundert ausgelöst worden waren. Die zaghafte Rückwanderung danach wurde durch die Folgen der Pestepidemie Mitte des 14. Jahrhunderts erschüttert. Die Juden wurden beschuldigt, als Rache für die Pogrome der Kreuzzüge die Brunnen in Deutschland vergiftet und damit den »Schwarzen Tod« ausgelöst zu haben. Erneute Pogrome und Vertreibungen führten dazu, daß es erst in der zweiten Hälfte des 14. Jahrhunderts zu einer Neuansiedlung von Juden kam. Wirtschaftlicher Neid, religiöse Vorurteile und die ständigen Konflikte zwischen kaiserlichem Hof und den Freistädten und Lokalfürsten führten immer wieder zu Ritualmordbeschuldigungen, Diskriminierungen und langwierigen Verhandlungen mit der Obrigkeit.

1446 wurden die Juden zum erstenmal aus Brandenburg vertrieben, ein Jahr später kehrte ein Teil von ihnen zurück. 1510 wurden 38 jüdische Bürger vor der Marienkirche im Zentrum Berlins inmitten einer berauscht johlenden Menge wegen angeblicher Hostienschändung verbrannt. 1564 bemühte sich die Berliner Jüdische Gemeinde um den Bau einer neuen Synagoge, doch 1573 erfolgte eine erneute Vertreibung aus Berlin, die erst ab Mitte des 17. Jahrhunderts zu einer allmählichen Rückkehr führte. Die Wiederansiedlung von Juden in Berlin und Brandenburg wurde durch die Vertreibung der Wiener Juden verstärkt, die, so die erbitterte Gemahlin von Kaiser Leopold I., Schuld trügen an ihrer Fehlgeburt. Der Große Kurfürst lud Hugenotten aus Frankreich und Juden aus Wien ein, Handel und Wandel in Brandenburg zu entwickeln. Die Geschichte der modernen Berliner jüdischen Gemeinschaft beginnt also mit der Ankunft aus Wien. Und das sollte für die kommenden Jahrhunderte ein Wesensmerkmal des deutschsprachigen Judentums werden, zwischen

Wien und Berlin vollzieht sich wider alle Widerstände die deutsche Moderne, das christliche Ethos und die deutsch-jüdische Akkulturation.

Seit dem 15. Jahrhundert entwickelte sich das deutsche Landjudentum, erfolgte eine Dezentralisierung der jüdischen Bevölkerung in Dörfern und Kleinstädten oft mit nur wenigen jüdischen Familien, die um so mehr an ihren Traditionen und regionalen Gebräuchen festhielten. Dabei entstanden solche für Juden neuen Berufe wie Viehzüchter, Viehhändler und alle Arten Kleingewerbetreibender. Aber auch jüdische Münzmeister, steuerzahlende Pächter, finanzielle Berater der Höfe, die bereits seit dem 13. Jahrhundert am eigenen Wohlergehen und dem der Landesfürsten arbeiteten, charakterisierten die wirtschaftlichen und sozialen Übergänge.

Nur wenige Städte schützten ihre Juden. Einige konzentrierten die jüdische Stadtbevölkerung oder ließen, wie in Frankfurt, ein Getto bilden. Doch ist es ein wesentliches Merkmal der Entwicklung des deutschen Judentums, daß es eben nicht in Gettos oder kleineren Städten und Dörfern konzentriert war. Die dezentrale Struktur des Kaiserreichs, die unterschiedlichen Rechtsformen und Untertanenverhältnisse erlaubten die unterschiedlichsten städtischen und regionalen Formen der Ansiedlung und des Zusammenhalts mit einer mehrheitlich nichtjüdischen Umwelt. Das Landjudentum förderte allerdings auch neue Formen der sozialen und wirtschaftlichen Einbindung in eine christliche Umwelt, zunehmend veränderte sich der sprachliche und kulturelle Rahmen.

In diese Situation paßte die Sprache der Gelehrsamkeit und religiösen Tradition, der *Halacha*, das Hebräische, immer weniger. Hebräisches Schriftgelehrtentum, kabbalistische Mystik, Auseinandersetzungen mit christlicher Philosophie und Religion nahmen zwar zu, zugleich erfolgte in diesen Jahrhunderten ein kultureller und sprachlicher Umschlag sondergleichen. Die vor allem im umgangssprachlichen Bereich unter den aschkenasischen Juden verbreiteten Sprachformen setzten sich als Sprache der Juden, als Jüdisch-Deutsch durch, das sich seit dem 9. Jahrhundert langsam entwickelt hatte.

Das Jüdisch-Deutsche basierte wesentlich auf mittelhochdeutschen Dialekten, etlichen hebräischen, aramäischen und romanischen Sprachelementen und ist sozusagen die ältere Schwester des Ostjiddischen, das sich mit der Vertreibung und den Wanderungsbewegungen nach Osten seit dem 12. Jahrhundert entwickelte. Es ist daher auch mißverständlich, wenn Jüdisch-Deutsch als Jiddisch bezeichnet wird. Doch ist die Sprachbezeichnung Jiddisch überhaupt angebracht? Das Wort, schlicht jüdisch meinend, ist eine viel spätere Bezeichnung, die der deutsch-jüdischen Sprachentwicklung im nachhinein übergestülpt wurde, eine semantische Distanz schuf, einen religiös Anderen sprachlich und sozial abgrenzte, der doch durch die Sprache gerade deutlich sein Dazugehören bekundete. Wenn überhaupt die zeitweilige gemeinsame Sprachtradition mit dem Jiddischen Osteuropas betont werden soll, so ist der Begriff Westjiddisch sicherlich angebrachter. Doch sollte heute Jüdisch-Deutsch als Begriff und Kulturentwicklung den ihm zustehenden Platz wieder erlangen.

Immer mehr Juden sprachen Deutsch, oder genauer den deutschen Dialekt ihrer Umwelt. Gleichzeitig bildete sich Jüdisch-Deutsch als eigenständige deutsche Sprachform heraus. Das Hebräische wurde mehr und mehr zur Sprache des religiösen Ritus, vergleichbar dem Latein im katholischen Ritus, doch blieb durch die Schreibweise des Jüdisch-Deutschen in hebräischen Buchstaben eine unübersehbare Vorherrschaft der religiösen Tradition erhalten, die sich oft auch in der Aussprache, der Betonung von Silben oder spezifischen deutschen Worten für Begriffe der Bibel zeigten, die mit dem späteren hochdeutschen Sinn nicht immer verwandt waren.[4]

Hört man heute im Elsässischen den alemannischen Dialekt, so wird man eine an die Aussprache des Jüdisch-Deutschen erinnernde Sprechform wahrnehmen können. Dies deutet daraufhin, daß es sich zunächst um eine kulturelle Aneignung der deutschen Umgangssprache handelte, allmählich auch des Schriftdeutschen, doch bei bewahrter sprachlicher Eigenständigkeit, was natürlich auf die prägende Bedeutung des deutsch-jüdischen Alltags hinweist. Schon sehr früh tauchen deutsch-jüdische Randglossen in hebräischen Bibelkommentaren auf, so bereits Ende des 11. Jahrhunderts. Aus dem 13. Jahrhundert ist ein in niederalemannischem Dialekt geschriebener Segensspruch in einem Gebetbuch überliefert, was natürlich auf den tagtäglichen Gebrauch des Jüdisch-Deutschen, aber auch seine mundartlichen Ausprägungen hindeutet. In jüdisch-deutschen Glossen zu Kommentaren über die Propheten aus dem 14. Jahrhundert schreibt ein unbekannter Übersetzer voll literarischer Kreativität folgende schöne Zeilen jüdisch-deutsch in hebräischen Lettern an den Rand und man kann sich denken, wer da gerade neben dem Autor dieser Zeilen steht oder züchtig-lasziv am Fensterrahmen lehnt, während er fleißig mit den Propheten befaßt ist:

Wo sol ich hin – wo sol ich her,
Wo sol ich michs hin kern
Ich bins einzint,
Mein herz das brent,
Ich kuens nit heilch warn. [heimlich waren]
Da ßtet die herzalerlibst mein
Di ich hab auf disr erdn.

Die kulturelle und soziale Nähe der jüdischen und nichtjüdischen Bevölkerung zieht ein in textliche und visuelle Darstellungen. In der *Pessach Haggada*, dem Legenden- und Sagenschatz, der zur Pessachfeier gelesen wird, gab es denn auch hebräische Lieder, die nach Melodien gängiger deutscher Trinklieder gesungen wurden, wobei Textstellen, die sich etwa auf deftiges Schweinefleisch bezogen, koscher abgewandelt wurden. So entstand Ende des 16. Jahrhunderts in Worms eine Sammlung von 42 deutschen Volksliedern in hebräischen Buchstaben, in der die Zeile *Steck an den Schweinebraten* durch *Steck an den fetten Braten* ersetzt wurde. Religiöse Distanz und kulturelle Nähe waren nicht allein ein alltäglicher Widerspruch, sondern konnten auch kreative Ergebnisse zeitigen.

Das Jüdisch-Deutsche war kein Jargon, sondern eine Sprache mit allen kulturell kreativen Elementen, die sich aus dem Leben in einer ebenso christlich wie jüdisch geprägten Umwelt ergaben.

Die reiche jüdisch-deutsche Literatur, auch im moralischen, religionsinterpretierenden, rituellen und rechtlichen Bereich, beweist dies, nur müßte sie heute auch in Übertragungen in die Bibliotheken kommen oder überhaupt als Bestandteil der deutschen Kultur wahrgenommen werden. Statt dessen existiert Jüdisch-Deutsch heute weitestgehend noch nicht einmal als lexikalischer Begriff, obgleich Jüdisch-Deutsch und Hochdeutsch beide auf ein und dieselbe deutsche Sprachtradition zurückgehen.

Doch am 8. Mai 1933 wurde selbst die Erinnerung an diese wunderbare kulturelle deutsche Tradition auf dem Scheiterhaufen der deutschen Literatur verbrannt. Die umfassende Kulturvernichtung, die der Nationalsozialismus nach 1933 einleitete, war im Bereich der jüdisch-deutschen Sprache und Literatur leider erfolgreich. Es wurden nicht allein diejenigen vertrieben oder ermordet, die diese Sprache noch beherrschten, auch die vorhandene Forschung wurde den Flammen übergeben.

Bis 1933 gab es in Westfalen, in Süd- und Südwestdeutschland noch Jüdisch-Deutsch sprechende Juden, insbesondere unter der Schicht der Landjuden und jüdischen Viehhändler. Davon ist natürlich nichts übriggeblieben, wenige erreichten die USA und bewahrten dort ihre Sprache. Durch die Anwesenheit der Jiddisch sprechenden osteuropäischen »displaced persons« nach 1945 konnte in Deutschland der Eindruck entstehen, daß deren Jiddisch überhaupt identisch sei mit Jüdisch-Deutsch. Die heutige jiddische Nostalgie in Deutschland holt virtuell zwar ein romantisiertes polnisch-jüdisches Schtetl nach Deutschland, mit deutsch-jüdischer Kultur und Geschichte, gar mit der ästhetisch so reichen deutsch-jüdischen Tradition, Musik, Malerei und Literatur, kurz der deutsch-jüdischen Kultur in Deutschland, hat dies nichts zu tun.

Jüdisch-Deutsch hatte sich in den Jahrhunderten des späten Mittelalters zur Haussprache entwickelt, stark beeinflußt durch die Rolle der Frauen im jüdischen Alltag. Deren Verantwortung für Familie und Haus, religiöse Tradition, Erziehung und Moral prägten die Verbindung von gesprochenem Jüdisch-Deutsch und der Schaffung schriftlicher Überlieferung in dieser Sprache. Aufgrund des kontinuierlichen Kontakts mit der christlichen Umgebung, den Nachbarn, den Marktleuten, Handwerkern und fahrendem Volk, wie er vor allem im Alltag denen eigen war, die den Haushalt führten, die Kinder erzogen, Bildung vermittelten, ergab sich eine immense Nähe des Jüdisch-Deutschen zur Sprache der nichtjüdischen Mehrheit. Durch die Leseempfehlungen der Nachbarinnen hinsichtlich der gerade aktuellen romantischen Bestseller, Märchen für Kinder oder diverser Liebes- und Heldengeschichten, unter anderem über einen sympathischen naiven blonden Drachentöter und dessen nicht minder naive, doch auch heroisch-destruktive Braut im nahen Burgund, fanden über die Frauen wiederum wichtige Werke der deutschen Lesekultur Eingang in das kulturelle Leben der jüdischen Familien.

Das Jüdisch-Deutsche entwickelte sich in rasantem Tempo, trat aus dem Haus oder der Judengasse, bestimmte den Umgang in Handel, Gewerbe, auf Reisen, schließlich auch in der rabbinischen Gerichtsbarkeit, als Urkundensprache, und auch im Unterricht. Zunächst begannen jüdische Frauen in ihren Korrespondenzen diese Sprache als Schriftsprache zu nutzen, dem folgten die Männer, die sich überdies bei der jüdisch-deutschen Lektüre von der Mühsal religiösen Studiums erholten. Es ist daher in Frage zu stellen, wenn in neueren Publikationen die alten Stereotype auftauchen, in denen das Jüdisch-Deutsche patriarchalisch-herablassend zur niederen Frauensprache gemacht wird. Jüdisch-Deutsch ist der sprachliche Hintergrund, der in den Familien, deren Nachfahren dann Heinrich Heine, Ludwig Börne, Karl Marx, Moritz Oppenheim, Walther Rathenau, Max Liebermann hießen, eine kulturell prägende Rolle spielte, weil man sich lange vor der Emanzipation bereits in Teilbereichen der deutschen Kultur sprachlich frei bewegen konnte.

Ende des 14. Jahrhunderts entstanden die ersten hebräisch-jüdisch-deutschen Wörterbücher, d.h. das Jüdisch-Deutsche wurde als Schriftsprache in Glossaren erfaßt und tauchte bald in religiösen, aber auch medizinischen Handbüchern auf. Rezeptbücher, Handbücher für Ärzte, medizinische Beschwörungsformeln, zahllose Lehrbücher zum Schachspiel, jüdisch-deutsche

Legendenbücher bilden Teile einer jüdischen Folklore und Fach-
literatur, die sich auf deutschen Volksglauben, germanische
Mythen und christlichen Aberglauben genauso integrierend beziehen wie auf das Wissen und die Geheimnisse überlieferter hebräischer Schriften oder einfach den allgemeinen Stand der Wissenschaft. Unzählige Handbücher gaben Rat, wie man stilvoll,
gedankenvoll und erfolgreich Briefe abfaßt, eine Art frühmo-
derne Einführung in verbale Kommunikationstechniken. Durch
die Migrationsbewegungen jüdischer Familien wurden die
deutsch-jüdischen Sprachformen langsam ergänzt. So entstanden
erste Texte thüringisch-obersächsischer Sprechweise, eine Art
frühes sächselndes Jüdisch-Deutsch.

Die deutschen Juden bezeichneten ihre Sprache beim Übergang vom Mittelalter in die Neuzeit nicht als Jiddisch oder Ju-
dendeutsch, sondern ganz einfach als *Taitsch,* durchaus deutsch in
Sprache und Geist.[5] Verhandlungen in der Gemeinde, gerichtli-
che Auseinandersetzungen wurden in diesem Taitsch geführt,
Hebräisch überließ man dem Rabbi und der Schule. Wichtiger
noch war die Tatsache, daß eine Literatur entstand, die sowohl
die religiösen Schriften für den Hausgebrauch nutzbar und verständlich machte, als auch eine neue Hausbibliothek populärer
Literatur schuf. Die Gebete und die Thora, die hebräische Bibel,
erschienen jetzt in Übersetzung, neue Lieder entstanden, Kalen-
der, Merkbücher, Geschichtsbücher, hebräisch-jüdisch-deutsche
Schulbücher, Fachlehrbücher und bearbeitete Bibelausgaben. Um
1500 erschien der deutsche *Eulenspiegel,* um 1600 der jüdisch-
deutsche, von Benjamin ben Moses aus Tannhausen zum Druck
gebracht: *Wunderparlich un' seltzame historie Til eilen spigel's, eines
pauern son, pürtig aus dem land zu Braun schweig, neilich aus sek-
sischer sprach auf gut teitsch vertolmetscht, sehr kurzweilig zu lesen,
itzund wider frisch gesoten un' nei gebacken.*[6]

Andere beliebte Publikationen waren *Die sieben weisen Mainster
von Rom, König Artus Hof, Her Dwietrich, Die beständige Lieb-
schaft von Floris und Blanchefleur, Die Historie von Ritter Sigmund
und Magelone, Die getreue Pariserin, Fortunatus mit seinem Seckel
und Wunschhütlein, Kaiser Octavian, Bauer Gril.*[7] sowie eigentlich

alle Stoffe der deutschen Volksbücher in jüdisch-deutscher Bearbeitung. Boccaccio war genauso beliebt wie ein italienischer Ritter namens Bovo. Jakob ben Isaak, ein jüdisch-deutscher Schriftsteller des 16. Jahrhunderts, verfaßte für jüdische Frauen den Bestseller *Ze'enna Ure'enna (Kommt und schaut)*, der eine populäre Übersetzung von wichtigen Teilen der Bibel, Erzählungen von der Zerstörung des zweiten Tempels und spätere religiöse und Erbauungstexte enthielt. Allein zwischen 1616 und 1723 erschienen 34 Ausgaben.[8] In der Spielmannsliteratur wurden jüdisch-deutsche Texte populären deutschen Melodien unterlegt. Lieder wie *Streit zwischen Chanukka und den Festen, Lob des Tabaks, Das schöne Rätsel über das Schachspiel* waren beliebt und ergänzten die balladenhaften Lieder über politische, gesellschaftliche und familiäre Ereignisse. Ein erheblicher Teil der unterhaltenden und der ethisch-didaktischen Literatur war für Frauen und Kinder gedacht, literarische Freizeitbeschäftigung.

Christen kamen zu jüdischen Festen, Juden, so ein kopfschüttelnder Rabbiner, seien bei Pferderennen gesehen worden. Die deutsche Literatur, insbesondere deren Zweig der Populärunterhaltung, Sagen, Legenden, Volkslieder und Volksbücher erschienen auf jüdisch-deutsch. So wie *Dukus Horant* reiste auch die jüdisch-deutsche Literatur im Reisegepäck mit. In Kairo fand sich ebenfalls das Repertoire eines Spielmanns aus dem Ende des 14. Jahrhunderts, das sich aus Gedichten, biblischen Geschichten, Tierfabeln, einem hebräisch-jüdisch-deutschen Glossar und nordischen Sagen zusammensetzte. Drei Briefe von 1567 auf jüdisch-deutsch, geschrieben von der Witwe eines Rabbis in Jerusalem an ihren Sohn in Kairo, sind dort ebenfalls überliefert. Wie lange in Jerusalem und in Kairo Jüdisch-Deutsch gesprochen und geschrieben wurde, wissen wir nicht, aber so falsch lag Arnold Zweig wohl nicht, der nach 1933 hoffte, daß die deutsche Sprache in Palästina eine größere Rolle spielen sollte.

Bereits um 1450 enthält eine hebräische Liedersammlung aus deutschen Landen deutsch-jüdische Paralleltexte.[9] Besonders beliebt waren die jeweils dem Erzähltrend angepaßten Fassungen der keltischen und germanischen Sagen, was sicherlich auch mit

ihren wundervollen Liebesgeschichten, magischen Träumen und
den vorchristlichen Wurzeln zu tun hatte. Moralbüchlein wurden
vertrieben. Bereits 1540 gründen ein Christ und ein Jude gemeinsam eine Druckerei in Isny im Allgäu, später auch in Konstanz.
So wie hier entstehen Druckwerkstätten, die gleichzeitig für eine
christliche und jüdische Kundschaft arbeiten. Zeichner und Maler
wirken für die Auftraggeber beider Religionen, wobei der Einband jeweils von rechts für die hebräische oder von links für die
christliche Fassung graphische Folgen hatte. Das erste überlieferte Gemälde deutsch-jüdischer Tradition (1671) eines deutschen Juden zeigt Süsskind Stern, einen Frankfurter Geldwechs-
ler und Perlenhändler.

Zunehmend wurde die mündliche Überlieferung niederge-
schrieben. Aktuelle Lieder, eine Art melodiöse Nachrichtenüber-
mittlung, wurden gesungen, bald auch gesammelt. 1612, als es in
Frankfurt zwischen Patriziern, Zünften, Kaisertreuen und Extre-
misten um Vincenz Fettmilch zu gewalttätigen Auseinandersetzungen kam, da dieser die Vertreibung der Juden aus wirtschaftlichen Gründen forderte, mündeten die städtischen Kontroversen
innerhalb von zwei Jahren in das sogenannte Fettmilch-Pogrom
von 1614, in dem die Judengasse verwüstet wurde und die Juden
Schutz in Hanau und Offenbach fanden. Nach diesen Ereignissen entstand ein Lied, das das Pogrom, die Plünderungen und
Morde behandelte.

Genau zwei Jahre nach diesem traurigen Bericht entstand der
Triumphmarsch, geschrieben von Elchanan ben Abraham in hebräischer und jüdisch-deutscher Sprache. Das Lied schildert, wie
unter militärischem Begleitschutz kaiserlicher Soldaten und in
Anwesenheit der Frankfurter Bürger die Juden unter Freuden-
klängen wieder in die Judengasse geleitet wurden und die Stadt
das neue kaiserliche Privileg an die Mauerwände schlagen mußte.
Eine Art deutsch-jüdisches Straßenfest mit Chalent aus der dor-
tigen jüdischen Küche, wie Heine sagen würde, und sonstigen
Frankfurter Spezialitäten. (Der Genuß von Äppelwoi ist urkundlich nicht belegt.) Die Lieder werden heute von der Berliner
deutsch-jüdischen Künstlerin Jalda Rebling als Teil eines Pro-

gramms deutsch-jüdischer Melodien in den überlieferten Fassungen gesungen. Gerade die überlieferten Lieder, Gedichte und Balladen geben Zeugnis von jenem oftmals blutigen Wechselbad der deutsch-jüdischen Geschichte.

Niederlassung, Wohlstand, Diskriminierung, Verfolgung, Vertreibung und Neuansiedlung wechseln sich durch die Jahrhunderte ab. Doch die damit verbundenen Erfahrungen lassen sich weder auf eine Leidensgeschichte der gepeinigten Juden noch auf eine Täterchronik nichtjüdischer Deutscher reduzieren. Die deutsch-jüdische Wechselwirkung ist keine Verlustrechnung, sondern eben ein historisches Wechselbad, in dem sich schöpferische Kulturentwicklung und Kulturvernichtung ablösen.

Erstaunlich an der jüdisch-deutschen Literatur ist die das gesamte Reich und das Gelobte Land betreffende Breite der Lieder, Briefe, Erzählungen, Legenden und Berichte. Die türkische Belagerung Wiens 1683 oder ein festlicher Umzug der Prager Juden zu Ehren des Erzherzogs von Österreich waren genauso Anlaß für das Verfassen beliebter Texte wie Berichte über Reisen nach Jerusalem. Scherz-, Spiel- und Spottlieder gehörten ebenfalls zum Repertoire. Jüdische Spielleute zogen von Ort zu Ort, Sänger trugen vor, und Narren traten auf. Unter dem in Westeuropa umherziehenden fahrenden Volk gab es viel jüdische Armut, gescheiterte Talmudschüler, singende und schauspielernde Gesellen und Gesellinnen, wobei die Gesellinnen oftmals zum Broterwerb beitragen mußten, was sich durchaus mit der *Halacha*, der jüdischen Tradition, vereinbaren ließ, deren komplizierte männerorientierte Reglements hinsichtlich weiblicher Prostitution allein einen ganzen Band füllen würden.

Eine haggadische Erzählung aus dem 17. Jahrhundert hat den Titel *Das Ableben der Prophetin Miriam, Ahrons und Mosis*.[10] Es ist natürlich ein immenser Schritt, wenn Miriam, die Schwester des Moses, als Prophetin und auch an erster Stelle genannt wird. Überhaupt ist bis heute der Tatsache viel zuwenig Rechnung getragen worden, daß viele jüdische Frauen zu den Autorinnen jüdisch-deutscher Werke gehörten. Die Frauen und Witwen von Rabbinern, Lehrern oder Kantoren schrieben, übersetzten, inter-

pretierten und dichteteten. Doch die heute existierenden Antho-
logien jüdischer Frauen folgen dem gängigen deutschen Mythos,
daß alles mit Rahel Varnhagen begann, und die Herausgeber mer-
ken nicht, daß sie damit die spezifische Situation der jüdischen
Frauen seit dem Ausgang der Antike ignorieren, die ja dann gerade in der bürgerlichen Gesellschaft den christlich-zivilen Normen angepaßt wurde. Einige der überlieferten Namen sind Taube
Pan, Hanna Katz, Bella Hurwitz, Rahel Rausnitz, die insbesondere mit jüdisch-deutschen Veröffentlichungen in Prag hervor-
traten.

Rebekka Tiktiner publizierte 1609 ein populäres Moralbuch,
und Roesel Fischels hatte bereits 1586 in Krakau die Psalmen
übersetzt und neu gereimt: *wol verteitscht in teutscher sprach gar
schön un' bescheidlich un' gar kurzweilig drin zu leien vor weiber
un' vor maidlich.*[11] Allerdings stand die Literatur der Frauen auch
stets im literarischen Wettstreit mit der saturiert traditionellen
Sicht der Autoren vom anderen Geschlecht, so in dem *Weiber-
buch* eines anonymen Autors aus der ersten Hälfte des 16. Jahrhunderts: *Mein liebe tochter sieh un' merk' eben auf was ich dich da
tu lernen; werstu mir folgen, da werstu leben in zichten un' in eren,
un' got der almechtig wert dir glik un' heil bescheren, un' vreid werstu sehn an dein kindern un' dein tag wern sich tun meren, un' dein
kestliche kinder wern sein a so vil as stern in himel.*[12]

Dramatische Dichtungen entstanden, Lustspiele, Komödien
und Texte wie die *Schildbürger* wurden übertragen, jede Menge
Volksmärchen und Geschichten, so vom wilden Schornsteinfeger,
vom jüdischen Papst Elchanan, von der Matrone von Ephesus, von
einer strebsamen Braut mit drei Bräutigamen, und verwickelte Liebesgeschichten, in denen es von untreuen Ehemännern, vorbeizie-
henden oder wohlbestallten Huren und selbstbewußten jüdischen
Frauen nur so wimmelte. Diese Unterhaltungsliteratur wurde angereichert mit historischen Themen und Reiseschilderungen. Die
Rabbiner hatten schon einige moralische Probleme ob so viel literarischer Freizügigkeit, insbesondere nachdem auch die deutschen Märchen freizügig integriert und durch orientalischen und
sephardischen Märchen- und Legendenschatz angereichert wur-

den. Die jüdisch-deutsch geschriebenen Komödien lagen alle in der Tradition der deftigen deutschen Hanswurstkomödie und waren zumeist für das Purimfest verfaßt worden.

Das älteste provokante Stück war *Die Verkaufung Josephs* von 1710, aufgeführt in Frankfurt. Pickelhäring, der Hanswurst, ist der Ratgeber Potiphars, und das Stück ist genauso erotisch-offenherzig wie die zeitgenössischen Hanswurstspiele. Das ganze Stück kreist natürlich um die Verführungsversuche der Frau des Potiphar, die in einem Monolog dem Publikum ihre Liebesnot kundtut und dann Joseph mit folgenden Worten gegenübertritt:

> *Er soll willkommen sein,*
> *Der liebsterja Diener Joseph mein,*
> *Ich bitt, du sollst mir mein Bitt gewähren,*
> *Welche ich schon oftermal hab tun von dir begehren,*
> *Indem ich dich lieb in allen Stücken.*
> *Werf auf mir deine Liebes Blicken*
> *Und sei nit so tyrannisch und unerbärmlich gegen mir.*
> *Seh, was vor Schwachheit ich hab über dir.*
> *Denn ich trag zu dir solche Inklinazion,*
> *Drum bitt, du wollst mein Willen ton.*[13]

Joseph bleibt zunächst stur und verweigert sich diesem unsittlichen Ansinnen. Doch auch jüdische Fastnacht/Purim-Spiele entbehren des moralischen Zeigefingers der synagogalen Autoritäten. Denn es wäre schon einigermaßen abwegig, die in der *Esther-Rolle* beschriebene Purim-Geschichte, also Esthers selbstlosen Versuch, den persischen König Ahasverus im Bett von der Notwendigkeit der Hilfe für die unterdrückten Juden zu überzeugen, jeglicher Erotik zu entkleiden. Purim-Spiele suchten denn auch nach verwandten Bibelstoffen, und da bot sich der junge Joseph an, wie er allein versucht, den Verführungskünsten der jungen Frau seines Brotgebers zu widerstehen. Die zunächst enttäuschte Frau des Potiphar bittet Hanswurst um Rat, doch der weitere Verlauf der Handlung entzieht sich bisher dem literaturgeschichtlichen Zitat. Die Überlieferung besagt, daß Studenten und fahrende Scholasten das Stück mit Pomp und großem technischem Aufwand inszenierten. Der Literaturhistoriker Karpeles vermerkt, daß ein anderes Stück, das *Ahasverusspiel, wahrscheinlich noch schmutziger als die Verkaufung Josephs*[14] gewesen sei, da der Vorstand der Frankfurter Gemeinde die Aufführung verbieten und die gedruckten Exemplare verbrennen ließ. Karnevalspossen, laszive Freizügigkeit waren nicht nach dem Geschmack der Gemeindevorstände. Das war, wie noch zu zeigen sein wird, im Elsaß ein wenig anders.

Aaron von Gewitsch, Wiener Jüdin beim Gebet, 1724

Urbaner als in Frankfurt ging es zu dieser Zeit in Wien zu. Die regionale und lokale Mode, besonders in den größeren Städten, wurde zur selbstverständlichen Kleidung, wie eine Abbildung aus dem Jahre 1724 in einem Wiener Gebetbuch zeigt. Eine junge Frau sitzt beim Abendgebet auf ihrem Bett. Das farbenfrohe Bild zeigt eine Wiener Jüdin genauso nach der Wiener Mode gekleidet wie fast 200 Jahre später Anna Freud, die auf der berühmten Fotografie mit ihrem Vater im Dirndl zu sehen ist.

Ein Teil der Wiener Juden hatte schon früh einen respektablen Status am Hofe erlangt. 1752 übernahm Israel Hönig, später in Wien geadelt als von Hönigsberg, die ersten Tabakpachtungen unter Joseph II. So wie das Tabakkollegium von Friedrich Wilhelm I. in Preußen in die Geschichte einging, begannen auch die Wiener dem Tabak zu frönen, eine günstige Einnahmequelle für den kaiserlichen Hof, für den die Weltläufigkeit des Wiener Juden von Nutzen war. Hinsichtlich notwendiger amtlicher Tätigkeiten am Schabbat ließ sich Israel Hönig vorsichtshalber von einem Rabbiner beraten. Es war zwar einigermaßen kompliziert, ein adliger Jude und kaiserlicher Amtsträger zu sein. Aber die jüdische Religion war ja immer Religion in der Welt gewesen, und ihre Träger hatten sich mit aller Ehrfurcht ebendieser Welt anzupassen.

Die Königsberger Juden hatten denn auch keine Mühe, das Lob auf den preußischen König und später den deutschen Kaiser ins synagogale Gebet einzuflechten. Als sich 1701 der brandenburgische Kurfürst und preußische Herzog zum König Friedrich I. in Preußen krönte, begann das selbstbewußte Wachstum der jüdischen Gemeinschaft in Königsberg von etwa fünfzig auf über 650 um 1800. Der Berliner Schutzjude[15] Simon Wolff Brandes verfaßte 1701 eine glühende patriotische Huldigung aus Anlaß der Selbstkrönung Friedrichs I. Die Pergamenthandschrift ist farbig illustriert. Die göttliche Hand krönt den preußischen Adler, und die Wimpel flattern fröhlich über Königsberg.

Das fünfzehn Jahre später an die Juden gerichtete Edikt des preußischen Königs von 1716 ist auf deutsch und jüdisch-deutsch abgefaßt. Doch blättert man durch neuere Bildbände zur deutschjüdischen Geschichte, so ist es frappierend, daß stets als Sprachen Deutsch und Hebräisch angegeben sind. Und das ist nur ein Beispiel von vielen. Jüdisch-Deutsch als Schriftsprache wird heute schlicht ignoriert und damit nach wie vor ein durch den Nationalsozialismus etabliertes Bild deutscher Juden in das 21. Jahrhundert verlängert.

Im frühen 18. Jahrhundert wurden neben vielen anderen Texten auch die christlichen Apokryphen ins Jüdisch-Deutsche übertragen. Die geistige Neugier und der Bildungsanspruch erfaßten immer neue Schichten der jüdischen Bevölkerung. Populär wurde Anfang des 18. Jahrhunderts auch ein Moralbuch von Hendel Kirchhahn mit dem Titel *Simchat HaNefesch (Seelenfreude)*. Andachts- und Gebetbücher für Frauen erlebten eine wahre Konjunktur. Dies entsprach der Entwicklung auch der protestantischen und pietistischen Literatur jenseits der »seriösen« Theologie. Auf sehr spezifische Weise hielt die Reformation Einzug in deutsch-jüdische Kreise.

בִּיאוּר הַנְבוּאָה הָאֱלֹהִית שֶׁל הַמֶּלֶךְ דָּוִד אֲשֶׁר הָיָה
מְרֻמָּז עַל הַמַּלְכוּת שֶׁל אֲדוֹנֵינוּ הַמֶּלֶךְ וְהַדוּכֹּס הָאַדִיר
וְהֶחָסִיד פְרִידְרִיךְ הַשְּׁלִישִׁי מִבְּרַנְדֶּינְבּוּרְג יִרְאֶה אָם:

LEISTUNG UND SCHICKSAL
300 Jahre Jüdische Gemeinde zu Berlin

Glückwunschadresse von Simon Wolff Brandes, 1701, Broschüre der
Jüdischen Gemeinde zu Berlin aus Anlaß der 300jährigen Gedenkfeier, 1971

Aus dem Mittelalter heraus hatte sich Jüdisch-Deutsch zur lingua franca der in der aschkenasischen Kultur von Metz bis Königsberg lebenden Juden entwickelt. Des Hebräischen zunehmend nicht mehr kundig, sprach zwar die Mehrheit der Juden in Deutschland nun Jüdisch-Deutsch, doch Handel und Wandel machten das Hochdeutsch der Neuzeit zu einer Notwendigkeit. Aus dem Studium der *Halacha* und der deutsch-jüdischen Kulturentwicklung ergab sich nun auf eigentümlich moderne Weise der Drang in die deutsche Sprache. Die deutsche Kultur, aber angesichts des Fehlens eines eindeutig zu definierenden deutschen Staatsgebildes auch deren europäische Dimensionen waren längst im jüdischen Alltag gegenwärtig. Deutsch und Jüdisch-Deutsch wurden in vielen Gebieten der europäischen Reiche gesprochen. So publizierte 1789 bis 1790 ein Elsässer jüdisch-deutsches Wochenblatt Berichte über die Französische Revolution.

Der Sprachwechsel, den im 18. Jahrhundert Moses Mendelssohn und andere vollzogen und verlangten, war nur ein, wenn auch unabdingbarer, zusätzlicher Schritt in die moderne bürgerliche Gesellschaft. Die deutsch-jüdische Kultur hatte dies vorbereitet. Von der Mitte des 18. bis weit ins 19. Jahrhundert waren die persönlichen Schriftstücke deutscher Juden von einem Sprachgemisch aus Hebräisch, Jüdisch-Deutsch und Deutsch gekennzeichnet, was ein sprachlicher Purist wie Moses Mendelssohn natürlich strikt verpönte. Der Maler Moritz Oppenheim aber beschreibt in seinen Erinnerungen, wie er während seines Kunststudiums in München von seinem Bruder *einen Hunderte von Seiten langen Brief in hebräischen Lettern erhielt, der alles, was inzwischen in der Hanauer Judengasse sich ereignet hatte, und überhaupt das Leben daselbst in lebendiger Weise schilderte.*[16] Der Bruder wurde später Lehrer des Deutschen und Hebräischen an der Universität in Cambridge und heiratete eine Christin.

Es war nicht allein die Ansässigkeit, Handel und Wandel, es waren Dichtung und Alltag, Sprache und Verstehen, gesellschaftliche Begegnung und sozialer Status, die jüdisches und nichtjüdisches Leben miteinander verbanden. Der kulturgeschichtliche Weg in die Moderne führte durch das Wort, die Offenheit des Sprechens und Schreibens vor Ort. Kommunikation wurde zu einer Selbstverständlichkeit jener bildungshungrigen deutsch-jüdischen Bevölkerung, die die sich entwickelnde deutsche Nationalkultur des 19. Jahrhunderts genauso prägte wie alle anderen bildungsorientierten Teile der Bevölkerung der deutschsprachigen Länder.

Ende der fünfziger Jahre des 19. Jahrhunderts bereiste Daniel Stauben, französischer Generalinspekteur für lebende Sprachen und aus Colmar gebürtiger Pariser Jude, die Dörfer und Städte des Elsaß, in denen zahlreiche Landjuden lebten. Seine Eindrücke hielt er in einem unschätzbaren kleinen Bändchen fest, das er *Eine Reise zu den Juden auf dem Lande*[17] nannte. In Wintzenheim trifft er auf einen übers Land ziehenden Marionettenspieler, Meister Rodolphe. *An Sonntagen, wenn er die Mußezeit der katholischen Zuschauerschaft verkürzen mußte, kündigte er die Geschichte der armen Genoveva von Brabant oder sonst eine Episode aus dem Leben der Heiligen und Märtyrer an. An Freitagabenden, wenn er es mit Zuschauern eines anderen Glaubens zu tun hatte, spielte Meister Rodolphe hingegen die Abenteurer des von seinen Brüdern auf so schändliche Art und Weise verkauften Josefs, oder Judiths Heldenmut oder König Ahasveros' Gnade. Damit die Täuschung vollkommen sei und das Gepräge mustergültig scheine, so kündigte Meister Rodolphe an, würden im zuletzt genannten Stück die schöne Esther und ihr Onkel Mordechai sich in hebräischer Sprache ausdrücken. Was bedeutete, daß sie die im Elsaß gebräuchliche jüdisch-deutsche Mundart sprechen würden, die, Meister Rodolphe zufolge, früher offenbar die Amtssprache an den Höfen Susas und Babyloniens gewesen war.*[18] Hebräisch ist in diesem Text und in vielen Berichten über das deutsche Judentum im 18. und 19. Jahrhundert einfach ein Synonym für Jüdisch-Deutsch. Meister Rodolphe allerdings war über alle Kritik erhaben. Wehe, wer ihn beleidigt, sprich korrigiert hätte. Seine Marionetten verschonten weder Katholiken noch Juden, weder die Nichte des Pfarrers noch den Sohn des Rabbiners. Die Vorstellungen fanden im Theater oder Ballsaal, des Sommers eine Scheune, von Wintzenheim statt. Daniel Stauben ist eingeladen, hier an einer Hochzeit teilzunehmen, und schildert das Erlebte:

Fröhlich drängten sich entlang der Wände die jungen Jüdinnen. Sie trugen Schürzen aus changierendem Taft, bunte, sehr kurze Röcke, die an den Strümpfen der Tänzerinnen moirierte schwarze Bänder erkennen ließen. Währenddessen dröhnt die große Trommel, stoßen Posaunenrohre vor und zurück, pfeifen die Klarinetten. Hier

wird weder Polka noch Mazurka, sondern Walzer im Dreiviertel-
takt getanzt, der schönste aller Tänze. Man vergnügt sich mit solcher
Hingabe, daß der Gedanke an irgendeine Erfrischung einem nicht
einmal in den Sinn kommt; meist begnügen sich die Mädchen da-
mit, ihre Schultertücher abzulegen, die Burschen ziehen ihre Kittel
aus. Nach jedem Walzer gehen Nachtwächter und Feldhüter, in der
Hand eine Gießkanne von beachtlicher Größe, kreuz und quer
durch den Saal und benetzen ohne Unterschied Dielen, Zuschauer,
Tänzer und Tänzerinnen.[19] Wie die Tänzerinnen und Tänzer wohl
zu später Stunde mit nassen Oberkleidern ausgesehen haben,
muß wohl nicht beschrieben werden.

Die Juden von Aschkenas zwischen Metz, Merseburg und Königsberg lebten nicht im Getto, sondern im westeuropäischen
Abendland. Sie waren die erste europäische Nation, ohne daß sie
sich als Nation hätten konstituieren müssen oder gar wollen. Sie
waren in leicht abgewandelter biblischer Formulierung eine Bevölkerung unter anderen – *Goi me Kerev Goi'im.* Bevor Mendelssohn forderte, endlich in die Sprachkultur des Hochdeutschen Eingang zu finden, Humboldt und andere preußische
Reformer den Begriff der Bildung und des gebildeten Bürgers institutionell ausformen konnten, waren die deutschen Juden bereits auf dem besten Wege, in der deutschen Kultur anzukom-
men. Mendelssohn artikulierte nur mosaisch-pietistisch, was sich
auf dem dörflichen Tanzboden, dem Gerichtssaal, in der Disputation von Ärzten und in der Aneignung deutscher Literatur und
des nationalen kulturellen Habitus längst vollzogen hatte.

Die jüdische Aufklärung ist sicherlich undenkbar ohne die
christliche Aufklärung, den Pietismus und den französischen Ra-
tionalismus. Ohne die jahrhundertealte jüdisch-deutsche Literatur und Kultur hätte es diese umgekehrt allerdings wohl ebenfalls
kaum gegeben. Und das ist der Kern dessen, was man in der
deutsch-jüdischen Kulturgeschichte als Akkulturation bezeichnen kann.[20] Akkulturation hebt die Differenz christlicher und jüdischer Lebenswelten nicht auf, sie verbindet diese Lebenswelten
jedoch in einer gesellschaftlichen Sphäre bürgerlichen Austauschs,
kultureller Kommunikation und wechselseitiger Teilhabe. Man

kann miteinander nur sprechen, wenn es auch ein Miteinander gibt. Es sind sich überlagernde und verflechtende Lebenswelten, wobei Aufeinanderzugehen und Zurückweisung, Akzeptanz und Diskrepanz stets vorhanden sind.

Akkulturation läßt die jüdische Identität nicht verschwinden, doch führt sie zu einem *Leben gespeist aus zwei Quellen*.[21] Das Eigene der jüdischen Kulturtradition verband sich mit den ebenfalls zunehmend gelebten Kulturtraditionen der nichtjüdischen Umwelt. Somit ist der Begriff der Akkulturation viel umfassender als der vielgebrauchte und kritisch zu wertende Begriff der Assimilation, der eher zu biologischen und ideologischen Mißverständnissen führt als eine kulturhistorische Kategorie, die sich jeglicher rassistischer Deutung entzieht.

«Die Dirn kann Französisch»

In dem langen Prozeß der Akkulturation, einer sich über Epochen vorbereitenden und in der gesellschaftlichen Tiefe vollziehenden sprachlich-kulturellen Integration sind die Memoiren, die *Sichronot*, der jüdischen Kauffrau Glückel von Hameln zu finden. Mit Feder und Kiel schrieb sie das Persönliche und das Öffentliche auf, notierte nächtens bei Kerzenlicht Eindrücke von gesellschaftlichen und wirtschaftlichen Beziehungen und hinterließ ihren Kinden und Enkeln, und damit uns, ein kulturelles Werk jüdisch-deutschen Schreibens aus einer Epoche des Übergangs.

Glückel von Hameln war keine feministische Rabbinerin, doch ist ihre Stellung in der Geschichte, in der deutsch-jüdischen Kultur, die sich nicht allein auf das Gesetz der Väter, das Gesetz Abrahams, beziehen sollte, sondern auch auf dessen Frau Sarah, nicht wegzudenken. Zwischen 1691 und 1719 schrieb Glückel ihre Erinnerungen auf, die das Leben der Juden in Hamburg und Hamburg-Altona, ihre Familienangelegenheiten, ihre Tätigkeit als Kauffrau im Handel und in Kreditgeschäften wiedergeben. Nach dem Tod ihres Mannes führt sie die wirtschaftlichen Unternehmungen weiter und unternimmt weite Reisen. Sie schildert ihr Leben nicht als beispielhaft für die moralische Erbauung der Leser, sie will ganz einfach ihre Kinder über die Familie und das Leben in Kenntnis setzen und dabei etliche wohlmeinende Ratschläge erteilen.

Das war etwas anderes als die poetische Form, die die Wienerin Rachel Ackermann im frühen 17. Jahrhundert gewählt hatte, als sie unter dem Titel *Geheimnisse des Hofes* das Wiener Leben auf deutsch so präzise schilderte, daß der Hof pikiert reagierte und sie bald Wien verlassen mußte.[22] Glückel hingegen zielte nicht auf eine Veröffentlichung. Das macht vielleicht auch das Zeugnishafte ihrer Erinnerungen aus. Einer ihrer Söhne und ein Enkelsohn fertigten Abschriften an, die die Grundlage für die frühe Veröffentlichung 1896 bilden.

Die erste Ausgabe erschien zunächst auf jüdisch-deutsch, seit 1910 gibt es hochdeutsche Übertragungen mit zahlreichen Auflagen, wobei es bis heute keine kritische und vergleichende Ausgabe gibt. Mehr noch, das Buch von 1913 mit vielen folgenden Auflagen ist rabiat gekürzt worden, um eine stromlinienförmige Biographie zu publizieren. Die literarischen Exkurse in Glückels Manuskript, Erzählungen, Märchen, erotische Schilderungen mit moralisch korrektem Happy-End, aber auch vieles, was an die blutrünstigen Märchen der Gebrüder Grimm und anderen jüdischen und nichtjüdischen Lesestoff des 17. Jahrhunderts erinnert, sind in dieser Ausgabe nicht enthalten.[23]

Im Wettstreit mit der Übertragung von 1913 liegt eine Übertragung von Bertha Pappenheim, die 1910 in Wien zunächst als familiärer Privatdruck erschien, da die Familie Pappenheim mit Glückel verwandt war. Bertha Pappenheims Übersetzung ist noch heute im Handel, doch auch sie müßte kritisch mit einer Gesamtübertragung konfrontiert werden. In ihrem Vorwort schreibt sie sogar, daß es in Glückels Sinne sei, den *Memoiren wieder eine Form zu geben, die sie der heutigen Zeit näher bringen.*[24] Bertha Pappenheim als Herausgeberin zu erwähnen ist auch deshalb von Interesse, weil sie die Begründerin und für Jahrzehnte herausragende Persönlichkeit der jüdischen Frauenbewegung war. Außerdem spielt sie als jene geheimnisvolle Anna O. in der psychologischen und psychoanalytischen Literatur immer wieder eine Rolle.

Die Memoiren der Glückel von Hameln gerieten weitgehend in Vergessenheit und schlummerten Jahrzehnte in Antiquariaten. Heute kehrt der Text in Bildungseinrichtungen und Buchhandlungen zurück, ohne daß es wirklich eine dem jüdisch-deutschen Original ensprechende hochdeutsche Ausgabe gibt.

In welcher Zeit lebte, arbeitete, betete und liebte Glückel, Ehefrau, Mutter, Kauffrau, Großmutter, Witwe und Europareisende? 1659, fünfzehn Jahre bevor Glückel geboren wurde, hatte Rembrandt das Gemälde *Moses zerschmettert die Gesetzestafeln* fertiggestellt, Spinoza war aus der jüdischen Gemeinde zu Amsterdam ausgeschlossen worden, Grimmelshausen schrieb, Leibniz forschte, der Pietismus wandte sich gegen die protestantische Orthodoxie, Zeitungen und erste Theater entstanden. In Berlin wurden sowohl unverheiratete Frauen besteuert als auch 1714 die Hexenprozesse ein für allemal eingestellt. 1723 schloß Johann Sebastian Bach die *Johannespassion* ab, die antijüdische Elemente enthält, komponierte aber auch in schön säkularem Sinne *Erbauliche Gedanken eines Tabakrauchers*. Alles nur Beispiele für die Zeit des Umbruchs, in der Glückel lebte. 1724 starb sie verarmt in Metz. Fünf Jahre später wurde Gotthold Ephraim Lessing geboren. Eine Übergangszeit. Der deutsch-jüdische Historiker Heinrich Graetz bezeichnete die Zeit von 1500 bis 1760 als humanistische und Reformationszeitepoche, an die sich, beginnend mit Mendelssohn, die Epoche der Wiedergeburt anschließe.

Glückel wurde mit zwölf Jahren verlobt und heiratete mit vierzehn ihren ersten Mann Chaim von Hameln, einen Kaufmann. Sie hatte dreizehn Kinder, von denen zwölf rechtschaffen aufwuchsen und verheiratet werden mußten. Nach 29 Ehejahren und dem Tod ihres Mannes begann sie im Alter von 42 Jahren Nacht um Nacht bei Kerzenlicht die sieben Bücher ihrer Erinnerungen zu schreiben.

Die Familie gehörte zu den wenigen alteingesessenen Juden Hamburgs und war dennoch von Ausweisungen und obrigkeitlichen Beschlüssen bedroht. Oft wollte die Stadt zwar die Wirtschaftskraft der Juden, aber nicht Synagogen und sichtbare Rituale. Das 17. Jahrhundert war eine Epoche der Übergänge und Widersprüche, in dem sich gegen Benachteiligung und Diskriminierung auf moderne Weise die Staatsorientierung der deutschen Juden, und zwar nicht allein in Brandenburg-Preußen, herausbildete; denn die Ansprechpartner für Wohnrecht, Religionsrecht, Freizügigkeit und sogenannte Judenordnungen waren die Herrscher, ob Stadtrat, Senat, Fürst, König oder Kaiser.

In Berlin hatte, wie bereits erwähnt, 1671 der Große Kurfürst jüdischen Familien aus Wien Schutzbriefe aushändigen lassen. Doch erst im 18. Jahrhundert privilegierte die kaiserliche Regierung die Hamburger Judenschaft als *Hochteutsche Nation* und schloß dabei die dort starke portugiesisch-sephardische Gemeinde mit ein, die von Marranen, Flüchtlingen vor der Inquisition, gegründet worden war.[25]

Zuwanderung aus den osteuropäischen Ländern brachten Jiddisch sprechende Juden wieder nach Deutschland, die weder Latein noch Deutsch konnten, oftmals als Rabbiner zwar erfolgreich zur Bewahrung der halachischen Tradition beitrugen, aber auch zu ihrer rückwärtsgewandten Einengung und zur Ablehnung der Wissenschaften. Der Rabbiner Jakob von Emden, einer der Vorläufer der Berliner jüdischen Gelehrsamkeit, der *Haskala*, schreibt in seinen Erinnerungen, daß er, um von den rabbinischen Lehrern nicht erwischt zu werden, die Schriften des Aristoteles schließlich auf der Toilette gelesen habe, denn dort sei es streng verboten, über die Worte der Thora nachzudenken. So konnte er zumindest an diesem Ort das Studium der heiligen Schriften säkular unterbrechen.[26]

Wenn man zwischen den Zeilen der beiden vorliegenden Übertragungen der Memoiren von Glückel liest, findet man eine stille und doch um so beeindruckendere Konstante, die wir als heute selbstverständlichen Drang nach Bildung bezeichnen würden. Die Wissenschaften, literarische und populäre Publikationen, die Notwendigkeit von Sprachkenntnissen für erfolgreiche wirtschaftliche Aktivitäten, all dies kam zusammen. Eine kleine Episode, die Glückel schildert, mag dies erhellen. Glückels Vater hatte eine Stieftochter im Hause, in der Beschreibung natürlich wunderschön und klug, gewandt und des Französischen mächtig. Eines Tages kommen Offiziere, die sich gegen ein Pfand Geld geliehen hatten, und wollen dies auslösen. Der Vater geht in das obere Stockwerk, das Pfand zu holen, die Tochter unterhält die Herren Offiziere artig durch musikalisches Spiel und hört, wie die Offiziere auf französisch sagen, daß sie das Pfand vom Juden nehmen, aber nichts bezahlen wollen. Als der Vater hinunterkommt, singt die Tochter wie zur Unterhaltung der Gäste auf hebräisch, er möge das Pfand nicht geben. Der Vater beachtet den Rat, verlangt die Geldsumme, die Offiziere verwünschen ihn und die *Dirn, die Französisch kann*, und eilen von dannen.[27]

In einer religiösen Schrift aus dem Jahre 1705 eiferte ein Autor dagegen, daß jüdische Kinder Französisch, Italienisch und andere Sprachen lernten, bevor sie noch recht beten könnten.[28] Latein und Mathematik gehörten bereits in vorhergehenden Jahrhunderten zur Erziehung. Nicht der Übergang vom 18. zum 19. Jahrhundert, also das Bildungsideal der Aufklärung, Klassik, Romantik, die Salons der schönen Jüdinnen sind damit hier betont, sondern der Übergang vom 17. zum 18. Jahrhundert. Handel und Geschäfte nach Polen, Rußland, insbesondere von Könisgberg in die baltischen Gegenden, Westeuropa, Indien – kurz Europa wird zur Schaltstelle des internationalen Handels. Es war selbstverständlich, daß die traditionelle jüdische Erziehung, also das Studium der religiösen Schriften, keinen Gegensatz bildete zur Beherrschung der für Handel und Wandel notwendigen Umgangssprachen und Umgangsformen sowie zum damit verbundenen allgemeinen und Fachwissen.

Das jüdische Bildungsethos ist durch die Verbürgerlichung der europäischen Gesellschaft immens beflügelt worden, doch gehörte es schon Jahrhunderte zur deutsch-jüdischen Mentalität. Daniel Stauben erzählt über die heiratsfähigen Mädchen im Elsaß, daß es als Schande einer Familie galt, wenn die Erziehung nicht *sorgfältig genug ausgefallen* oder die künftige Braut *der Nationalsprache nicht sonderlich mächtig war*.[29] Sie mußte dann auf einem Schemel sitzen, und der angereiste Bräutigam, der die Braut noch nicht kannte, konnte sich, so er den Brauch kannte, verlegen am Kopfe kratzen und damit kundtun, daß er von einer Heirat absah.

Als Glückels Tochter Zippora in Cleve verheiratet wird, nehmen ein gerade in Cleve weilender Prinz und andere Adelige an der Zeremonie teil, wird königlich gespeist von *allerhand Konfitüren und allerhand guten fremden Weinen und fremden Früchten.* Glückel kann es kaum fassen und resümiert, *es habe in hundert Jahren kein Jude solche Ehre gehabt.*[30] Die familieninterne Debatte, welches Gastgeschenk der Prinz denn nun erhalten solle, führte allerdings zu einiger Aufregung, da man sich nicht so recht einigen konnte. Jener Prinz war der spätere Friedrich I., Sohn des Großen Kurfürsten, der sich 1701 in Königsberg zum ersten »König in Preußen« krönte.

Glückels Welt, geschäftlich, familiär, kulturell, umfaßt das damalige Deutsche Reich nicht nur geographisch grenzübergreifend, sondern auch gesellschafts-, stände- und schichtenübergreifend, weil Aschkenas größer war, von Metz bis nach Riga reichte. Man beherrschte die Sprache, wußte sich gemäß des jeweiligen Standes respektierlich zu benehmen, kannte die Umgangsformen, weil man Umgang pflegte und mit einem umgegangen wurde. Das mußte der Synagogenschreiber, der Kantor oder der Rabbiner vielleicht nicht, doch Schuhmacher und Weinhändler, Buchdrucker und Kauffrau hatten sich in diesem Alltag zu bewegen. Der Judenhut war lange abgelegt, wenngleich so mancher christliche Zeitgenosse diesen im Geist den ihm begegnenden Juden noch anheftete oder seine Kinder aufforderte, doch auf dem Marktplatz nicht mit den Judenkindern zu verkehren.

Was ist das Besondere dieser Welt aus der Perspektive unserer Kauffrau? Glückels Raum entsteht aus geschäftlichen Beziehungen mit Juden und Nichtjuden, aus Beziehungen zu jüdischen Verwandten, Ausbildungsstätten und Familien potentieller Schwiegersöhne oder Schwiegertöchter noch in entferntesten Orten. Das Besondere der deutsch-jüdischen Erfahrung liegt darin, daß zu dieser Zeit *nur die Juden wirklich Deutschland als Einheit erfahren* konnten. *Zwei Jahrhunderte vor Bismarck lebte Glückel in einem um Preußen vereinigten Land, einem Deutschland, wo Gren-*

zen zwischen Fürstentümern, Herzogtümern, freien Städten für sie
einfach nicht existierten, die sie einfach nicht beachtete.[31] Ein Teil der
jüdischen Bevölkerung bezog sich auf einen geographischen
Raum, auf Mentalitäten, auf eine Gesellschaft, die erst im Entstehen war, auf einen west- und mitteleuropäischen Wirtschaftsraum,
durch den Kutschen durchaus eilen konnten, in dem überall auch
Jüdisch-Deutsch gesprochen wurde.

Europa zeichnete sich ab, wenn auch auf staubigen Wegen, zumindest für die Kauffrau Glückel und andere konnte das Nationale ignoriert werden, weil es sich noch gar nicht so trennend
herausgebildet hatte. Die jüdisch-deutsche Sprach- und Schrift-
kultur entsprach einem realen wirtschaftlichen, gesellschaftlichen
und bisweilen auch familiären Raum, dessen Grenzen für die in
diesem Raum und darüber hinaus handelnden Juden eben nicht
als unüberwindbar galten. Der Sprach- und Kulturraum überlagerte die frühneuzeitliche Staatenentwicklung, trug im alltäglichen Umgang zu einer bald nationalstaatlich fixierten kulturellen deutsch-jüdischen Identität bei. Dies ist grundsätzlich von
der jüdischen Erfahrung in Osteuropa zu unterscheiden, die sich
wesentlich auf die traditionelle Kultur des Schtetl, das Leben in
Gettos oder ähnlichen abgetrennten Gebieten jüdischer Siedlung,
die Prioritäten religiösen Lebens im Alltag, und weitestgehend
auf die hebräische und jiddische Überlieferung stützte. Das sah
nur in einigen größeren Städten wie Krakau und Warschau und
unter einem Teil der jüdischen Bevölkerung in den baltischen
Ländern anders aus. Die deutsch-jüdische Kultur erreichte allein
schon aufgrund der unterschiedlichen gesellschaftlichen Ver-
flechtung kaum die jüdische Bevölkerung Osteuropas.

Zu Beginn des Jahres 2000 führte eine Theatergruppe in New
York mit Musik, Puppen und innovativer Darstellungsweise *Die*
Memoiren der Glückel von Hameln auf. Glückel als Avantgarde-
Musical paßt in eine kulturelle Landschaft, in der Rabbinerinnen
die Thora-Rolle tragen, jüdische Feministinnen längst die religiösen Debatten mitbestimmen, und die jüdischen Gebete Abraham
und Sarah einschließen können. Nicht zufällig war Glückel in der
jüdischen Frauenbewegung von einiger Bedeutung. Lebendiges

Judentum ist nicht auf folkloristische Exotik oder auf israelische Pita mit Falafel oder jüdische Orthodoxie pur zu reduzieren, sondern die moderne Weiterentwicklung dessen, was den Eintritt der Juden als Juden in die sich widerspruchsvoll entwickelnde zivile Gesellschaft charakterisierte.

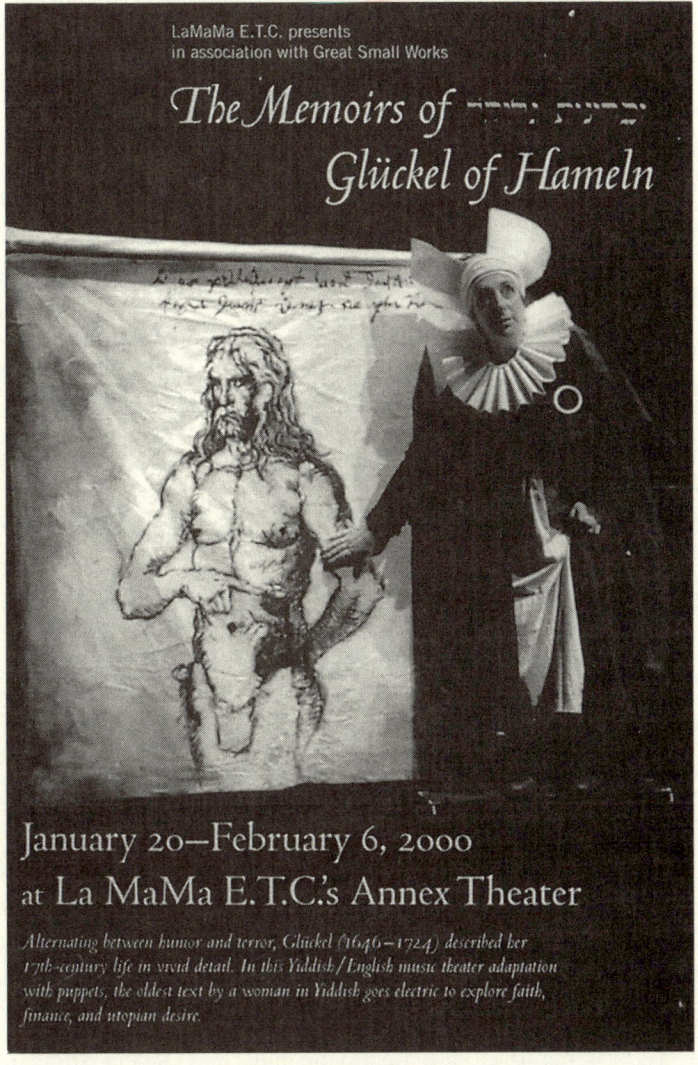

Werbeplakat für das Musical *The Memoirs of Glückel of Hameln*, New York 2000

III.

Schachspielen muss gelernt sein: Von Weibs-Bildern, Goethes strengem Blick und dem lieblichen Spiel der Eichenblätter

Nach einer künstlerisch höchst anregenden Reise aus Hanau nach Neapel stellte sich der Frankfurter Maler Moritz Daniel Oppenheim 1824 bei der Kunstakademie di San Lucca in Rom vor. Man lud ihn ein, *eine Probeskizze zu machen. Er wurde allein in ein Zimmer gesperrt, bekam eine Tasse Schokolade und einen gewöhnlich nur in Schlafgemächern anzutreffenden Topf hingestellt, mit der Weisung, »Christus und die Samaritanerin am Brunnen« innerhalb von 1–2 Stunden zu zeichnen.*[1]

Für das Ergebnis bekam der fünfundzwanzigjährige Maler den ersten Preis zuerkannt, doch bei der Nennung seines Namens, heißt es in seinen Erinnerungen, *bemerkte man sofort, daß ich ein deutscher Jude sei und wollte nun, statt mir, einem Italiener den Preis zukommen lassen.*[2] Zwar erhielt auch dieser nicht den Preis, doch die ungeteilte Solidarität des preußischen Gesandten in Rom und des Bruders des preußischen Königs sowie der Kurfürstin von Hessen, die alle in Rom Hof hielten, war Oppenheim gewiß. Schließlich ging es ja nicht allein um die Diskriminierung eines Frankfurter Juden, sondern um die Mißachtung eines deutschen Künstlers, noch dazu auch um dessen recht anmutig und bieder gezeichnete Episode aus dem Neuen Testament.

Oppenheim ließ es sich nicht verdrießen, malte die Dichterfürsten seiner Epoche, wurde hofiert und hielt Hof, ein deutscher Maler des 19. Jahrhunderts und zugleich der visuelle Chronist der alttestamentarischen, der neutestamentarischen Geschichten und der deutsch-jüdischen Erfahrung im Übergang vom 18. zum 19. Jahrhundert, wobei die farbenfrohe Romantik nie zu kurz kam. So wie der Minnesänger Süßkind von Trimberg als jüdische Zentralfigur am Beginn eines jüdisch-deutschen Weges betrachtet

werden kann, steht Oppenheim sechs Jahrhunderte später für die
Entwicklung der deutsch-jüdischen Kultur beim Übergang in die
bürgerliche Gesellschaft.

Joseph und Potiphars Weib in Deutschland:
Wer verführt wen?

Aufklärung, Fürstentümer, Königreiche, Freistädte und die latenten preußisch-österreichischen Spannungen trugen das Ihre dazu
bei, eine deutsch-jüdische Bevölkerung regionalen Zuschnitts aus-
zuprägen. Das Kaiserreich lag im Argen, die Französische Revolution von 1789 weckte immense Hoffnungen auf Gleichstellung
und bürgerliche Rechte, doch die Postkutschen brachten nicht
immer alle Information zur angemessenen Zeit. Bis der Rheinbote
nach Königsberg kam, konnten schon etliche Monate vergehen.
Doch fast überall in der deutschsprachigen Kultur regten sich
junge jüdische Männer und Frauen, die mit dem erstarrten Gesetz
der Väter immer weniger im Sinn hatten und in die neuen bürgerlichen Karrieren drängten. Zu den preußischen Reformern um
Karl vom und zum Stein und die Brüder Wilhelm und Alexander
von Humboldt konnte man aufblicken, die Badenser blickten
nach Frankreich, das geistige Licht der Aufklärung konnte durch
die Reaktion gedämpft, aber nicht ausgelöscht werden, und zu all-
zuviel Radikalismus neigte man in jüdischen Haushalten eh nicht.
   Die Zerstreuung jüdischer Familien im 18. und 19. Jahrhundert
über kleinere Orte bedeutete für diese sozialen, politischen und kulturellen Übergänge sowohl eine Stärkung des religiösen Zusammenhalts der Familie als auch des kulturellen Zusammenhalts mit
der Umwelt. Die Weiterungen im Gesellschaftlichen, im Handel, die
Erfahrungen herablassender Mißbilligungen von seiten der christlichen Umwelt führten sowohl zur Betonung eigener und gemeinsamer Traditionen als auch zu einer Besinnung auf das Religiöse.
   Nach seiner Rückkehr aus Italien etabliert sich Moritz Daniel
Oppenheim ab 1825 in Frankfurt als Maler und wird als erster

Jude in die Frankfurter Museumsgesellschaft aufgenommen. Seine Gemälde und Zeichnungen spiegeln die gesellschaftlichen Enwicklungen wider, gestalten das neue nachnapoleonische Lebensgefühl und das aufstrebende Bürgertum. Die Geschäfte gehen gut, Porträts und religiöse Motive sind en vogue. Das neue weibliche Selbstbewußtsein drängt genauso auf die Leinwand wie veränderte religiöse Wahrnehmungen, die in einer nichtreligiösen Umgebung ihren Platz finden.

Oppenheim bemüht sich, vom hessischen Kurfürsten Aufträge zu erhalten, doch er leidet ebenso wie die Brüder Grimm unter dessen Kulturignoranz. Die Kurfürstin ist den Künstlern gegenüber aufgeschlossener. Oppenheim nimmt Kontakt zu Johann Wolfgang Goethe auf, erhält ein wohlwollendes Wort und 1827 vom Großherzog Karl August von Sachsen-Weimar-Eisenach einen Professorentitel.[3] 1828 publiziert Oppenheim einfühlsame Illustrationen zu Goethes *Hermann und Dorothea*.

Unter den biblischen Themen dieser Zeit findet sich sein an italienische Maltraditionen angelehntes Bild von 1828 *Das Weib des Potiphar*, Titelbild dieses Buches. Die Schöne hat nicht zufällig Ähnlichkeit mit Oppenheims Haunauer Verlobten, Adelheid Cleve. Oppenheim malt hier sozusagen den spannungsgeladenen Höhepunkt der biblischen Josephsgeschichte. Doch ist Joseph im deutsch-jüdischen Zusammenhang auch eine kulturelle Identität schaffende historisch-mythische Gestalt. Die Geschichte des Joseph kann auch als Metapher für die deutsch-jüdische Kulturentwicklung gesehen werden. Sie muß nur entsprechend erzählt werden:

Joseph war von den Seinen als Kind im Stich gelassen, letztlich fast ohne eigenen Willen und ohne jegliche Mittel in ein anderes Land gebracht worden. Doch hier in der Fremde nahm sich ein einflußreicher Verwalter des jungen Joseph an. Da er sich schnell als zuverlässig erwies, Ordnung und wirtschaftliches Gelingen bald für ihn sprachen, wuchsen ihm wie von selbst Aufgaben und Einfluß zu. Schließlich übertrug ihm der Verwalter nicht allein die verantwortliche Leitung, sondern stattete ihn auch mit allen Vollmachten gegenüber dem Personal, den Arbeitern und der Obrigkeit aus.

So manche Nacht lag Joseph wach und dachte darüber nach, wie er alles besser ordnen, das Vermögen mehren und sich Anerkennung, Freunde und Teilhabe erringen könne. Manchmal zu später Stunde dachte er auch an seine Familie, und warum sie so gar nicht zusammengehalten hatte. Konnte das hier vielleicht anders sein, unter diesen ruhigen Menschen in einem großen Land. Haus, Hof, Land und Stadt erwiesen Joseph bald alle Ehrerbietung, er war gern gesehener Gast, sein Rat erschien vielen nützlich, und der Blick so mancher Frau ruhte versonnen und hoffend auf seinem offenen Gesicht, seiner herausfordernd schönen Gestalt und den verhaltenen Gebärden seiner Hände.

All dies war der Frau des Verwalters nicht entgangen, und ihr schien, daß er eigentlich ihr zugesprochen sei. Sie lebten im selben Anwesen, sahen sich fast täglich, nahmen die Mahlzeiten gemeinsam ein, und Joseph verschmähte auch nicht ihren Rat, sprach mit ihr von gleich zu gleich. Eines Tages wandte sie sich ihm werbend zu, indem sie sich entblößte, und sagte ohne weitere Schmeichelworte: »Schlaf mit mir.« Joseph zögerte nicht und antwortete, daß er über alles verfügen könne, doch nicht über sie, Frau des Verwalters, dem er verpflichtet sei. Eine Bewegung seiner Hand schuf Abstand, sie jedoch sah, wie seine Hand leicht zitterte. Joseph irrte, denn allein mit Worten war es nicht getan. Tag für Tag versuchte sie, ihn zu verführen. Joseph stellte sich taub, wandte den Blick ab, mied zurückweichend jegliche Berührung. Des Nachts blieb er oft wach, geplagt von Sorgen, von Ängsten und auch von Begierden. Doch er wollte die Zuneigung für die ihn umgebenden Menschen, für diese Welt, die er so lange mitgestaltet hatte, nicht gefährden. Eines Tages ergab es sich wie von selbst, daß Joseph mit der Frau des Potiphar allein im Hause war. Joseph war mit Verwaltungsarbeiten befaßt, als sie zu ihm trat, leidenschaftlich in seine Kleider griff und sie ihm vom Leibe riß. Joseph war verwirrt, wollte sie nicht beleidigen, aber auch nicht die Ehre des Verwalters oder seine Vorsätze verletzen. Er floh halbnackt aus dem Haus. Sie war entsetzt, beleidigt, beschämt und voll Wut. Sie schrie nach dem Gesinde, den Angestellten, den Vertrauten und klagte Joseph laut an, er habe versucht, ihr Gewalt anzutun. Ihr Mann glaubte seiner Frau und nicht dem benommenen und sich für die Frau schämenden Joseph.

Er wurde ins Gefängnis des Königs geworfen, doch schnell stieg er auch in der Hierarchie der Gefangenen auf und wurde vom Gefängnisleiter zum Verwalter aller Gefangenen gemacht. Joseph hatte Macht und Reichtum, Schönheit, Intrigen und Verführung erlebt. Nun begegneten ihm das Elend, das Verbrechen und die klagenden Stimmen der Nacht, die dunklen Gestalten fehlenden Schlafs, die letzten Tränen und Gedanken der Verurteilten vor Qual und Hinrichtung.

Joseph lernte viel in diesen zwei Jahren, so nackt, wie die Menschen, ihre Schuld und ihre Unschuld sich hier zeigten, war es ihm ein leichtes, deren Gedanken zu lesen, ihre Ahnungen zu verstehen, ihre Fragen zu beantworten. Bald deutete er die Träume der Gefangenen, und seine Deutungen entsprachen stets der Wirklichkeit.

Letztlich drang das Gerücht von dem ungewöhnlichen Können des jungen weitsichtigen Joseph bis zum König, der nach zahllosen Alpträumen und Nächten schlafloser Unruhe befahl, Joseph herbeizuschaffen, um seine Träume deuten zu lassen, vor deren Sinn seine Berater alle versagt hatten. Joseph deutete die Träume des Königs, die mehr mit dem Schicksal des Landes zu tun hatten als mit der Person des Königs. Joseph verstand, daß das Land vor einer nahezu ausweglosen Krise stand und eine völlig neue, wohldurchdachte und an den Interessen der Bevölkerung zu messende Verwaltung vordringlich war. König, Hof und Ratgeber waren von dem umfassenden Vorschlag beeindruckt und machten Joseph nach kurzer Beratung zum Kanzler, der die dargestellten Pläne der wirtschaftlichen und staatlichen Neuordnung durchsetzen sollte.

Joseph verliebte sich in Asnat, Tochter eines angesehenen Priesters, die der Frau, die ihn ins Unglück gestürzt hatte, über alle Maßen ähnlich sah. Manchmal des Nachts, in der Hitze der Lust, wußte er plötzlich nicht mehr, wer ihn umfing und wen er so heftig liebte. Joseph war dreißig Jahre alt. Nur wenig Zeit verging, und sie sorgten für zwei Kinder. Joseph träumte oft von den Gesichtern seiner Brüder, und wenn er wach wurde, sah er die gleichen Gesichter seiner Kinder.

Joseph konnte seine eigenen Ahnungen und Träume nicht deuten, lag oft wach des Nachts, streichelte Asnat, bis sie sich ihm zuwandte, und flüsterte immer wieder fragend: Werden die Kinder unserer Kinder nicht wieder in die Welt gehen, dahin. Sie lächelte ihm im

Halbschlaf zu und sagte leise wie im Traum, damit die Kinder nicht aufwachten: Du gehörst hierher. Und so blieb es für kommende Generationen.[4]

Die Geschichte von Joseph ist auch eine Metapher für die Spannung, die zwischen Dazugehören und Fremdsein, zwischen individueller und kollektiver Identität, zwischen Akzeptanz und Distanz besteht. Es waren die historischen Umstände, die Joseph in das neue Land führten, wo er Verantwortung übernahm, mitgestaltete, lernte und andere lehrte. Verständnis, Liebe, Konflikte und Haß verbanden sich, so wie es stets in unerwarteten gesellschaftlichen Situationen der Fall ist. Joseph ist nun nicht allein Individuum, sondern auch mythischer Stammvater eines Geschlechts, einer an Umfang zunehmenden und Andere anziehenden Bevölkerung, die sich in das neue Land integriert, dieses zu seiner Welt macht, in Liebe mit den alteingesessenen und neuen Zuwanderern umgeht. Sie wahren Traditionen und begründen sie zugleich neu.

Doch wie anders erzählt etwa Thomas Mann die Josephs-Geschichte im dritten Band seines Romans *Joseph und seine Brüder*, *Joseph in Ägypten*, in dem der Autor die *Keuschheit* und *Jungfräulichkeit* des jungen Joseph über alle Maßen lobt.[5] Thomas Mann zeigt uns einen Joseph, dessen *erweckte Männlichkeit nicht wollte ins leidend Weibliche herabgesetzt sein* und der so *vornehm* war, *daß es ihm graute vor dem, was das ägyptische Weib in seinen Augen verkörperte und womit sein Blut zu vermischen ein erbstolzes Reinheitsgebot ihn warnte.*[6] Bei so viel rassischer Vermischung hört man zwar Manns *Wälsungenblut* wallen, doch möchte man Joseph mit dem Maler Oppenheim zurufen: Joseph, es sind deine Entscheidungen, es ist dein Leben – dort und hier.

Die jüdischen Mythen, Legenden, Märchen und Überlieferungen waren und sind von unübertroffener Vielfarbigkeit, und, des Nachts erzählt, bringen sie – damals wie heute – so manchen um den Schlaf. Sie gehörten genauso wie religiöse Traditionen zum Alltag der deutschen Juden. Oft gab es keine Synagoge. Die zunehmende Integration in die regionalen sozialen und wirtschaftlichen Zusammenhänge, die Teilhabe am Erziehungs- und Bildungssystem und an der kulturellen Freizeitgestaltung schob die Religion einerseits immer stärker in eine dem Protestantismus entsprechende Privatsphäre, öffnete die familiäre rituelle Handlung aber auch immer mehr den regionalen Besonderheiten.

Zu Chanukka kam bei den Elsässer Landjuden zum Beispiel die große Stunde der Geschichtenerzähler, die die Zuhörer nach Frankfurt, Worms oder Prag entführten und vor warmen Kaminen das überlieferte Wort neben der Schrift gelten ließen: *Von Neugeborenen wurde erzählt, die ihren Müttern von Hexen-Hebammen, die als bösartige Tiere verkleidet waren, entrissen wurden; Asmodi, der in frommen Häusern, in denen man vergessen hatte, die schützenden Mesusas anzubringen, seine Späße trieb; Rabbinertöchtern, von Dämonen entführt und in herrliche Paläste gebracht, die sich auf dem Grund des Rheins, der Moldau oder des Mains befanden, welche wunderbarerweise gerettet wurden! Geschichten von Automaten, die mittels kabbalistischer Formeln, welche gelehrte Rabbiner ihnen unter die Zunge legten, zum Leben erweckt wurden und dadurch deren gefügige Sklaven wurden; Seuchen, die der zürnende Himmel schickte, um die Verbrechen auf Erden zu bestrafen.*[7]

Es ist nahezu unmöglich, zwischen jüdischen und nichtjüdischen Märchen und Überlieferungen zu unterscheiden, manches, was urjüdisch schien, war christlichen Ursprungs und umgekehrt, wie die Frage: Stammt das christliche Lichterfest von Chanukka ab oder Weihnachten vom jüdischen Lichterfest? Wahrscheinlich ist, daß beide heidnischen Ursprungs sind. Wahrscheinlich ist auch, daß dies für christliche oder jüdische Kinder kaum von Belang ist.

Überlieferte Reste von zusammenklappbaren Hütten, die jährlich zum Laubhüttenfest, dem Sukkot, aufgebaut wurden, zeigen die enge Verbindung ihrer Nutzer mit der Lebensweise in der jeweiligen Region. Wie in den Gemälden und Zeichnungen von Oppenheim findet sich hier eine Mischung von romantischer Naturästhetik mit bildhaften Darstellungen eines vorhandenen deutsch-jüdischen Zusammenhalts. So verbinden erhaltene Abbildungen aus einer Sukka, einer Laubhütte, von 1825 den religiösen

Sukka einer jüdischen Familie im schwäbischen Fischach, 1825

Traum von Jerusalem mit der Wirklichkeit des Ortes Fischach in Süddeutschland, wo die Familie wohnte, der die ausgeschmückte Laubhütte gehörte. Jerusalem und Fischach gehen malerisch und farbenreich ineinander über. Die Krönung der Bilderpracht ist die Abbildung des Familienvaters als echter Jäger mit grüner Uniform und Flinte. Das war so respektabel, daß sich die christlichen Nachbarn, vor allem die Kinder, freuten, in die Sukka eingeladen zu werden. Die malerische Repräsentation des religiösen Sinns war identisch mit der Wahrnehmung der gesellschaftlichen Realität.

Der Weg aus der Enge der Religion mußte nicht unbedingt der Weg in eine säkulare Existenz oder in das schlechte Gewissen von Konvertiten sein. Die sich allmählich verweltlichende Religion bezog sich im Gottesdienst nicht nur allgemein auf die Welt, sondern sehr konkret auf den weltlichen Fürsten, sei er König oder Kaiser. Die religiösen Bräuche integrierten das Örtliche und Regionale, so wie es der gesellschaftlichen Identität und dem sozialen Stand entsprach. Es versteht sich hierbei wie von selbst, daß Formen geistig-kultureller Anpassung von der jüdischen Oberschicht ausgingen, oftmals aber auf das Geschehen im sozialen Alltag anderer jüdischer Schichten reagierten. So wird der jüdische Viehhändler schon mal ein saftiges Stück Schweinefleisch genossen haben, im Zweifelsfall gab es dafür einen durchaus koscher klingenden Namen. Die Macht des Wortes hatte kulinarische Qualitäten.

1728 wurde Moses Mendelssohn in Dessau geboren. Doch fällt es schwer, die deutsch-jüdische Moderne, in der wir eigentlich auch heute noch leben, erst mit Moses Mendelssohn beginnen zu lassen. Mit Mendelssohns mutigen Schritten wird, beeinflußt sowohl von der protestantischen Atmosphäre in Berlin als auch vom offenen Geist urbaner Berliner jüdischer Bürger, eine Übergangsphase abgeschlossen. Genausowenig wie der Antisemitismus den gelben Faden durch die deutsch-jüdische Kulturgeschichte bildet, kann die jüdische Aufklärung als allein bestimmend für die weitere Entwicklung der deutsch-jüdischen Erfahrung gesehen werden.

Die Person Moses Mendelssohn, nicht so sehr seine Schriften, schien in deren Rezeption in den vergangenen Jahrzehnten ein Primat der Religion zu suggerieren, das mit der Wirklichkeit des 18. und 19. Jahrhunderts nur wenig zu tun hat. Der Schweizer Theologe Johann Kaspar Lavater und Gotthold Ephraim Lessing brauchten Mendelssohn genauso wie er sie. Aufklärung und Säkularisierung wurden sowohl christliche als auch jüdische Prozesse. Später, 1856, als diese Periode des christlich-jüdisch religiösen Räsonnements in der kulturellen Erinnerung fast schon mythische Formen angenommen hatte, malte Moritz Oppenheim die Begegnung von Lavater und Lessing mit Mendelssohns Frau, die den Tee serviert, im Hintergrund. Neben einem aufgeschlagenen Buch, wohl der Bibel, steht ein Schachspiel auf dem Tisch, wobei der Maler leicht ironisch mit dem Stand des Schachspiels darauf hinweist, daß Mendelssohn gewinnt. Wie man sehen kann, hatten sich die frühen jüdisch-deutschen Schachhandbücher bewährt.[8]

Mendelssohn hat allenthalben nur überzeugend ausgesprochen, was jüdischerseits sozusagen in der Luft lag, sich in Synagogen, an Schulen, in Geschäften, in Banken, in Arztpraxen, auf Geschäftsreisen sowieso abspielte. Den kulturellen Hintergrund

Moritz Daniel Oppenheim, Lavater und Lessing bei Mendelssohn, 1856

dafür bildete die humanistische Reformierung der Religion, die
wiederum eng mit der sprachlich-kulturellen Akkulturation der
deutschen Juden aus dem »Taitschen« ins Deutsche zusammenhing. Die stete Suche nach literarischer Tradition aus jüdischen
und nichtjüdischen Quellen hat vor allem damit zu tun, daß die
jüdische Kultur während langer Jahrhunderte *durch ein akutes historisches Bewußtsein bestimmt wurde, daß sie sich niemals als
selbstverständlich verstand.*[9]

Historisches Bewußtsein und Erinnerung bedeuten in diesem
Zusammmenhang viel mehr als die Bewahrung der kulturellen

Tradition oder die Einhaltung religiöser Gesetze. Erinnerung ist kein Séparée des jeweiligen jüdischen Zeitgeistes, sondern fußt auf der Verbindung und Integration von Wahrnehmungen historischer und gesellschaftlicher Entwicklungen. Erinnerung lebt von der jeweils neuen Aneignung des durch den kulturell Anderen hindurch immer wieder als notwendig reflektierten Eigenen. Jüdische Kultur in Deutschland war und ist in diesem Sinne deutsch-jüdische Kultur. Bildung und Respektabilität, Teilhabe und Eigensinn, Akzeptanz und Zuneigung gehören dazu, nicht etwa als spezifisch jüdischer Beitrag, sie waren Teil der deutsch-jüdischen Kulturentwicklung.

Mendelssohn erkannte vor diesem Hintergrund daher auch richtig, daß ohne Reform nichts beim alten bleiben konnte, daß Bewahrung eben Veränderung erforderlich machte. Doch sollte auch betont werden, daß es sich zunächst vor allem um eine jüdische Reform in Preußen handelte. 1778, acht Jahre vor Mendelssohns Tod, wurde die erste moderne jüdische Schule in Berlin eröffnet, die der Vermittlung westlicher Kultur gewidmet war, wobei das hebräische und das deutsche Alphabet Anwendung fanden.

Die Familiengeschichte der Mendelssohns ist vielfach beschrieben worden. Meist wird betont, daß der Übertritt ins Christentum das bestimmende Element war, doch wird dann unerwähnt gelassen, daß eben nicht alle Kinder und Enkelkinder hinter der protestantischen Kirchentür hervorlugten. Bisweilen handelte es sich auch um eine Art modernes Marranentum, analog den spanischen und portugiesischen Juden, die formal und gezwungenermaßen zum Katholizismus übergetreten waren, aber insgeheim ihr Judentum bewahrten. Daneben gab es schlichte Anpassung an die herrschende Vernunftreligion oder auch einfach stilles religiöses Bewahren.[10] Emanzipation konnte religiöse Anpassung bedeuten, setzte sie aber nicht voraus.

In Debatten über jüdische Geschichte und Religion hat man bisweilen den Eindruck, daß mit den Umwälzungen des 19. Jahrhunderts »jüdische« Juden und »konvertierte« Juden zwei völlig getrennte Gruppen bildeten. Nichts könnte falscher sein als ein

solcher Eindruck. Natürlich gab es selbstverständliche Wahrnehmungen, ob denn jemand ein Modekonvertit oder ein Karrie-
rekonvertit war, oder, im seltensten Falle, der inneren religiösen
Überzeugung folgte. Diese Schritte, die jeder vor sich und, so er
gläubig war vor Gott abzumachen hatte, zerrütteten nicht den
sozialen Zusammenhang. Sie gehörten zum Zeitgeist, wie es bereits Heine und Börne ausdrückten, die nie so jüdisch waren wie
nach ihrer Konversion, als beide sich vermehrt in literarischen
und essayistischen Texten mit dem Judentum auseinander setzten. Religion war Privatsache und Atmosphäre, Balsam und so-
ziales Ereignis, Text und Bewegung, Klang und Stimme, bisweilen
auch nur Schall und Rauch.

Heinrich Graetz unterscheidet zwischen dem Status der jüdischen Religion und dem der Juden. Er beschreibt die religiöse Reform und die jüdische Wissenschaft in der ersten Hälfte des 19.
Jahrhunderts und hebt hervor, daß es den deutschen Juden im
Ringen um Emanzipation und Gleichberechtigung gelungen war,
die Knechtschaft abzustreifen.[11] Doch sei dies dem Judentum nicht
so rasch gelungen, erst mit Reformen, etwa der Predigt in deutscher Sprache, und schließlich 1819 mit der Gründung des »Ver-
eins für Kultur und Wissenschaft der Juden« durch Leopold
Zunz, Eduard Gans und Moses Moser, Heines engsten Freund.

Das 19. Jahrhundert ist im Hinblick auf die deutsch-jüdischen
Bürger ein politisches, ein industrialisierendes, ein literarisches
und schließlich ein künstlerisches Zeitalter, mithin ein säkularisie-
rendes. Das heute von Millionen Juden, insbesondere in den USA,
getragene Reformjudentum hat seine Wurzeln in dieser Periode
der deutsch-jüdischen Kulturentwicklung, wie ebenso in der *Haskala*, der jüdischen Aufklärung, in der westeuropäischen Aufklärung des 18. Jahrhunderts, im egalitären Streben jener Denker,
Kaufleute, Erzieher, Rabbiner, Schriftsteller und Persönlichkeiten
des öffentlichen Lebens, Frauen und Männer gleichermaßen, die
das humanistische Ideal von Bildung und Aufklärung als gesellschaftliche Aufgabe betrachteten. Fußend auf der jahrhunderte-
langen Kulturentwicklung, wirkten diese Menschen an der Ent-
stehung einer Ästhetik der deutsch-jüdischen Erfahrung. Sei es im

Bau von Synagogen, in der Entwicklung neuer Präsentationsformen im Geschäftlichen, wie zum Beispiel durch Schaufenster, sei es in den Künsten, in den Wissenschaften oder in der Verbindung jüdischer Traditionsobjekte und deutschen Inventars in den Wohnungen, von Schabbatleuchter und Eichenschrank. Auch hier wird wieder deutlich, daß in aktuellen Diskursen und Repräsentationen deutsch-jüdischer Themen oftmals verschüttete kulturgeschichtliche Dimensionen enthalten sind. Bereits Graetz hatte betont, daß sowohl die Wandlung der Juden, der Eintritt in die bürgerliche Gesellschaft, als auch die Wandlung des Judentums durch seine Reformierung von Deutschland ausgingen.

Im Jahre 1801 gründet der Braunschweiger Kaufmann Israel Jacobson in dem Harzstädtchen Seesen eine Religions- und Industrieschule, um armen jüdischen Kindern zu Allgemeinbildung und beruflicher Ausbildung zu verhelfen. Jacobson, geboren 1768, war von der Aufklärung und der neuen deutschen Literatur beeinflußt, seine Reisen als Rabbiner und Kammeragent durch Dörfer und Kleinstädte führten zur Ausprägung eines neuen Berufsbildes, dem schaffenden jüdischen Handwerker. Die Schule begann mit zehn jüdischen Schülern, doch schon wenige Monate später wurden auch die ersten nichtjüdischen Kinder unterrichtet, bald auch ins Internat aufgenommen. 1807 gab es bereits siebzig Schüler, ein Platz an dieser Schule war begehrt. Hebräisch, Lateinisch, Griechisch, Französisch, Deutsch, Mathematik, Geographie, Naturlehre, Naturgeschichte, Weltgeschichte und Moral gab es für alle. Jüdische Schüler hatten darüber hinaus noch vier Wochenstunden Bibelkunde und jüdische Geschichte.
1810 wurde an der Schule eine Synagoge eingeweiht. An der Einweihung nahmen mehr als vierzig Geistliche beider Religionen teil. *Unter Kirchenglockengeläut zogen die Gäste in den Tempel ein, wo Jacobson persönlich im Talar eines evangelischen Geistlichen die Eröffnungspredigt hielt. Orgelmusik und deutsche Choräle begleiteten die Festlichkeit, die sich an der protestantischen Gottesdienstfeier orientierte.*[12] Seine Predigt, die vor allem der religiösen Vernunft gewidmet ist, schließt Jacobson mit den Worten: *Vor allem laßt*

uns lebhaft erkennen, daß wir mit allen Bekennern andrer Gottes-
lehren Brüder sind, Abkömmlinge eines Geschlechts, welches dich als
seinen allgemeinen Vater verehrt, Brüder, die sich zur Liebe und
sanften Duldung anleiten müssen, Brüder endlich, welche unter
deiner Führung einem gemeinschaftlichen Ziele entgegenwandeln,
und zuletzt, wenn alle Nebel vor unsern Augen verschwunden,
alle Irrthümer von unserem Geiste gewichen, alle Zweifel von
unserm Verstand gelößt sind, sich auf demselben Pfade begegnen
werden. Amen.[13] Die jüdische Orthodoxie lief Sturm, doch Gemeinden in Wolfenbüttel, Dessau und Frankfurt, bald auch
in Berlin, Leipzig und Hamburg folgten dem Beispiel. Jacobson
war in der Politik aktiv, bemühte sich um rechtliche Gleichstellung der Juden und stritt mit Goethe über dessen konservative
Rechtsvorstellungen, worauf ihn Goethe als »Judenheiland« be-
schimpfte.

In den achtziger Jahren des 19. Jahrhunderts gab es erstmals
mehr christliche als jüdische Schüler in Seesen. 1922 wurde die
Schule vom Staat übernommen, und 1936 verließ der letzte jüdische Schüler Seesen. Heute hat die Schule circa 500 Schüler, darunter auch wieder einige jüdische und fast noch mehr muslimi-
sche. Reformjudentum ist nicht in erster Linie als Reform des
religiösen Ritus zu verstehen, sondern als eine umfassende gesellschaftliche Reform, die mit der Schul- und Berufsausbildung
beginnt. Reformjudentum ist Modernisierung und Anpassung,
Aufklärung und Qualifikation, Orgelmusik und Operette, kan-
toraler Gesang und Richard Wagners *Tristan und Isolde.*

1842 hält der Rabbiner Ludwig Philippson aus Magdeburg erstmals eine deutsche Predigt in der Synagoge einer anderen Harz-
stadt, in Quedlinburg. Anwesend sind nichtjüdische Gäste, darunter der Bürgermeister, der Gerichtsrat und der Superintendent,
der über diesen Besuch ausgiebig und positiv berichtet. 1821 hatte
der zuständige Minister in Berlin derartige Synagogenbesuche
noch als Zeichen sich *verbreiternder Aufklärung*[14] mißbilligt. Doch
ab 1844 bezahlt der Magistrat sogar den Rabbiner, da eine Auto-
rität ob der ständigen Streitereien über den Charakter des Gottes-
dienstes und des Gesangs erforderlich war. Der Magistrat der

Stadt mußte allerdings eingreifen, als orthodoxe Juden die deutschsprachigen Vorsänger kurzerhand verprügeln wollten, und erließ Gebote, die *lautes Beten, Plaudern, Schreien, Mitsingen, das Korrigieren eines Sprachfehlers des Vorsängers, lautes Vorsagen und Antreiben des Vorsängers*[15] unter Geldstrafe stellten. Selbst ein örtlicher Polizeikommissar mußte eingreifen. Die Störungen konnten nichts mehr daran ändern, daß sich die Reform durchsetzte.

Man könnte debattieren, was denn nun aus der Gesamtheit der gesellschaftlichen und kulturellen Entwicklungen der durch die französischen Gleichheitsvorstellungen inspirierten Umbruchzeit für die deutsch-jüdische Erfahrung am bedeutsamsten gewesen ist. Waren es die Reformen im Bildungswesen, oder waren es die Salons der attraktiven charismatischen jüdischen Frauen der Jahrhundertwende um Rahel Varnhagen und Henriette Herz? Sicherlich gehen selbst heute noch in die romantisierenden Beschreibungen der deutsch-jüdisch-urbanen Salonkultur und ihrer Protagonisten vor allem Wunschphantasien ein, die sich aus romantisierenden Darstellungen des »Weiblichen« und des »Jüdischen« speisen.[16]

Die kulturelle Faszination, wie es oftmals bezeichnet wird, von *Weiblichkeit und jüdischer Kultur in der Moderne*[17] drückt sich sehr direkt in den literarischen und bildkünstlerischen Repräsentationen der *schönen Jüdin* aus.[18] Ein passendes Beispiel dafür bildet ein Gemälde von Henriette Herz, das 1778 von Anna Dorothea Therbusch gemalt wurde. Henriette Herz wird als Hebe, die griechische Göttin des Frühlings, in romantisch verklärter Farbenpracht gemalt.

Nachklänge solcher Darstellungen der neoklassizistischen Kunst finden sich heute noch in den Bildern der schönen Zigeunerin, nicht nur in deutschen Kaufhäusern und auf Flohmärkten. Bei derartigen Bildern muß man sich allerdings auch vor Augen führen, daß es sich bei Henriette Herz und anderen für die Nachwelt porträtierten jüdischen Frauen um gebildete Repräsentantinnen des städtischen Bürgertums handelt, denen der literarische Salon genauso offenstand wie die königliche Hutmacherei oder das Geschäft nahe am Schloß, wo es die letzte Modeneuheit aus Paris oder Rom gab, ein Gläschen Likör mit eingeschlossen.

Anna Dorothea Therbusch, Henriette Herz, 1778

Oppenheim wurde nicht müde, wie er betonte, Porträts der reichen jüdischen Familien und *schöne Judenmädchen*[19] zu malen. Die Nachfrage war einfach groß. Das scheint sich bis heute nicht verändert zu haben und hat seit den sechziger Jahren des 20. Jahrhunderts auch die Fernsehbildschirme erreicht. Was Rahel und Henriette für ihre Fans um 1800 bedeuteten, waren in jüngerer Vergangenheit Daliah Lavi und Esther Ofarim.

Dennoch hat es hier ein kulturelles Problem gegeben. Die *Faszination von Weiblichkeit und jüdischer Kultur*[20] zieht sich als roter

Faden der vermeintlichen *Außenseiter*, wie Hans Mayer Frauen, Juden, Homosexuelle bezeichnete[21], durch die deutsche Moderne. Doch kann, wie nicht selten üblich, kulturelle Faszination oder exotischer Voyeurismus auch leicht in gesellschaftliche Abwehr umschlagen. Frauenfeindlichkeit und Antisemitismus gingen stets eine antihumanistische Verbindung ein, genauso wie Antisemitismus und antidemokratisches Denken stets als kulturelle Zwillinge auftauchen und in der deutschen oder österreichischen politischen Kultur problemlos mit den Anforderungen antidemokratischer, antifranzösischer, antikommunistischer und antiamerikanischer Ideologeme verbunden werden können. Judenfeindschaft existiert nicht an sich, sondern eben nur in Verbindung mit jenen Elementen der Kultur, die einer offenen Gesellschaft widerstehen.

Weiblicher Charme und intellektuelle Behutsamkeit auf der einen Seite und Partizipation am aufkommenden Patriotismus andererseits mögen die deutsch-jüdische Erfahrung um die Wende vom 18. zum 19. Jahrhundert bereichert haben. Die nationale Begeisterung in der jungen Generation deutscher Juden war unübersehbar und damit der jungdeutsche Wille, für die Freiheit und Unabhängigkeit Deutschlands das Gewehr in die Hand zu nehmen und Napoleon wieder über den Rhein zu treiben. Vielleicht war es aber auch der Aufwind der Wissenschaften, der industriellen Revolution, der rationalen Philosophie und des staatsrechtlichen und staatsreformerischen Denkens. Diese Epoche der Anpassungen brachte antijüdische Stimmungen hervor, eine Abwehr des kulturell Anderen durch deutschtümelnden Nationalismus.

In literarischer, kultureller, akademischer, sozialer und staatlicher Hinsicht war die Judenfeindschaft eine Abwehr, doch nicht allein des religiös Anderen, sondern genauso all jener Elemente des gesellschaftlichen Aufbruchs, die die überkommene Ordnung in Frage stellten. Das betraf die Geschlechterbeziehungen genauso wie deren politische Reflexion in Fragen der Verwirklichung des revolutionären Gleichheitsgebots. Das betraf die Sexualität, deren traditionelle Normsetzungen eher in einem subversiven kulturellen Habitus der Gebildeten in Frage gestellt wurden als in öffentlichen Debatten, denn dazu bedurfte es erst der vollen Herausbildung der bürgerlichen Gesellschafts- und Staatsordnung Ende des Jahrhunderts.

Das Bild des kulturell Anderen im eigenen Land, des Juden, ging einher mit dem Bild des kulturell anderen Nachbarlandes, Frankreichs. Zur Zeit des entstehenden deutschen Nationalbewußtseins, insbesondere nach der Zeit der Befreiungskriege und des Wiener Kongresses, es sei nur an die antisemitischen Hep-Hep-Unruhen von 1819 in einigen deutschen Städten erinnert, gab es sowohl ein Aufflammen der Judenfeindschaft, oftmals verbunden mit fanatischem Haß auf Frankreich[22], als auch einen immensen Sprung in der aktiven politischen Identifizierung der jungen deutsch-jüdischen Generation.

Den beeindruckendsten visuellen Kommentar dieser Entwicklung hat uns wieder Moritz Oppenheim hinterlassen, indem er jene Spannung von Integration, neuem Nationalbewußtsein und deutsch-jüdischer Tradition nach dem Sieg über Napoleon gekonnt auf der Leinwand festhält. 1833–34 malt er die *Rückkehr des Freiwilligen aus dem Befreiungskrieg zu den,* wie Oppenheim explizit im Titel des Gemäldes festhält, *nach alter Sitte lebenden Seinen.* Der junge jüdische Husar auf dem Gemälde hat Deutschland verteidigt. Es ist die Zeit vor 1815. Er ist verwundet, trägt ein Eisernes Kreuz, trifft im Kreise der Familie am Schabbat ein, wird bewundert, ist erleichtert, eine nahezu klassische Familienszene aus dem Biedermeier. Der Unterschied der Generationen wird deutlich, der Übergang von der alten Welt der Tradition in die neue jungbürgerliche Identität, die der religiösen Symbole nicht mehr bedarf. Doch enthält das Gemälde eine historische Dimension, die auf ästhetische gelungene Art einen deutsch-jüdischen Kontext in die Vergangenheit verlagert. Die Ausstattung des Interieurs und die Kleidung der jungen Brüder gemahnen fast an das Mittelalter. *Diese nostalgische Ausstattung ermöglichte Oppenheim, zwei Aspekte im Hinblick auf Juden und auf Deutsche klarzustellen. Juden erinnerte die Ausstattung an eine Epoche, in der die religiösen Traditionen noch unversehrt waren, die Deutschen an eine Zeit, als die deutschen Staaten noch vereint waren, eine gemeinsame mittelalterliche Vergangenheit besaßen.*[23]

Moritz Daniel Oppenheim, Rückkehr des Freiwilligen aus dem Befreiungskrieg zu den nach alter Sitte lebenden Seinen, 1833/34

Das Gemälde ist auch eine indirekte Kritik an pessimistischen
Sichtweisen des jüdischen Schicksals und an zahlreichen Kunst-
werken von Oppenheims Kollegen, die deutsch und christlich
oftmals als ästhetische Einheit betrachten. Die Jahrzehnte von
der Französischen Revolution bis zur bürgerlichen Revolution
von 1848 waren auch eine Periode des ästhetischen Ringens um
ein modernes Verständnis der deutsch-jüdischen Erfahrung, aber
eben bisweilen in den Kleidern und Interieurs einer romantisch
verklärten Vergangenheit. Es ist daher nicht zutreffend, wenn
solche Gemälde einzig als Repräsentationen der gesellschaftlichen Wirklichkeit der gemalten Zeitperiode verstanden werden.

Die Diskussionen um die Gleichstellung wurden genauso von
jüdischer wie von nichtjüdischer Seite betrieben. Wilhelm von
Humboldt betrachtete es als eine Aufgabe des Staates, keinen
Unterschied zwischen Juden und Christen mehr anzuerkennen

und das Wort ›Jude‹ *in keiner anderen Beziehung mehr auszuspre-*
chen als in der religiösen.[24] Anfang und Mitte der zwanziger Jahre
des 19. Jahrhunderts tosten die philosophischen und kulturellen
Debatten in Berlin. Die sich entwickelnde Freundschaft des Phi-
losophen Georg Wilhelm Friedrich Hegel mit dem jungen und
ungestümen Vertreter der Wissenschaft des Judentums und an-
gehenden Juristen Eduard Gans beeinflußten Hegels Einstellung
gegenüber dem Judentum. In seinen *Vorlesungen über die Philo-*
sophie der Religion vollzog er eine Entwicklung, nach der die jüdische Religion von einer überkommenen zur Religion der Freiheit wurde.[25]

Allerdings mußte Hegels Freund Gans diese Freiheit aufgeben,
da der König 1822 das Emanzipationsedikt von 1812 aufhob, das
den preußischen Juden begrenzte Möglichkeiten beruflicher Integration geboten hatte. 1826 wurde Eduard Gans einer der er-
folgreichsten Professoren der Jurisprudenz in Berlin, nach zwei
Jahren sogar »ordentlicher Professor«. Viele junge Juden traten
wie Gans und Heine aus beruflichen Gründen zum Christentum
über. Heinrich Heines freundlich ironische Worte charakterisieren die Grenzen der damaligen Emanzipation: *Der Taufschein ist*
das Entreebillett zur europäischen Kultur.[26]

Die Bedeutung dieses Satzes hat jedoch weniger mit Mendelssohn und religiösen Erwägungen zu tun als eben mit dem Edikt
von 1822, das die deutschen Juden in die voremanzipatorische
Zeit zurückwarf, eine Situation, auf die Ludwig Börnes Wort vom
großen Judenschmerz durchaus zutrifft. Der Schritt der Konver-
tierenden zum Taufbecken war, obwohl dies wie ein Widerspruch
klingen mag, ein immenser Schritt in die bürgerliche Gesellschaft
und Gleichheit, aber eben mit etwas weniger Gleichheit für Juden. Die Religion war dabei Nebensache.

Die ambivalente Änderung des kulturellen Klimas im Vormärz
hält Oppenheim später in dem Gemälde fest, das das Treffen des
zwölfjährigen musikalischen Wunderkindes Felix Mendelssohn
Bartholdy mit Goethe zeigt. 1821 trifft Felix zum erstenmal auf
den ergrauten Meister, 1825 widmet er ihm ein Quartett, und
1830 spielt er Goethe mehrfach vor. Auf dem Gemälde blickt der

alte Dichter versonnen in die Ferne, der Komponist erscheint als junger Mann, der er 1830 allerdings schon nicht mehr war, und im Hintergrund stellt die Büste von Friedrich Schiller eine *sonderbare Weimarer Trinität* her.[27] Hier erscheint die deutsche Klassik offensichtlich als eine deutsch-jüdische Klassik, doch der Maler läßt uns wissen, daß Goethe dies möglicherweise nicht so ganz wahrgenommen hat.

Moritz Daniel Oppenheim, Felix Mendelssohn Bartholdy
spielt Goethe vor, 1864

1829 dirigierte Felix Mendelssohn zu Ehren des hundertsten Geburtstages seines Großvaters Moses Mendelssohn und zu Ehren Bachs die *Matthäus-Passion*, ein großer Erfolg, im Publikum saß auch Hegel.[28] Doch führten akademische Leistung und Titel nicht immer zur erwarteten Stellung. Wie eine Reaktion auf den kulturellen Zwang religiöser Übertritte ging der kulturelle Antisemitismus mit stillschweigender gesellschaftlicher Ablehnung oder mangelhafter bürgerlicher Gleichstellung einher. Goethe blickte wie so viele in die Ferne und ignorierte die Nöte der Gegenwart. Dafür war *Faust* zuständig, aber nicht der Staatsminister Goethe.

Oppenheim schildert zwei Begegnungen, die die gesellschaftliche Atmosphäre der Konversionszeit im frühen 19. Jahrhundert behutsam wiedergeben. Er ist mit dem Enkelsohn Moses Mendelssohns befreundet, dessen Mutter, Dorothea von Schlegel, bei ihm wohnt. *Wenn ihre Enkelchen, vor dem Schlafengehen, ihr eine gute Nacht wünschten, gab sie ihnen den Segen und machte das Zeichen des Kreuzes dazu; dieses Zeichen bei der Tochter Moses Mendelssohns machte mir immer einen wehmütigen Eindruck.*[29] Um jene Zeit besucht ihn Heinrich Heine in Frankfurt, ist zu Gast am Samstagmittag. Oppenheim läßt *ihm zuliebe echt jüdische Küche zubereiten: »Kuchel und Schalet«, die Heine sich auch sehr gut munden ließ. Ich bemerkte scherzend, daß er bei dem Verzehren solcher Gerichte wohl Heimweh empfinden müsse, wie ein Schweizer, der in der Fremde den Kuhreigen hört. Dadurch kam die Rede auf seine Taufe, und Heine entgegnete ausweichend: »Es komme ihm schwerer, sich einen Zahn ausziehen zu lassen, als seine Religion zu wechseln.«*[30] Die vermeintliche Nebensache hatte offensichtlich eben doch zu Magendrücken geführt.

Die Integration der deutschen Juden in und als Teil der bürgerlichen Gesellschaft war mehr als religiöse Anpassung an die Staatsreligion, sie war auch die Anpassung der jüdischen Tradition an den preußischen Staat, eine Suche danach, wie denn nach dem Aufbruch von Aufklärung und Emanzipation der jüdische Schmerz mit einer deutschen Kur geheilt werden könne.

Eine der künstlerischen Sichtweisen hierfür findet sich in

Eduard Julius Friedrich Bendemanns Gemälde von 1832 *Die Trauernden Juden im Exil*. Text und Bildthema entstammen dem 137. Psalm: *An den Ufern von Babylon saßen wir und weinten, wenn wir Zion gedachten*. Die Sehnsucht, die Ketten zu lösen, spricht aus den Gesichtern der Abgebildeten genauso wie die romantische Darstellung einer verhalten schönen jüdischen Familie. Sind es die Ufer Babylons oder des Rheins? Auf jeden Fall

Gustav Graef, Auszug der ostpreußischen Landwehr ins Feld 1813, 1860/61

erhoffte sich ein Kunstkritiker, daß solcherlei Gemälde *Einfluß auf den Kulturfortschritt* haben könnten.[31] Oppenheims bereits erwähntes Gemälde *Die Heimkehr des Freiwilligen*, ein Jahr später fertiggestellt, war auch eine visuelle Antwort auf den Pessimismus dieser Trauernden.

Doch Oppenheim war nicht der einzige Maler des deutsch-jüdischen Patriotismus. 1860/61 malt der in Königsberg geborene Gustav Graef ein Ölbild, das er *Auszug der ostpreußischen Landwehr ins Feld 1813* nennt. Die Freiwilligen verlassen die Altstädtische Kirche in Königsberg. Ihnen gesellt sich vor der Kirche ein waffentragender jüdischer Freiwilliger zu, der von seiner als jüdisch erkennbaren Familie verabschiedet wird. Die Befreiungskriege waren so wie die bürgerliche Revolution von 1848, die Reichsgründung von 1871 in Versailles und später der soziale und gesellschaftliche Aufstieg im Kaiserreich Brennpunkte des deutsch-jüdischen Selbstbewußtseins. Man hatte sich aufeinander zubewegt, die Zukunft würde der Prüfstein sein.

Jüdisch-deutsches Schreiben für die Zukunft

Teile der rechtlich-staatlichen Emanzipation der Juden waren in der nachnapoleonischen Restaurationszeit zwar zurückgenommen worden, doch die jüdische Religion eilte sich selbst emanzipierend voran. Die Literatur der Romantik und des Vormärz war vom deutsch-jüdischen Austausch und Schreiben nicht zu trennen, Kulturkritik und Politik wurden auch deutsch-jüdische Berufe oder besser Berufungen. Heinrich Graetz schrieb, daß Mendelssohn für die Reformierung der erstarrten Religion das getan hätte, was Börne und Heine Jahrzehnte später für Veränderungen in den erstarrten antijüdischen und autoritären Denkformen in Deutschland leisteten, daß *die Judenheit ihren beiden abtrünnigen Söhnen, Börne und Heine, viel zu verdanken hat. Sie haben dem deutschen Michel eine elegante, gedankenhelle und formenglatte Sprache geschaffen und ihm den Tempel der Freiheit geöffnet. Das junge Deutschland, welches den gegenwärtigen Kulturzustand und das Befreiungsjahr von 1848 im deutschen Lande geschaffen hat, ist ein Kind dieser beiden jüdischen Väter.*[32]

Der deutsch-jüdische Weg in die Moderne ist mit der Religion verbunden, durch sie oftmals vermittelt, aber nicht auf den christlich-jüdischen Kontext zu reduzieren. Akkulturation um-

faßt die Gesamtheit der kulturellen Verhältnisse. Jener Sprachgebrauch ist völlig danebengegriffen, nach dem die Juden in
Deutschland sich irgendwie im 17. oder 18. Jahrhundert »aus
dem Getto herausbewegt« hätten. Oftmals wird übersehen, daß
es kaum Gettos in Deutschland gegeben hat, folglich hier offensichtlich eine traumatische Übertragung, eine aus dem Nationalsozialismus entwachsende Projektion erfolgt.

Eine konstruierte Distanz zu jüdischer Kultur und Geschichte
kommt auch im Umgang mit der jüdisch-deutschen Sprache und
ihren Mundarten zum Ausdruck. Ende des 19. und Anfang des 20.
Jahrhunderts war es immer noch selbstverständlich, bei Übertragungen zu vermerken: Aus dem Jüdisch-Deutschen. Nach 1945
gibt es hier bis auf wenige Ausnahmen nonchalante Ignoranz. Was
nicht heutiges Hochdeutsch war, dem wird, so es von Juden gesprochen wurde, das Etikett Jiddisch oder Hebräisch angeheftet,
ein Art sprachlich-germanistischer »Judenstern«. Als ob die deutschen Juden durch die Jahrhunderte eine christlicherseits depla-
zierte Bevölkerung gewesen seien, die von irgendwoher einge-
wandert wären.

Im 19. und zu Beginn des 20. Jahrhunderts gab es hier noch ein
anderes Problem, das dazu beitrug, das Jüdisch-Deutsche wegzu-
schieben: Moses Mendelssohns aufgeregt aggressive Ablehnung
des Jüdisch-Deutschen, zugunsten der deutschen Hochsprache
ging einher mit der Tatsache, daß Jüdisch-Deutsch länger noch
die Sprache der jüdischen Unterschichten blieb als der sozialen
Oberschicht und der Gebildeten. Das führte zu einen Denunzia-
tion des Jüdisch-Deutschen auch unter gebildeten und bürgerlich
avancierten Juden.

Doch bereits im 19. Jahrhundert begannen interessierte deutsche Juden, die in den Zeitschriften und Jahrbüchern publizier-
ten, die der Wissenschaft und Kultur der Juden gewidmet waren,
die Quellen der jüdisch-deutschen Sprache und Literatur zu sammeln. Das erfolgte durchaus analog zur Arbeit der Gebrüder
Grimm und zur Herausbildung eines germanistischen Kanons.
Die beginnende enyzklopädische Erforschung des Jüdisch-Deutschen fand allerdings nicht an den Universitäten in der Germa-

nistik statt, sondern außerhalb in den verschiedenen Zeitschriften, Jahrbüchern und auch in Monographien.

Zwischen Mendelssohn und dem Fin de siècle liegen über hundert Jahre, in denen sich die zeitgenössische Religion und die deutsche Kultur ausprägten, Hunderte von Rabbinern wirkten, Dutzende von religiösen, kulturellen, unterhaltenden, wissenschaftlichen Zeitschriften entstanden, Kinder- und Jugendliteratur erschien. In Kattowitz, das bis 1922 zu Preußen gehörte, erschien 1878 eine Probenummer von *Joseph. Israelitische Jugendzeitung.* Herausgeber und Redakteur S. Freuthal war Lehrer an der städtischen Schule und schrieb in der ersten Ausgabe, daß die Zeitschrift den Namen Joseph trage, *weil Joseph uns das Ideal eines strebsamen israelitischen Jünglings ist, der sein Volk und sein Vaterland, nicht minder aber sein Adoptiv-Vaterland mit der ganzen Kraft seines Herzens liebt.*[33]

Während des ganzen 19. Jahrhunderts gab es eine Konjunktur jüdischer Publizistik. Eine neue wissenschaftliche und religiöse Literatur entstand, die sowohl durch die Tradition, die Wissenschaft vom Judentum als auch durch deutsch-jüdische Autoren, Schriftsteller, Intellektuelle, Maler, Schauspieler, Universitätsprofessoren, Bankiers und Politiker ihr modernes Flair erhielt und in ständiger Spannung zwischen jüdischer Tradition und bürgerlicher Moderne stand.

Der Königsberger Anwalt Eduard Simson, der 1848 der in Frankfurt einberufenen Nationalversammlung präsidierte, war einer von sieben preußischen Juden im ersten demokratischen deutschen Parlament. Ein jüdisch-deutsches Flugblatt, nun aber in lateinischen Buchstaben, warnte in Berlin vor einem Bürgerkrieg. Leopold Zunz hielt eine Rede für die Märzgefallenen und forderte die Gleichberechtigung in Staat und Gesellschaft. Noch im Juli 1848 stellte Zunz bei der preußischen Regierung den Antrag, in der Philosophischen Fakultät der Berliner Universität eine Professur für Jüdische Wissenschaft, Literatur und Geschichte zu schaffen. Wie nicht anders zu erwarten, wurde Zunz' Antrag abgelehnt.[34] Mit dem Scheitern der bürgerlichen Revolution von 1848 ging der Druck der gesetzlichen Gleichstellung

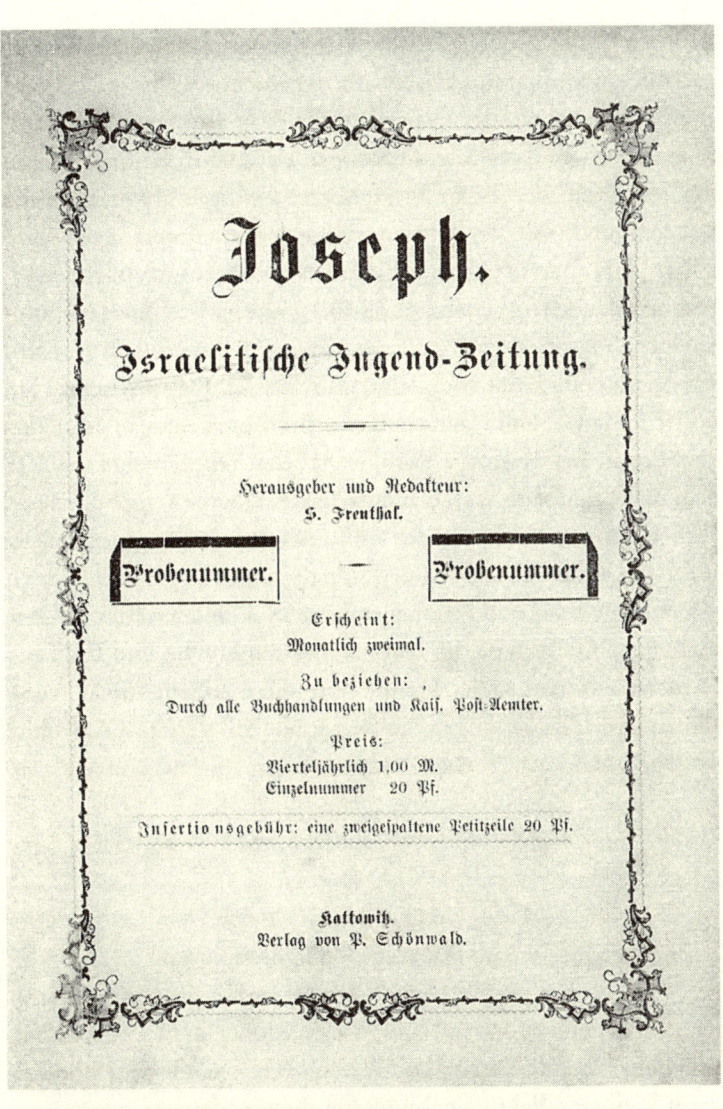

Joseph, Israelitische Jugendzeitung, 1878

von der Politik wieder auf Wirtschaft, Gesellschaft und Kultur über. Durch Zeitungen wie der *Allgemeinen Zeitung des Judentums* bildete sich jetzt eine öffentliche, in die Gesellschaft integrierte Sphäre deutsch-jüdischer Kommunikation heraus.

Die 1860er Jahre waren die Periode der problemreichen gesetzlichen Verankerung der Emanzipation, die ganz wesentlich mit

der ökonomischen und sozialen Entwicklung des deutschen Bürgertums zusammenhing. 1868 wurde Moritz Ellstätter Finanzminister in Baden, der erste deutsche Jude auf einem Ministerposten.[35] Auch das war ein Entwicklungsschritt auf dem Weg in
die Moderne; denn es gibt *keinen eindeutigen Anfang* für die
neuere Geschichte der deutschen Juden.[36]

Am 4. Januar 1865, dem 79. Todestag Moses Mendelssohns,
veranstaltete der »Verein zur Förderung geistiger Interessen im
Judenthume« eine Feier, auf der Gedichte vorgetragen wurden,
u. a. von Livius Fürst eine biographische Dichtung über Süßkind
von Trimberg. Fürst schuf ein romantisch-kitschiges Epos in Versen, das in der Tradition des mittelalterlichen Gesangs und der
Sagennostalgie des 19. Jahrhunderts steht. Seine freie hochdeutsche Übertragung der Lieder Süßkinds ist in eine biographische
Rahmenhandlung eingebaut. Walther von der Vogelweide, durch
deutsche Wälder und Auen eilend, trifft in dieser lyrischen Darstellung auf dem Weg zur Trimburg seinen Freund und Kollegen
Süßkind und ruft voller Freude über diese zufällige Begegnung
die anderen Minnesänger mit den mühevoll gereimten Worten
herbei:

> *Ja, Süßkind ist es, der mir werth*
> *Vor Allen, den ich singen lehrt'.*
> *Er ist ein Jud'! Mir ist er gleich,*
> *Mich soll in meiner Künste Reich*
> *Kein Glaube scheeren und kein Stand.*
> *Auf, reichet ihm die Bruderhand.*[37]

Mendelssohn und Lessing, Schiller, Goethe und die deutsche Romantik, die intellektuellen jüdischen Frauen der Berliner Salons,
Heine, Börne, die Reform von Bildung, religösem Ritus und das
Wirken der jüdischen Demokraten von 1848, die kulturellen Prozesse des 19. Jahrhunderts und Süßkinds Poesie – alles floß zusammen in der Herausbildung einer in deutscher Kultur und Geschichte wurzelnden deutsch-jüdischen Perspektive. Doch wäre
es falsch, auch in diesem Kontext nur den männlichen Stimmen
zu lauschen.

Es gibt wohl keine deutsche Schriftstellerin, die so wie Fanny Lewald die populäre deutsche Literatur des 19. Jahrhunderts repräsentiert und gleichzeitig den deutsch-jüdischen Zusammenhang in seiner Verbindung mit dem Ringen um die Gleichberechtigung der Frauen. 1842 erschien ihr Roman *Jenny*, der das Leben, die Lieben und den Tod einer deutschen Jüdin schildert, die Vorurteile deutscher Männer und die sozialen Probleme einer Gesellschaft, die mit den Idealen der Französischen Revolution einige Probleme hat. Der Roman wurde ein Bestseller, worauf Fanny Lewald ihre bis dahin gewahrte Anonymität aufgab und unter ihrem Namen publizierte: 26 Romane, 43 Novellen, 36 autobiographische Schriften und 40 Artikel.

Trotz dieses reichen Schaffens gehört Fanny Lewald zu den Autorinnen, die heute erst langsam wiederentdeckt werden und gleichberechtigt neben ihrem Zeitgenossen Theodor Fontane zur Geltung kommen. Gegen Ende des Romans *Jenny* deutet sich die Unmöglichkeit an, die Beziehung der Liebenden in eine bürgerliche Ehe zu verwandeln, und die Autorin beschreibt auf verhalten treffende Weise das kulturelle Milieu: »*Ich kann es nicht ausdrücken*«, *sagte Jenny*, »*wie ich diese schönen, goßen Bäume liebe. Sie geben mir immer ein Bild unsers Lebens, das fest in der Erde gewurzelt, doch sehnsüchtig himmelan strebt; und in dem Spiel der sonnenbeschienenen Blätter liegt außerdem für mich ein hoher Genuß. Die schönsten Träume meiner Kindheit, die rosigsten Märchen gaukeln an mir vorüber, und alle Wunder der Feenwelt scheinen mir möglich, wenn ich das flüsternde Kosen der Blätter höre.*« – »*Das ist eine echt deutsche Empfindung*«, *bemerkte Walter.*[38]

Die Heldin muß sich Rechenschaft geben, was es denn bedeutet, eine deutsche Jüdin zu sein, ob gemeinsames Empfinden, gemeinsame Träume ausreichen, wenn der nichtjüdischen Umwelt gerade diese Träume mißfallen. Die Identitätsdebatten des ausgehenden 20. Jahrhunderts handelte Fanny Lewald hundert Jahre früher in ihren Romanen bereits erschöpfend ab.

Es gibt kaum politische und gesellschaftliche Ereignisse, die sich auf die deutsch-jüdische Situation auswirken, die in Fannys schriftstellerischer Tätigkeit nicht zum Ausdruck kommen. Das reicht von den antijüdischen Gewalttaten von 1819 über die Juli-Revolution von 1830 in Frankreich, das politische Wirken der Königsberger Johann Jacoby und Heinrich Simon, wobei sie sich in letzteren unglücklich verliebt, bis zu Bismarck und der Reichseinigung. Börnes *Briefe aus Paris* aus dem Jahr 1831 werden für Fanny zum *zündenden Funken, zum Aufruf zur Befreiung von irgendwelchen Vorurteilen.*[39] Zeit ihres Lebens sieht sie in der Selbständigkeit, Unabhängigkeit und einem erfüllten Leben ein Ziel, das nicht allein Männern, sondern genauso Frauen zustehen muß.

Dabei bezieht sie sich sowohl auf die Gleichheitsideale der Französischen Revolution als auch auf das gesellschaftliche Auftreten und die Erfahrungen von Rahel Varnhagen und Dorothea Schlegel. Mit dreißig Jahren veröffentlicht sie ihre ersten Texte. In den fünfziger und sechziger Jahren führt sie die Tradition der Berliner literarisch-intellektuellen Salons weiter, an deren wöchentlichen Treffen montags wohl an die hundert Persönlichkeiten des politischen und kulturellen Lebens Berlins teilhatten. Der junge, noch unbekannte Theodor Fontane findet hier erstes gesellschaftliches Interesse, geht aber bald auf Distanz, weil Fanny Lewald und er doch zu viele gemeinsame literarische Themenstellungen haben und sie bereits eine Bestsellerautorin ist, ein weiblicher Stachel in Fontanes Selbstwertgefühl. Mit selbstbewußten Frauen hatte er offenkundig Probleme.

In der Saison 1858/59 war auch Ferdinand Lassalle, einer der herausragenden Streiter der deutschen Sozialdemokratie, Gast in Lewalds Salon. Gäste und Debatten repräsentieren eine liberale Berliner Öffentlichkeit, die zwischen nachrevolutionärer Nachdenklichkeit und den Debatten über die neue Realpolitik eines Bismarck schwankt. Die revolutionären Demokraten von 1848 geben bald den Nationalliberalen die Klinke des Salons in die Hand. Fanny Lewald und ihr Mann sehen in der Zerrissenheit Deutschlands das Hauptproblem, ihr Engagement für die soziale Frage wird langsam durch ihre Orientierung auf die nationale Frage und die notwendige Herausbildung eines deutschen Nationalstaates abgelöst. Im April 1867 schreibt sie in einem Brief an Johann Jacoby, der wegen seiner liberalen Gesinnung im preußischen Gefängnis gesessen hatte: *Wir sind auf dem Wege, zu einer staatlichen Einheit vorzuschreiten, welche nach meiner Überzeugung, wenn sie vollendet sein wird, den Kampf für und um die Freiheit erleichtert, und uns ihre Feststellung vielleicht möglich machen wird, ehe eine große Revolution an uns herantritt.* [40] Zwar bleibt sie Pazifistin, doch sie sieht im politischen und militärischen Handeln Bismarcks und des preußischen Königs einen Weg zum deutschen Nationalstaat.

Von da war es nur ein kurzer Weg zum patriotischen Bekenntnis während des Deutsch-Französischen Krieges von 1870/71. Die bürgerliche Schicht deutscher Juden teilte das neue nationale Selbstverständnis des aufstrebenden Kaiserreiches. Fanny Lewalds letzter Familienroman von 1888, *Die Familie Darner*, erzählt in großen Bildern die Geschichte von Königsberger Familien seit der Napoleonischen Besetzung. Die Gleichstellung der Juden ist genauso Thema dieses Romans wie das Ringen um die Gleichstellung und Selbstbestimmung der Frau und die nationale Selbstbestimmung der Deutschen. Den neuen, ereignisorientierten und auf die Massen zielenden Kultur- und Technologieveranstaltungen, wie Weltausstellungen, Riesenkonzerte und dem beginnendem Tourismus, kann sie nichts abgewinnen. Sie bleibt die Schriftstellerin der menschenbildenden Aufklärung, eines kritischen Gesellschaftsbildes, die sich der Revolution in der Gegenwart versagt und doch stets um Gleichheit kämpft. Sie stirbt 1889 in Dresden. Seit 1869 waren die deutschen Juden gleichgestellt, und 1896 bestehen die ersten sechs Mädchen das Abitur in Berlin. [41]

1871 bereits hatte Fanny ihre sechsbändige Autobiographie veröffentlicht, ein unabgeschlossenes Lebenswerk und ein deutschjüdisches Kompendium des 19. Jahrhunderts, das im Mai 1933 in den nationalsozialistischen Feuern verglühte. Doch es bleibt und muß so wie vieles andere in die Mitte Deutschlands zurückkehren. Glückel von Hameln hatte eine würdige Nachfolgerin gefunden: Fanny von Königsberg.

IV.

Zwischen Zivilgesellschaft und Kulturvernichtung oder Verbrechen und Scheitern antisemitischer Politik

Auf dem deutsch-jüdischen Weg in die Moderne wechseln Nähe und Distanz, Sprache und Verstummen, Zurückweisung, doch auch kulturelle und gesellschaftliche Wechselwirkung einander ab. Der 44jährige Walther Rathenau schreibt in einem Brief von 1911, ganz im Stil jugendbewegter nationaler Verbundenheit, an einen Professor in Basel: *Es ist eine wohltätig-wunderbare Erscheinung, daß alle Genialitäten die Umkehrung der Eigenschaften ihres Nährbodens und damit einen notwendigen Ausgleich in die Welt zu bringen bestimmt scheinen. So haben die Genialitäten des Judentums die stärksten transzendentalen Anschauungen und Forderungen vertreten, die jeweils in ihren Epochen möglich waren. Gerade deswegen aber sind sie für die eigenen Massen wirkungslos geblieben und haben ihre Spiegelungen lediglich in Nationen stärkerer transzendenter Veranlagung gefunden.*

Diese Ausführungen scheinen nicht praktisch zu sein, und doch liegen sie aller Praxis zugrunde; am stärksten derjenigen, mit der wir uns beide hier zu befassen hatten: der Frage der wechselseitigen Volkssympathien.[1]

Noch am selben Tag schickt Rathenau einen kurzen Brief an einen Leser seiner Schriften in Berlin-Spandau und bezieht sich dabei auf den mittelalterlichen deutschen Dichter Meister Eckart: *Jede Zeit hat ihre Sprache, und so klingt es manchmal verschieden.*[2] Mit wenigen Worten faßt der Ingenieur, Industrielle, Essayist und Kulturkritiker hier zusammen, womit sich die deutsch-jüdische Essayistik bald über Jahrzehnte befassen wird. Seine Formulierung von der *Frage der wechselseitigen Volkssympathien* ist um einiges nachdenklicher als das spätere Diktum von Gerschom Scholem, der die deutsch-jüdische Erfahrung mit dem biologischen Terminus Symbiose belegt und gleich das Scheitern einer unerwiderten Liebe verkündet.

Die Statistiken der Eheschließungen von jüdischen und nichtjüdischen Deutschen, die bis 1933 völkische Wissenschaftler zu Unkenrufen über das Vergehen der Juden am »deutschen Volkskörper« veranlaßte, widerlegte solche Sichtweisen auf praktischliebevolle Weise. Die Reichsstatistik von 1914 vermerkt, daß auf 100 jüdische Eheschließungen 53 Eheschließungen mit einem nichtjüdischen Partner kommen, wobei die Neigung jüdischer Männer zu Ehen mit nichtjüdischen Partnerinnen erheblich höher war als umgekehrt. Ende der zwanziger Jahre entsprach der deutsch-jüdische soziale Zusammenhang viel stärker der heutigen amerikanischen Wirklichkeit mit ihrer immensen Zunahme an Ehen zwischen jüdischen und nichtjüdischen Partnern als etwa den die Tradition stärker bewahrenden Entwicklungen in Osteuropa oder in Deutschland Mitte des 19. Jahrhunderts.

In den Erinnerungen von Angehörigen der Generationen, die noch bewußt die letzten Jahre der Weimarer Republik und der ersten Österreichischen Republik erlebt haben, gibt es den wiederkehrenden schlichten Satz: *Wir waren nicht anders.* Manche erinnern sich im nachhinein, etwas geahnt oder gehört zu haben, das dieses Gefühl des Dazugehörens, des geistigen und gesellschaftlichen Teilhabens in Frage stellte, doch blieb dies vor dem Hintergrund der Erfahrungen aus den zwanziger Jahren nicht mehr als ein Gefühl, es war nicht bestimmend.

Wo und wie Sympathie in Ablehnung, Verachtung und Haß umschlagen kann, zeigte sich sehr schnell und auf brutale Weise in den dreißiger Jahren in Deutschland. In einem historisch unvergleichbaren Einschnitt hat die parallel verlaufende Entwicklung der deutschen Judenfeindschaft, des rassistischen Antisemitismus und schließlich der staatlichen Ausgrenzungs- und Vernichtungsmaschinerie, an denen Millionen Deutsche beteiligt waren, den deutsch-jüdischen Zusammenhang zerstört. Schließlich hat der Vernichtungsantisemitismus in einen gesellschaftlichen Prozeß eingegriffen, durch den Deutsche jüdischer Herkunft so integriert worden waren, daß deren Ausgrenzung komplizierrtester religiöser und institutioneller Manipulationen der NS-Bürokratie bedurfte, um sie schließlich wieder als Juden definieren zu können.[3]

Für die deutsch-jüdische Generation, die im Ergebnis der rassistischen NS-Ausgrenzungspolitik am 9. November 1938 vor dem Scherbenhaufen ihrer eigenen Geschichte stand, bedeutete das »Tausendjährige Reich« das vorläufige Ende einer tausendjährigen Entwicklung. Die gesellschaftlich immer noch labile Akzeptanz der deutsch-jüdischen Kultur brach sich genauso an Rassismus, politischem Antisemitismus und völkischem Nationalismus wie die immer labiler werdende Akzeptanz der Werte und Ordnungsvorstellungen der ersten deutschen Demokratie. Die vorhandene deutsch-jüdische Differenz, die sich aus Herkunft und Traditionen ergab und so produktiv und kreativ über Jahrhunderte gewirkt hatte, wurde durch die neue antidemokratische Ordung zu einer unüberwindbaren Mauer. Die latenten und manifesten Formen der Judenfeindschaft schlugen in eine konsensbildende gesellschaftliche und staatliche Norm um.

Um die gesellschaftliche, kulturelle und auch religiöse Integration der deutschen Juden rückgängig zu machen, bedurften die Nazis nun allerdings nicht allein neuer bindender Normen, sondern eines komplizierten antihumanistischen Netzwerkes, das sich aus Propaganda, gesteuerter Massenaktivität, ökonomischem Nutzen, staatlichen Verordnungen und physischer Ausgrenzung zusammensetzte. Im Sinne der nationalsozialistischen Ideologie galt es, den historischen Prozeß der Emanzipation rückgängig zu machen und die Träger der deutsch-jüdischen Kulturentwicklung auszugrenzen, sie jeglicher kulturellen Kompetenz und Kraft zu berauben, zu isolieren und, in rassistischer Terminologie, aus dem »deutschen Volkskörper« zu entfernen. Bei einer derartigen Charakterisierung antijüdischer Entwicklungen ist selbstverständlich zu berücksichtigen, daß sowohl die zunehmende Integration als auch die Abwehr und Rücknahme der Integration seit der Jahrhundertwende nicht allein als gesellschaftliche Tendenzen im deutschen Kulturbereich vorhanden waren, sondern in zahllosen Bereichen der gesellschaftlichen Wirklichkeit miteinander rangen.

Hinter dem Besonderen der deutschen Judenfeindschaft verbergen sich Eigenschaften der modernen Gesellschaften, in denen demokratische und antidemokratische Tendenzen stets gleichzeitig existieren und um Vorherrschaft ringen.

Heinrich Heines Lied von der *Lorelei*, die auf dem Rheinfelsen ihr beruflich lockeres Unwesen trieb, war auch nach 1933 aus dem deutschen Liedgut nicht wegzudenken. So wurde der Name des Autors schlicht gestrichen und durch *Verfasser unbekannt* ersetzt. Man wollte das Lied, aber nicht den Dichter. Die Vergangenheit konnte man rassistisch vernebeln, doch die kulturelle Erinnerung war kaum auszulöschen. Romantik, kultureller Nationalismus, imperialer Aufbruch, Kriegsillusionen, soziale und geistige Utopien hatten dazu geführt, daß der deutsch-jüdische kulturelle Zusammenhang eine nahezu unlösbare kulturelle Einheit bildete.

Die Ambivalenzen im deutsch-jüdischen Zusammenhang werden daher auch in keiner Periode deutlicher als seit der Wende vom 19. zum 20. Jahrhundert. Das ist wohl auch einer der Gründe, warum sich rückblickend für so ziemlich alle intellektuellen, kulturellen und politischen Entwicklungen und Katastrophen des 20. Jahrhunderts das Fin de siècle als Geburtsstunde oder zumindest Epochenwende anbietet. Es stellt daher auch kein Problem dar, die Jahrhundertwende als Hochkonjunktur des politischen Antisemitismus zu beschreiben, die Verbindungen von rassistischem Denken und politischen Instrumentalisierungen des Antisemitismus ins Zentrum der Betrachtung zu stellen, sich völlig dem damals tobenden Antisemitismusstreit zuzuwenden, den Diskriminierungen an Universitäten oder in der Beamtenschaft, den Treitschkes, Luegers, Stoeckers und dem pubertierenden Hitler in den Wiener Vorstädten oder den immer wieder modischen sogenannten jüdischen Selbsthaß eines Otto Weininger bedeutsam anzuführen.

Zahllose Publikationen suchen den nationalsozialistischen Antisemitismus mit den antisemitischen Wirbeln der Jahrhundertwende zu erklären, mit den antisemitischen Veröffentlichungen, den Kindheits- und Jugenderfahrungen einer Generation, die aus dem Aufbruch in die Moderne vor allem eine Abwehr der kulturellen Moderne und alles Jüdischen mitnahm. Bei einer ausschließlichen Konzentration auf den Antisemitismus vergißt man jedoch nur allzu leicht, was denn die Debattanten der Morgenpresse am Abend gemacht haben, wohin sie ihre Ehefrauen ausgeführt haben.

Deutsch-jüdische Erfahrungen existieren nicht nacheinander, sondern gleichzeitig als breites kulturelles Spektrum. Antisemitische Stadtviertel hat es nicht gegeben, sehr wohl aber antagonistische kulturelle Milieus, für die sowohl der Berliner jüdische Geist als auch die antijüdische Norm bezeichnend waren. Max Reinhardt, Ernst Lubitsch, Fritz Lang, Friedrich Hollaender, Else Lasker-Schüler, Kurt Tucholsky, Franz Werfel, Lion Feuchtwanger, Arnold Zweig, Stefan Zweig, Bertha Pappenheim, der Wiener Kreis der Schauspieler und Regisseure um Alexander Korda und Mihály Kertész und viele andere Künstler, Komponisten, Schauspieler, Schriftsteller deutsch-jüdischer Herkunft relativierten Judenfeindschaft, karikierten Spießbürgertum, Vorurteile und die Doppelmoral des Untertans. Wenn die deutsch-jüdische Kulturentwicklung nach 1933 wie eingefroren erscheint, so sagt dies weder etwas über die immense Dynamik der kulturellen, künstlerischen und gesellschaftlichen Entwicklungen bis zum Sieg der Nazis über Rationalität, Kultur und Humanität aus noch über die bleibende Bedeutung und Wirkung der deutsch-jüdischen Erfahrung in den Jahrzehnten vor der Shoah für das 21. Jahrhundert.

Unter dem Weihnachtsbaum stand das Herzl-Bild

Die Emanzipation, schrieb der Religionsphilosoph Emmanuel Lévinas führte das Judentum *zur Geschichte zurück*.[4] So wie der preußische Staat sich 1866 mit der Teilnahme Bismarcks und der königlichen Regierung an der feierlichen Einweihung der Großen Synagoge in der Oranienburger Straße letztlich emanzipiert hatte, waren zugleich die deutschen Juden nicht allein in Berlin-Mitte, sondern in der Mitte der modernen bürgerlichen deutschen Gesellschaft angekommen. 1872 wurde in Berlin die Hochschule für die Wissenschaft des Judentums gegründet, allerdings nicht als Teil der Berliner Universität. Doch erst mit der Weimarer Verfassung von 1919 wurde Juden und Frauen die Gleichheit vor dem Gesetz und in der Gesellschaft mit allen anderen Bürgern zuerkannt.

Die kulturelle Seite dessen, was wir heute als moderne Zivilgesellschaft bezeichnen, zeigte sich bereits im Fin de siècle, den Jahrzehnten der Jahrhundertwende von 1890 bis 1914. Der rabiate Antisemitismus der 1890er Jahre, der die Metropolen Berlin und besonders Wien gekennzeichnet hatte, verlor zunächst an sozialer Relevanz. Dies hatte auch damit zu tun, daß deutsche Juden als Gruppe weniger sichtbar waren und Gruppenidentitäten zugunsten der Rolle des einzelnen an Relevanz einbüßten. Die Emanzipation schien vielen endlich abgeschlossen zu sein, das Ringen um demokratische Gleichstellung war dem anderer Gruppen ähnlich, wie sich unter anderem in den politischen Auseinandersetzungen um das Wahlrecht, die Rechte der Frauen und im Ringen gegen die Kriminalisierung der Homosexualität zeigte.

In all diesen sozialen und politischen Bewegungen waren Frauen und Männer jüdischer Herkunft selbstverständlich integriert und wurden nicht selten zu deren Repräsentanten, wie etwa Ferdinand Lassalle, Karl Marx, Rosa Luxemburg und andere. Sowohl der Sozialismus als auch der Zionismus schienen eine historische Möglichkeit anzudeuten, durch eine allgemeine oder nationale Befreiung dem Antijüdischen die gesellschaftliche Grundlage zu entziehen. Der Sozialismus versprach eine »Lösung der Judenfrage« im Sinne des Gleichheitsgebots und der Überwindung der antisemitischen und rassistischen Denkformen durch eine Verbindung mit dem Ringen der Arbeiterklasse um Emanzipation.

Der Zionismus verließ die Wiener Kaffeehäuser und hoffte auf eine Erneuerung der antiken jüdischen Nationalgeschichte in einer neu zu erringenden Heimstatt, wandte sich dabei allerdings vordringlich an die jüdischen Massen in den antidemokratischen und von Pogromen heimgesuchten osteuropäischen Ländern. Damit einher ging andererseits dann in Kreisen deutscher Juden, vor allem der jungen Generation, das Bemühen, spezifisch jüdische Identitäten zu schaffen oder in den Vordergrund zu stellen, die aus allen religiösen und geistigen Traditionen schöpften, die in der jüdischen Vergangenheit eine Rolle gespielt hatten.

Um die Jahrhundertwende suchten Zeitschriften wie *Ost und West* die jüdisch-religiöse Tradition Osteuropas mit den westeuropäischen Werten, zionistischen und sozialistischen Zielen in einer neuen jüdischen Kultur zu verschmelzen. Studenten gründeten bereits in den neunziger Jahren Zeitschriften wie *Die jüdische Moderne* und *Zion*. Doch war die Lebenszeit der meisten Zeitschriften oft von kurzer Dauer. Der junge Martin Buber war demgegenüber ein wahres publizistisches Genie, dessen Ambitionen von einem humanistischen Sozialismus, über eine ostjüdische Nostalgie bis zu einem kulturell offenen Zionismus und einem chassidisch geprägten religiösen Judentum reichten. Jahrbücher, Schriftenreihen, Zeitschriften und Flugschriften nutzten die neuen technischen Möglichkeiten billiger und graphisch ansprechender Drucke. Die junge Generation aller *deutschen Stämme*, wie Kaiser Wilhelm II. seine Untertanen zur Jahrhundertwende 1900 angesprochen hatte, war im Aufbruch und darunter eben auch der »Stamm« der deutschen Juden.

In diesen Jahren ringen Theroetiker wie Hermann Cohen, Ernst Simon, Franz Rosenzweig und Martin Buber um ein neues Verständnis im Verhältnis von jüdischer Religion und deutscher Moderne. Der österreichische und deutsche Zionismus formiert sich, von Wien ausgehend, wenn auch hier ohne begeisterungsfähige Massen. Wie stets in Umbruchzeiten gibt es wieder die Suche nach dem wahren Judentum, das nun in der jiddischen Kultur Osteuropas gesehen wird. Insbesondere deutsch-jüdische Soldaten, die mit dem traditionellen jüdischen Leben in Osteuropa während der Feldzüge des Ersten Weltkrieges konfrontiert wurden, bringen Bilder und Erinnerungen mit nach Hause. Andere wenden sich den modernsten Wissenschaften zu. Magnus Hirschfeld und Felix A. Theilhaber entwickeln die Sexualwissenschaft, Georg Simmel eine heute noch immens attraktive Kultursoziologie, und Franz Rosenzweig beginnt mit Martin Buber jene pathetisch-romantisierende Bibelübersetzung, die uns noch immer die Sprache verschlägt. Andere flüchten in eine der christlichen Konfessionen, oder ringen mit den neuen psychologischen Wissenschaften, um aus dem Innern der menschlichen Psyche und Sexualität die letztendliche Befreiung der Frau, des Mannes, der Homosexuellen und mit allen gemeinsam auch des Juden zu erreichen. Sozialismus, Anarchismus, Expressionismus und avantgardistische Milieus prägen eine ganze Generation, mischen sich mit Völkischem, Technologieoptimismus und nationalem Stolz. Der Aufbruch in die Moderne ist eine umfassende gemeinsame deutsch-jüdische Erfahrung.

Im kulturellen Alltag jedoch sahen die Realitäten anders aus als in den programmatischen Verlautbarungen, wissenschaftlichen Analysen und philosophischen Debatten einer kritischen, intellektuell und ästhetisch unruhigen und immens kreativen Avantgarde, von der wir in der intellektuellen Langsamkeit *unseres* Fin de siècle im ersten Jahrzehnt des 21. Jahrhunderts sehr viel lernen könnten. Die verschiedenen deutsch-jüdischen Kulturströmungen existierten nebeneinander, überlagerten sich. Das Exzentrische und Theoretische für eine intellektuelle Minderheit lag dicht neben den medialen Produkten für ein neues Massenpublikum. In beiden Bereichen, der Popularkultur mit ihren neuen visuellen Medien und der Kultur der höheren, gebildeteren Schichten, wirkte diese junge, unruhige deutsch-jüdische Generation.

Ab 1908 erschienen im Verlag von Hermann Seemann Nachfolger in Berlin und Leipzig in hoher Auflage kleine Bücher eines *Jüdischen Novellenschatzes.* Der erste Band trägt den Titel *Prinzessin Sabbath* und enthält Erzählungen von Arthur Silbergleit, Marie Eugenie delle Grazie, Richard Huldschiner, Hermann Menkes, Georg Hermann, H. York-Steiner, Max Viola, Hanns Heinz Ewers, Martin Buber, Leo Herzberg-Fränkel, Marco Brociner, Friedrich Freiherr von Dincklage-Campe, Julius Stettenheim, Walter Turszinsky, Hermann Blumenthal, J. Löwenberg, Else Lasker-Schüler und Ulrich Frank. Nur wenige dieser Namen sagen einem Lesepublikum heute noch etwas. Der zweite Band hatte den Titel *Tante Guttraud. Bilder aus dem jüdischen Fami-*

lienleben. Der Verfasser heißt Salomon Hermann Mosenthal und war vor allem als Dramatiker bekannt. Sein Hauptwerk *Deborah* wurde von Hans Christian Andersen sogar ins Dänische übertragen. Der Herausgeber des *Jüdischen Novellenschatzes* schreibt über Mosenthal ironisch: *Als Freitagabendjude war er der Sohn seiner Zeit. Zuweilen war er ein Versöhnungstagsjude. In einigen Werken hielt er geistigen Fasttag. Das Jüdische fesselte ihn nur als dichterisches Objekt, nur als Gegenstand.*[5]

Die Erzählungen, fast alle über jüdische Frauengestalten, spiegeln eine deutsch-jüdische Romantik wider, die fast biedermeierlich das deutsch-jüdische Leben in westdeutschen Kleinstädten zu Beginn des 19. Jahrhunderts zum Inhalt hat. So wie Oppenheims Bilder oftmals eine romantisierte Vergangenheit in die Gegenwart holen, beschreibt Mosenthal detailliert ein verschwundenes Leben, das allerdings heute für Fragen nach den deutsch-jüdischen Realitäten dieser Zeit sehr bildhafte Antworten hat. Seine Menschenschilderungen, die Verbindung von seelischen Zuständen, Körpersprache und kleinstädtischen Situationen, bizarre Beschreibungen und bei aller Ironie eine nie vergessene Achtung vor der Würde der jüdischen Unter- und Mittelschichten schimmern durch die Sprache der Zeit. Sie drücken mit ihren eingestreuten jüdisch-deutschen Wendungen (die allerdings am Seitenende stets erläutert werden) mehr über die wirkliche deutsch-jüdische Entwicklung aus als so manche wissenschaftliche Studie.

In seiner Erzählung *Schlemilchen* über eine junge, tolpatschige und nicht gerade nach dem Bilde der »schönen Jüdin« beschriebene Waise, die bei ihrem reichen Onkel, einem Assessor, lebt und beinahe in der Lotterie gewinnt, schreibt der Autor: *Telegraphen gab es damals noch nicht, aber ein eigener Kurier des frankfurter Lotteriebureau war in der Person eines jungen Beamten angekommen […] Dieser Glücksbote führte zwar den prosaischen Namen »Ochs«, aber er war ein Mann aus guter Familie, deren Stammhaus in der frankfurter Judengasse wahrscheinlich einen Ochsen im Schilde geführt und dessen Namen auf die Insassen vererbt hatte. Er war feingebildet und wußte außer von der frankfurter Lotterie auch von Goethe, Bettina und Ariadne auf Naxos zu sprechen, wobei er nach*

landesüblichem Brauch das n an der Endung der Zeitwörter beharr-
lich verleugnete. Der Onkel läßt die jungen Leute vor dem Essen
ein wenig allein. *Herr Ochs deklamierte ihr den »Zauberlehrling«*
vor und sie hörte zu und als die Besen gar nicht mehr zu bändigen
waren, schrie er so gewaltig, daß die Köchin in der Küche entsetzt
ausrief: »Großer Gott! Mir scheint, der Chossen* schlagt die Kalle**
tot.«

Aus der Liaison wird nichts, weil Schlemilchen, gutherzig wie
sie ist, das Los verschenkt hatte, und ein anderes Los, das sie bei
Tisch zeigt, leider nichts gewann. Trotz aller Verwicklungen siegt
aber am Ende der Geschichte die echte Liebe, die keines Lotterie-
loses bedarf und keines angereisten Erbschleichers. Der Sproß
des jungen Paares, Markus, wird als Max ein tüchtiger Gelehrter,
der erste, der als Jude an eine deutsche Universität als Professor be-
rufen wurde.

Es ist gut zu wissen, daß gerade ein *Schlemilchen,* die so gar
nichts mit dem Stereotyp der »schönen gebildeten Salon-Jüdin«
zu tun hat, die literarische »Stammutter« aller jüdischen Nobelpreisträger in Deutschland ist. Moritz Oppenheim hatte zu allen
Erzählungen von Mosenthal Illustrationen angefertigt, so daß
wir wissen können, wie der reiche Onkel und wie Schlemilchen
ausgesehen haben.

Zu Beginn des 20. Jahrhunderts geht die deutsch-jüdische Erinnerung vor allem in die eigene deutsche Vergangenheit zurück,
und es wird deutlich, daß die formale Rücknahme der Emanzipation, jene antidemokratische Reaktion von 1822 auf die Reformen unter dem Einfluß Napoleons, die kulturellen und gesellschaftlichen Entwicklungen zwar verlangsamen aber nicht
aufhalten konnte. Die heutigen Debatten über deutsche und jüdische und deutsch-jüdische Erinnerung sind vor diesem Hintergrund wie eine kulturelle Wellenbewegung zu betrachten, die in
kürzeren oder längeren Abständen stets Begleiterscheinung des
deutsch-jüdischen Zusammenhangs war.

* Bräutigam
** Braut

Moritz Daniel Oppenheim, Das Los, 1875

1914 bedankt sich Walther Rathenau in einem Brief an eine Freundin für ein Geschenk, einen *schönen Leuchter alter Geschlechter,* beklagt die Unerträglichkeit der Kriegszeit als *offenen Schmerz* und rügt das Fehlen eines Freiheitssinns im deutschen Volk: *Wie anders war der Anspruch auf Einheit, der 1870 bekräftigt wurde! Wie anders war die Forderung der Existenz von 1813!*[6]

Auch in vielen anderen Erinnerungen und Schilderungen zeigt sich, daß die Befreiungskriege und die Gründung des Deutschen Reiches Schlüsselereignisse der deutsch-jüdischen Erinnerung vor dem Ersten Weltkrieg sind, deren Bedeutung in der erfahrenen Gemeinsamkeit liegt, aber auch in ihrer prägenden nationalen Wertorientierung. Es hat nie eine erinnerungslose Zeit gegeben, und oft schimmert in der Erinnerung an das gerade Vergangene die viel tiefere Erinnerung an länger Zurückliegendes durch. Erinnerung ist ein Lied mit vielen Versen, in denen bestimmte Themen immer wieder, aber eben anders anklingen.

In einem Brief an Rabbiner Dr. L. Rosenthal schreibt Walther Rathenau im September 1917: *Entscheidend ist für mich lediglich die Frage, ob das Judentum seinem religiösen Inhalt nach als so dogmenfrei angesehen werden kann, daß ein reiner, weder durch*

Kirchenvorschriften noch durch Ritualgesetze beschränkter Mono-
theismus in ihm Raum hat. Meine eigenen Prüfungen und Erwä-
gungen veranlassen mich, die Frage zu bejahen, und ermöglichen
mir dadurch das Verbleiben im Kreise der kulturellen und religiösen
Einheit [...] Und einen Monat später fügt Rathenau hinzu: *Für*
mein Empfinden ist Religion nicht Leben und Wirken, sondern
Schauen, Glauben, Einfühlen, Lieben. Leben ist für mich Sache der
Ethik, die aus dem Religiösen, aber auch anderen Quellen fließen
kann. Daher ist für mich nicht die »Befolgbarkeit« der Prüfstein
einer religiösen Anschauung, sondern die »Erlebbarkeit«. [7]

Das war sowohl nahe an Martin Bubers religiösen Auffassungen als auch am deutschen Pietismus. Mit dem zeitgenössischen
Zionismus hatte diese pragmatische, auf ethische Begründung
orientierte praktische Sicht des Judentums allerdings recht wenig
zu tun. Nicht nur die Juden als Individuen und als Bevölkerungs-
gruppe, wie es Heinrich Graetz Jahrzehnte zuvor formuliert
hatte, waren in der Gesellschaft angekommen, auch die inner-
jüdischen religiösen Prozesse hatten zu einem Verständnis säku-
larisierter Religion geführt. Die Synagoge stand nicht mehr am
Rande, sondern inmitten der urbanen Kultur, inmitten der Gesellschaft: Man war nicht anders. Religion war Glaube, Privatsache, ethischer Auftrag, patriotische Pflicht. Und hierin konnten sich Pfarrer und Rabbiner treffen. Die Große Synagoge in der
Oranienburger Straße strahlte mit ihrer goldenen Kuppel genauso Wärme und Zugehörigkeit aus wie die Kirchtürme beider
Konfessionen nahebei.

Literatur und Malerei, das Theater und bald auch das neue visuelle
Medium, der Film, repräsentieren den deutsch-jüdischen Kosmos
und gestalten ihn zugleich ständig neu, indem auch jene Bilder der
Erinnerung geschaffen werden, die noch nach Generationen wirksam sind und die alten Bilder überlagern. Bildung bedurfte stets
des Bildes. Und in das Bild drängte eine ganze Generation begab-
ter junger Künstler. Ihr Altmeister und Lehrer auf der Bühne war
Max Reinhardt, und ihr großes Vorbild vor der Staffelei im Atelier
hieß Max Liebermann, der so wie kein anderer den Übergang der
visuellen Kultur vom 19. zum 20. Jahrhundert repräsentierte. Er

war der Berliner Meister der Momentaufnahmen der Metropole, der Landschaften, Menschen und Gesichter, Chronist des Zeitgeistes, der Gesellschaft im Aufbruch, des nachdenklichen Innehaltens und der deutsch-jüdischen Wirklichkeit.

Max Liebermann, Der zwölfjährige Jesus im Tempel, 1879

1878–79 malte Liebermann den *Zwölfjährigen Jesus im Tempel*, ein Bild, das sowohl aus dem osteuropäischen religiösen als auch dem deutschen jüdischen und nichtjüdischen Leben gespeist war. Wie kaum ein anderes Werk zu einem jüdisch-christlichen Thema ist dieses Gemälde von religiöser Akzeptanz getragen. Allerdings nicht von allen. Auf der Internationalen Kunstausstellung 1879 in München erregten sich die Gemüter, weil ein Jude es gewagt hatte, Jesus als Juden zu malen. Kronprinz und bayerischer Landtag erörterten den Skandal mit dem Ergebnis, daß das Bild aus der Ausstellung entfernt wurde. Die Antisemiten dieser Jahre klagten Liebermann schlicht als *Agenten der Moderne* an, als *Repräsentanten von Zersetzung und Entartung.*[8]

Bloß, wie unterscheidet sich denn eine jüdische Hand von einer nichtjüdischen, wenn beide einen Pinsel halten? Es war wohl weniger das ästhetische Können Liebermanns als der kulturelle, der soziale, der deutsch-jüdische Kontext, wie Jahrzehnte zuvor bereits der Frankfurter Maler Oppenheim erfahren mußte. Allerdings kam jetzt kein preußischer Prinz dem Maler zu Hilfe, die germanische Eiche des rassistischen Antisemitismus trug giftige Früchte, die es so nur an deutschen Eichen gibt.

Das Judentum konnte Christen in überkommener religiöser Tradition als das Fremde erscheinen. Demgegenüber war das Christentum den deutschen Juden nichts Fremdes, *an* ihm war man aufgewachsen, seine Traditionen charakterisierten die Sphäre der Berührung, der kreativen Wechselwirkung. Protestantische Wertvorstellungen, eine calvinistisch oder pietistisch geprägte Arbeitsmoral gehörten genauso zum guten jüdischen Ton wie die Akzeptanz christlicher Feiertage und deren Integration in die jüdische Privatsphäre. Säkulare christliche Traditionen wie Weihnachten waren nicht nur nach den Briefen von Liebermann und den Erinnerungen von Gerschom Scholem ein Element des bürgerlichen Berliner jüdischen Alltags.

So schreibt Scholem in der ungekürzten Fassung seines Buches *Von Berlin nach Jerusalem*: *In unserer Familie wurde schon seit den Tagen der Großeltern [...] Weihnachten gefeiert, mit Hasen- oder Gänsebraten, behangenem Weihnachtsbaum, den meine Mutter am Weihnachtsmarkt an der Petrikirche kaufte, und der großen »Bescherung« für Dienstboten, Verwandte und Freunde. Es wurde behauptet, dies sei ein deutsches Volksfest, das wir nicht als Juden, sondern als Deutsche mitfeiern. Eine Tante, die Klavier spielte, produzierte für die Köchin und das Zimmermädchen »Stille Nacht, heilige Nacht«, und nicht nur diese, sondern auch einige der Geladenen sangen die herzergreifende Melodie. Als Kind ging mir das ein, aber*

1911, als ich gerade begonnen hatte, Hebräisch zu lernen, nahm ich das letztemal an diesem Fest teil. Unter dem Weihnachtsbaum stand das Herzl-Bild in schwarzem Rahmen. Meine Mutter sagte: weil du dich doch so für Zionismus interessierst, haben wir das Bild ausgesucht.[9]

Der *Simplicissimus* hatte denn auch seine Freude daran, die zwei Lichterfeste im Dezember, Weihnachten und Chanukka, mit Abbildungen zu versehen, auf denen Chanukka-Leuchter und Weihnachtsbaum um die Gunst der jüdischen Kinder wetteiferten. Währenddessen trafen sich die Berliner jüdischen Singles statt unter dem Weihnachtsbaum zum fröhlichen Makkabäer-Ball im Berliner Westen. Im nicht-offiziellen Sprachgebrauch heißt dieser schöne und lichte deutsch-jüdische Kontext denn auch bis heute *Weihnukka*.

Unter den jüdischen Motiven in Liebermanns Bildern ragt insbesondere das Bild *Simson und Delila* von 1902 hervor. Wie eine Siegesgeste der neuen, um Emanzipation ringenden Frau zu Beginn des 20. Jahrhunderts hält Delila den abgeschnittenen Zopf des seiner Macht und Kraft beraubten Simson in die Höhe. Dem Zeitalter der Emanzipation der Juden konnte das Zeitalter der Emanzipation der Frau folgen – zumindest in der Kunst. Aller-

Max Liebermann, Simson und Delila, 1902

dings berichtet ein früher Kenner des Bildes, daß Delila ursprüng-
lich mit der Hand den Vorhang zur Seite geschoben habe, da der
Tag angebrochen sei – und die Locken, die sie auf dem bekannten
Bild in der Hand hält, erst später hinzugefügt worden seien.

Max Liebermann war aber auch der Maler der sich entwickelnden Metropole Berlin. Der Aufbruch unter der jüdischen Bevölkerung, unter den nach Gleichberechtigung strebenden Frauen
verband sich mit dem urbanen Drang in die Moderne, der nirgends so deutlich war wie in Berlin. Nichts gibt die Aufbruchs-
dynamik und deren Architekturneurosen, so gut wieder wie sein
Bild vom Bau des Reichstags. Dieser hat in dem Gemälde jene
klassizistische Leichtigkeit, die er über 100 Jahre später mit der
Glaskuppel findet, die sich wiederum so vertraut mit der goldenen Kuppel der Synagoge in der Oranienburger Straße paart.

Die Berliner Sezession, die die Berliner Moderne in den bilden-
den Künsten einleitete, schuf das preußische Pendant zur Wiener
Avantgarde. Landschaften, Porträts, gesellschaftliche Situationen, die soziale Not der Unterschichten, Milieuschilderungen
und verspielter Jugendstil. Gerade dieser, so konnte es vielen
Zeitgenossen, vor allem in Wien, scheinen, war auch »Judenstil«.
Insbesondere in den künstlerischen Ausformungen zahlreicher
zionistischer Repräsentationen graphisch gestalteter Broschüren,
bildhafter Umschläge gingen romantischer Jugendstil, biblische
Motive, jüdische Legenden und die neuen zionistischen Symbole
eine ästhetische Verbindung ein. In dem Film *Der Wandernde
Jude*, dem ersten zionistischen »Dokudrama«, das die Biographie
von Theodor Herzl darstellte und in Wien gedreht wurde, fällt in
einer Bildmontage der Strahl der Freiheitsstatue im Hafen von
New York wie eine elektrifizierende Erleuchtung des Jugendstils
auf dieses neu gebaute Jerusalem, das allerdings wie eine Melange
aus Bauhaus, New Yorker Wolkenkratzern und orientalischer Architektur aussieht.

Die Einflüsse der Wiener Avantgarde, von Gustav Klimt und anderen, waren auch in Berlin und im frühen Stummfilm, etwa bei
Ernst Lubitsch und Fritz Lang, unverkennbar. Männliche und
weibliche Körper in ihrer schönen, aggressiv berührenden und

auch abstoßenden Nacktheit konkurrierten in der zeitgenössischen Malerei mit eher konventionellen Porträts. Die Berliner Maler, unter ihnen Max Liebermann, Lesser Ury, Emil Orlik, Max Slevogt und Eugen Spiro, malten und zeichneten nicht allein Zeitgenossen, sondern auch die Zeit, das soziale Gefüge, die Ängste und Katastrophen der Moderne. Vor allem der junge George Grosz hielt der Weimarer Gesellschaft bald ihren Spiegel vor. Max Liebermann porträtierte unter anderen den hebräischen Schriftsteller Chajjim Nachman Bialik in Berlin. Dabei entwickelte sich eine hitzige Diskussion, in der der Maler lakonisch bemerkte, daß der Zionismus etwas für die unterdrückten Juden in anderen Ländern sei, er aber in Deutschland zu bleiben gedenke, wo er sich vollkommen frei fühle.

Bleibende Bilder: Romane, Gemälde und Theater

Die ersten zwei Jahrzehnte des 20. Jahrhunderts waren eine Blütezeit nicht allein des deutsch-jüdischen Schreibens, sondern, aufgrund des wachsenden Zustroms polnischer und russischer Juden, auch des Jiddischen, des Hebräischen und der visuellen Interpretation religiöser jüdischer Traditionen, die als hebräische Mythologien, Romane und Filmerzählungen in die Populärkultur Eingang fanden. Die jiddische osteuropäische Literatur wurde übersetzt, Schriftsteller wie Stefan Zweig, Lion Feuchtwanger, Franz Werfel, Jakob Wassermann, Hugo von Hofmannsthal, Joseph Roth wandten sich direkt und indirekt klassischen und modernen Themen jüdischer Existenz zu. Kaum ein namhafter jüdischer Schriftsteller aus Osteuropa, der nicht durch die Metropole Berlin angezogen wurde und später dann sagen konnte, es sei nur ein Halt auf dem Weg nach Palästina gewesen.

Der spätere israelische Nobelpreisträger Samuel Josef Agnon weilte von 1913 bis 1924 in Deutschland, unter anderem in Berlin, Wiesbaden und Bad Homburg, heiratete und führte ein etabliertes Leben, bis er 1924 nach Palästina zurückkehrte. Kontakte mit Martin Buber, dem Verleger Salman Schocken und anderen jüdischen Intellektuellen beeindruckten den jungen Schriftsteller, dessen erstes hebräisches Buch 1931 dann bei Schocken in Leipzig erschien und von dort seinen Weg nach Palästina nahm, doch auch in Deutschland fand sich ein Kreis Hebräischlesender. Die deutsch-jüdische Renaissance, wie Martin Buber diese Zeit charakterisierte, das reichhaltige kulturelle Leben, die Debatten jüdischer Wissenschaftler, Intellektueller, Künstler nicht nur deutschen Hintergrunds übten eine wachsende Faszination auf viele jüdische Besucher Berlins aus.

Hebräisch war auch deshalb in Berlin zur exotischen Literatursprache geworden, weil zahlreiche russische jüdische Emigranten im Gefolge der Oktoberrevolution nach Berlin gekommen waren, da sie hier im Sinne ihrer jüdischen Identität nicht nur eine soziale Gemeinschaft, sondern auch eine vertraute intellektuelle Atmosphäre vorfanden. Das spätere israelische Nationaltheater, Habima, hielt sich etliche Zeit in Berlin auf, da die kulturellen und materiellen Bedingungen hier günstiger waren als in Tel Aviv. Kleinverlage druckten hebräische und jiddische Literatur, Jungkommunisten und Jungzionisten lieferten sich Mitte der zwanziger Jahre erbitterte Rededuelle, wessen Utopie denn nun utopischer sei. Doch da waren Rosa Luxemburg und Walther Rathenau bereits ermordet worden.

Eine jüngere Generation hatte sich der eigenen deutsch-jüdischen Erfahrung zu stellen. Berlin übte seit den 1890er Jahren nicht nur auf Königsberger und Breslauer magische Anziehungskraft aus, sondern auch auf Menschen aus Galizien, Litauen und der Bukowina. Ein Berliner war jemand, der woanders herkam. Nicht selten reisten so manche junge Juden oder Jüdinnen aus dem Osten im mosaischen Glauben ab und kamen im protestantischen Glauben auf dem Berliner Alexanderplatz an. Doch spielte der Glaube im religiösen Sinn dabei keine Rolle. Die scheinbar konsensfähige Eintragung einer christlichen Konfession ins Melderegister half, das zu ignorieren, was eben doch existierte – den Antisemitismus. Berufliche Karriere und Gefühlslage konnten durchaus unterschiedlichen Vorstellungen folgen.

Das wurde durch eine nahezu unüberschaubare mediale Vielfalt von Zeitungen und Zeitschriften noch verstärkt, die sich religiösen, säkularen, zionistischen, deutschnationalen, sozialistischen Zielen widmeten. *Der Jude* von Martin Buber zum Beispiel veröffentlichte Artikel, Essays, Gedichte, Kurzgeschichten – darunter von Agnon, Arnold Zweig und vielen anderen, die mit den Debatten deutscher Zionisten verbunden waren.

Unter den vielfältigen Beiträgen der ersten Ausgabe der Zeitschrift *Der Jude* aus dem Jahr 1916 ragt ein kleiner Artikel von Franz Sachs mit dem Titel *Von deutschen Jüdinnen* hervor, wobei bei der Lektüre der vom völkischen Gedankengut jener Jahre beeinflußte Stil zu berücksichtigen ist: *Junge jüdische Männer haben oft christliche Mädchen lieb. Diese Tatsache wäre an sich beim Zusammenleben verschieden-rassiger Volksbestandteile selbstverständlich. Nicht selbstverständlich aber ist die Bedeutung dieser Erscheinung für uns, wenn man sie zugleich negativ aussprechen kann und muß: Junge Juden lieben oft die Jüdinnen nicht. Und dies gilt nicht nur für lebemännische Kaufmannskreise, sondern ebenso für die jüdische junge Intelligenz, für die Studenten und freien Berufe, ja selbst für Jüdisch-Nationale.*[10]

Der Autor warnt vor allem Materiellen oder gar Emanzipatorischen und beruflicher Tätigkeit als Antwort von seiten der Jüdinnen und verlangt das *wahre Mädchentum, das Mütterliche.* In aller Bescheidenheit hofft er, daß durch Gesundheit und Wandern in der *schönen Einsamkeit der Wälder und Seen* Seele, Körper und Natur zueinanderfinden würden, womit *eine schöne freie jüdische Mädchenschaft* für die Zukunft erhalten bliebe. Kurz, die deutschen Debatten der Zeit, die jugendbewegten und rassistisch angehauchten Argumentationsweisen waren auch in jüdischen, insbesondere in zionistischen Kreisen virulent. Nicht alle dachten und schrieben so wie Kurt Tucholsky in Berlin, Karl Kraus in Wien oder Lion Feuchtwanger in München.

Eine Pessachfeier im Berlin der frühen zwanziger Jahre hätte in einer bürgerlichen deutsch-jüdischen Familie vermutlich das folgende Bild ergeben: die Großeltern moderat religiös, die Eltern zu den hohen Feiertagen in der Synagoge, dabei allerdings mit

Titelblatt der Zeitschrift *Der Jude*, 1916

dem Auto vorfahrend und eine Rüge des Gemeindevorstands riskierend, weil man vor der Synagoge an den hohen Feiertagen nicht parken sollte, die Onkel, Tanten, Kinder und Enkel nach einem bunten gesellschaftlichen und politischen Spektrum zusammengesetzt, in dem linke und liberale Parteien genauso vertreten waren wie die Frauenbewegung, die zionistische Jugend, jüdischer Studentenverein und ein frisch zum Protestantismus übergetretener Familienangehöriger, der verlegen bekundet hätte, daß die Eltern seiner Verlobten auf kirchlicher Trauung bestünden. 1938 sollte das dann auch nicht mehr helfen, weil der Bruder seiner Frau wegen jüdischer Versippung nicht in die SS aufgenommen worden wäre, was schließlich zu der, wie die Großmutter gemeint hätte, voraussehbaren Trennung führen würde.

Die Jahrzehnte vor der nationalsozialistischen Ära waren eine Umbruchzeit, keine Zeit des Zusammenbruchs oder kassandrischer Voraussagen einer deutsch-jüdischen Katastrophe. Zahllose junge deutsche Juden erreichten den Status der oberen Zehntausend, sprich Gleichstellung und Erfolg. Auch für jene osteuropäischen Juden, die aus der Enge des osteuropäischen Schtetl ausbrechen und in der Welt ankommen wollten, brach eine Periode ungeahnter Möglichkeiten an. Das Berliner Scheunenviertel war kein Getto, wie uns heute oftmals weisgemacht wird, sondern ein turbulentes Transitviertel, in dem die Rabbinertochter und Schauspielerin Mischket Liebermann den Weg aus dem Getto in Osteuropa in die Welt nahm, in dem die Helden aus Döblins *Berlin Alexanderplatz* zuhause waren, und in dem man immer einen guten Hebräischlehrer finden konnte.

1921 zu Jom Kippur, dem Versöhnungstag, trifft Mischket Liebermann vor der Volksbühne im Scheunenviertel den bereits populären Schauspieler Alexander Granach, der wie sie aus dem Osten gekommen war und vor seiner Bühnenkarriere, sehr beliebt in der Rolle des Shylock, hier als Bäcker gearbeitet hatte. Sie führt ihn in die Synagoge, in der ihr Vater Rabbiner ist, und wenig später hilft Granach ihr, ins Bühnenmetier einzusteigen. Sie lernt gemeinsam mit der später erfolgreichen Filmschauspielerin Sybille Schmitz und spielt bei Max Reinhardt.

Hier, im Scheunenviertel, schreibt Mischket Liebermann in ihren Erinnerungen, hielten die Nazis 1923 aber auch *eine kleine Generalprobe der Judenverfolgung ab. Sie zertrümmerten Fensterscheiben, schlugen Menschen zusammen, zerrten sie aus den Synagogen, zwangen Männer wie Frauen, sich nackt auszuziehen. Ließen sie Spießruten laufen und dergleichen mehr.*[11] Die zwanziger Jahre waren in Berlin und Wien auch eine Zeit, in der sich die Judenfeindschaft zeitgemäß formierte, der politische Rechtsextremismus und die Intellektuellen der konservativen Revolution es auf eine neue Zeit abgesehen hatten, die weder mit der Weimarer Republik noch mit der ersten Republik Österreichs zu vereinbaren war. Die Gleichberechtigung von Frauen und Juden war der Reaktion ein humanistischer Dorn im Auge. Doch für die meisten deutschen Juden schien die Judenfeindschaft zu den schmerzhaften Geburtswehen einer deutschen Zivilgesellschaft zu gehören, mehr nicht.

Wirtschaft, Wissenschaft, Positionen in Staat und Verwaltung, die Entwicklung der freien Berufe, künstlerische Karrieren – all das bot Chancen, Verwirklichung und Anerkennung. Die neue Welt begann in Wien und Berlin. Die neue demokratische Gesellschaft forderte heraus mit ihren Flaneuren, eilenden Angestellten und Arbeitern, der urbanen Straßenkultur, den zahlreichen Bahnhöfen mit dem ständig ankommenden oder abreisenden Kaiser, bald gefolgt von den Reichskanzlern und anderen Staatsoberhäuptern. Die Morgen-, Mittags- und Abendzeitungen fütterten den Hunger auf immer Neues, unerwartet Erwartetes. Die Rhythmen, Lichter und Reklamen der Großstadt schärften die Formen jener Architektur und Industrie, die imperiale Größe und funktionalen Modernismus so verbanden, daß sich ständig neue Perspektiven auf Fassaden, Grünanlagen, Straßen, auf Arbeitende, Müßiggänger, auf Gesichter, anonyme und kommunikative Bewegungen in den hellen und dunklen Lebensräumen der Stadt ergaben.

Lionel Feininger hat diese Wendung zum Visuellen, diese neuen Räume und Dimensionen der Wahrnehmung wie kaum ein anderer gemalt. Die neue Welt öffnete sich zum Visuellen, zum Sehen und Gesehenwerden, von der Welt der Salons, von der beschaulichen Lektüre und Debatte bei Tee und Kaffee, zum Kaffeehaus, zur Galerie, zum Kaufhaus, zu Theater, Kabarett und schließlich zum Film, der Perspektive der Moderne. Neue Bedürfnisse der Unterhaltung, die Suche nach Freizeiterlebnissen für ein neues, Millionen zählendes Publikum, die technischen Möglichkeiten einer unendlichen Reproduktion von Bildern, von Gesehenem und Geschehenem fielen zusammen mit dem Wirken genialer Techniker und Erfinder und der Öffnung des europäischen

Blicks. Die bürgerliche Behäbigkeit der Welt von gestern, die vor allem dem Wort, der Literatur ihre Selbstreflexion entnommen hatte, machte den neuen visuellen Rhythmen der sich bewegenden Bilder Platz. Doch in denen glänzen wie farbige Schatten bis heute die Gemälde eines Klimt, Schiele, Kandinsky und wirkt Francisco Goya so stark, daß Lion Feuchtwanger Jahre später dem Maler mit seinem Roman über den leidenschaftlichen Künstler ihm durch das Wort zu neuer Popularität verhalf.

Goyas Umbruchzeiten, die Konfrontationen von Kunst und Gesellschaft, die modernen Bilder von Krieg, Elend, Terror und seine schonungslosen Abbilder menschlicher Seelen begleiten das Jahrhundert, bis Konrad Wolf 1971 in der DDR einen Goya-Film präsentiert, dessen Motive der spanische Filmregisseur Carlos Saura Ende des Jahrhunderts erneut aufnimmt. Auch dies Beispiele, daß deutsche, jüdische und europäische Kulturentwicklungen sich nicht willkürlich kategorisieren oder isolieren lassen.

Es ist kein Zufall, daß sich nach der Jahrhundertwende gerade das Kino als Medium der Moderne, als Kommunikationsform von Millionen, entwickelte, in dem, wie es Hugo von Hofmannsthal so anschaulich formulierte, die Menschen *zu einem ungeheuren, wenn auch sonderbar zugerichteten geistigen Erbe in ein ganz unmittelbares, ganz hemmungsloses Verhältnis treten, Leben zu Leben*.[12] Und es ist kein Zufall, daß zahllose jüdische Deutsche, Österreicher und Ungarn in der innovativen Welt darstellender Künste, aber auch in der neuen Technologie, in neuen Wirtschaftszweigen eine berufliche Perspektive und die ihnen angemessene kreative Form der Unterhaltung sahen. Das 20. Jahrhundert schien die Ära der unbegrenzten Möglichkeiten zu sein, und für Filme gab es keine Horizonte, man konnte nun die Reise *In 80 Tagen um die Welt*, wie Jules Verne seinen Bestseller genannt hatte, in weniger als einer Kinostunde erleben, und die Reise zum Mond war eine Kleinigkeit. Zukunftseuphorie und Kapitalismus, sozialistische Utopie und Kolonisierung gingen Hand in Hand mit technologischen, gesellschaftlichen, wissenschaftlichen und kulturellen Umbrüchen.

Diese Umbrüche der Jahrhundertwende, jener Epoche der geistigen Ungewißheit, der Suche nach neuen Ausdrucksformen in allen Bereichen der Wissenschaft und der Künste, stellen den Abschluß der Akkulturation, der langen deutsch-jüdischen Übergangszeit vom 17. ins 19. Jahrhundert dar. Die Generationen der Großväter und Väter hatten die bürgerliche Respektabilität etabliert, so wie es in der ganzen deutschen Gesellschaft geschah, und die Kinder und Enkel, die zu bewahren verstanden, konnten sich der Wissenschaft, den neuen Medien und den Künsten zuwenden, so wie sie sich vor Jahrhunderten der Religion zugewandt hatten, dem Handel, der Wissenschaft.

Die Familien Simon, Jacoby, Liebermann, Cassirer, Fischer, Harden, Mosse, Rathenau, Warburg, Wolf und andere symbolisieren sowohl den harten Aufstieg zu Wohlstand durch das 19. Jahrhundert als auch die immense Öffnung zum Säkularen, zum Sozialen, Politischen, zum Kulturellen, zu den Künsten auch den brotlosen. Doch sollte nicht vergessen werden, daß nicht weit vom Ephraimpalais auch jüdische Schumacher, Uhrmacher und Fleischer ihren Berufen nachgingen, zahllose junge deutsche Juden in den Parteien und Organisationen der Arbeiterbewegung mitwirkten.

Walther Rathenau trat in diesen Jahren mit zahllosen Essays, provokativen Artikeln und Büchern an die Öffentlichkeit, der erfolgreiche Industrielle war auch Vordenker einer neuen Zeit, Autor kritischer Reflexionen über den politischen, ideologischen und kulturellen Zeitgeist. Rathenau war ein Liberaler mit gesellschaftlichen Visionen, ein Intellektueller mit der Bereitschaft zum Engagement, zur öffentlichen Auseinandersetzung. Ein Wissenschaftler in vielen Disziplinen, den man heute wohl als Kulturwissenschaftler bezeichnen würde.

1917 schreibt er in einem kritisch-utopischen Essay mit dem Titel *Das Ziel*: *Kapitalismus, Entdeckungen, Krieg, Calvinismus, Judentum, Luxus, Frauendienst werden in wechselnden Bindungen verflochten und zur Evolvente des Gangs der Erscheinung gemacht, wobei es niemand auffällt, daß beständig ein Wunder durch das andre erklärt wird, und niemand einfällt, nach den Urvariablen zu fragen, die unabhängig und auf sich selbst gestellt das bunte Wallen der Erscheinungen beschließt und gerne gestattet, daß man die Töchter betrachtet, ohne der Mutter zu gedenken. Diese Grundfunktion*

aber ist im tiefsten Erleben des menschlichen Stammes beschlossen;
von außen erblickt stellt sie sich dar als Wachstum der Zahl und
Wandlung der Art, innerlich betrachtet ist sie ein Glied in der Gei-
stesevolution des Lebendigen.[13]

Der Humanist und Politiker Rathenau mußte den Nationaldeut-
schen ein Dorn im Auge sein, doch seine Ermordung hing auch
mit der umfassenden Krise zusammen, die bis 1924 Deutschland
prägte. Die folgenden Goldenen Zwanziger schulden ihre kulturelle Konjunktur, ihr faszinierendes Glitzern und ihre Hoppla-
jetzt-komm-ich-Stimmung sowohl jenen Krisenjahren und deren
menschlichen Tragödien als auch der Avantgarde und der sich entwickelnden Unterhaltungsbranche vor dem Ersten Weltkrieg.

Vom Theater ins Kabarett und auf die Leinwand

Es waren vor allem die darstellenden Künste – Theater, auch Volkstheater, Kabarett, Tanz, Revuen, Lunaparks und Rummelplätze –,
die größere Schichten erreichten als das Abonnentenpublikum und
den beruflichen und politischen Alltag beeinflußten. 2001 jährte
sich die Eröffnung des wichtigsten Berliner Kabaretts, das von Max
Reinhardt im Oktober 1901 gegründet wurde: »Schall und Rauch«.
Max Reinhardt, geboren in Wien und seit 1894 am Deutschen
Theater in Berlin, beantwortete den langweiligen Naturalismus
des Theaters der neunziger Jahre mit neuer und farbenprächtiger
Energie: Musik, Tanz, Pantomime, Stand-up und satirische Zeit-
bezogenheit, die über das kulturelle Berliner Milieu und dessen
langweilige Stilbesessenheit herzogen. Gleichzeitig war der überaus starke Andrang Berliner Juden zu den Vorführungen des
»Schall und Rauch« unübersehbar. Reinhardt parodierte antijüdische Stereotypen, setzte sie ein, indem er die gängigen Vorurteile
beschrieb, sie karikierte, als jüdischen Witz inszenierte und über
diejenigen seinen Spott ausschüttete, die vor lauter Anpassung,
körperlicher Einformung, christlicher und patriotischer Übereif-
rigkeit einfach über sich selbst stolpern mußten.

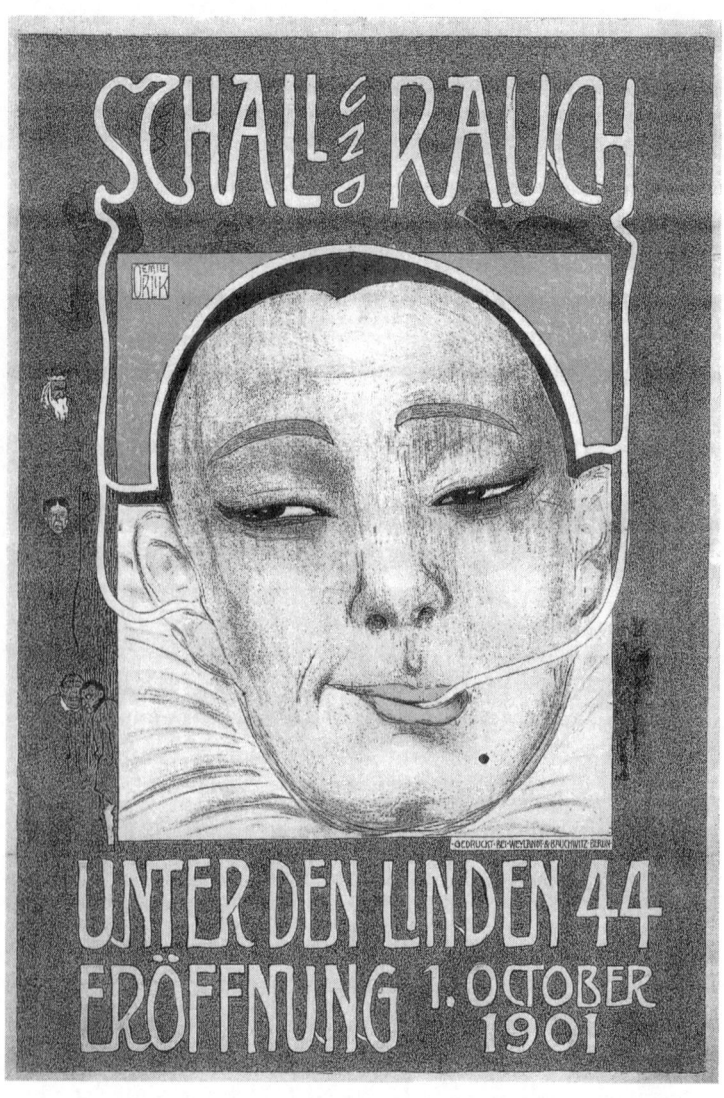

Eröffnungsplakat des Schall und Rauch, 1901

Die Ambivalenz in der Darstellung jüdischer Stereotype wurde allerdings deutlich, als ein breiteres Publikum die Aufführungen besuchte. Das Ausmaß egalitärer Aufgeklärtheit war angesichts zunehmender antijüdischer Tendenzen wohl unklar, eine Konfrontation, die in den Weimarer Jahren dann immer wieder im

Hinblick auf das Kabarett auflebte.[14] Jüdische Studenten protestierten gegen die Juden betreffenden Witze, betrachteten jegliche Form von Selbstironie als antijüdischen Angriff und befürchteten, daß derartige Parodien nur den Antisemiten nützen würden.

Zahlreiche Revuen und Kabaretts folgten den wirksamen Neuerungen des »Schall und Rauch«. Parodien von Berufsgruppen, von Kaiser und Adel, von Bayern, Preußen und Sachsen, von hölzernen Polizisten, sturen Beamten, naiven Landmädchen, berechnenden Kurtisanen, Kaufleuten, nouveaux riches, Aufsteigern und Spekulanten konnten auf sichere Lacher rechnen, das jüdische Milieu der Textilhändler, Warenhäuser und Schuhpaläste gab viel Material her. Die Sängerin Fritzi Massary, Tochter einer Wiener jüdischen Familie, war Star der Aufführungen.

Satire, Stolz auf die neuesten Errungenschaften der Metropole Berlin, auf Deutschland, auf das Reich kündeten vom neuen Selbstbewußtsein. Emanzipation und Integration schienen ein Mißverstehen auszuschließen, doch die wieder aufflammende Judenfeindschaft während des Ersten Weltkrieges, die antisemitische »Judenzählung« im deutschen Militär und die antidemokratische Hetze, die Juden und Linke für die Niederlage der Deutschen verantwortlich machte, führten die scheinbare Leichtigkeit des jüdischen Witzes ad absurdum.[15] Der dynamische Aufbruch einer jungen deutsch-jüdischen Generation aus dem 19. Jahrhundert war verbunden mit Selbstkritik, und die Selbstkritik enthielt auch immer die Kritik am deutschen Spießertum, an Engstirnigkeit und Engherzigkeit. Die deutsch-jüdische Avantgarde des Berliner jüdischen Geistes war alles andere als naiv oder deutsch-national, sie war kreativ und demokratisch.

Ein Künstler kümmerte sich recht wenig um die humorlosen Bedenken gegen künstlerisch aggressive Selbstkritik: der Schauspieler Ernst Lubitsch, geboren 1892 in Berlin als Sohn eines Textilhändlers. Bereits 1914 spielte er den Lehrling Moritz Abramovsky in dem Film *Die Firma heiratet* und kurz danach den jungen Siegmund Lachmann in der Filmkomödie *Der Stolz der Firma: Die Geschichte eines Lehrlings*. Namen sind eben nicht

Schall und Rauch, wie die Anspielungen der Rollennamen auf jüdische Familiennamen zeigen.

Filme mit Lubitsch waren immens populär, wurden überall in
deutschen Kinos gesehen und etablierten ihn als *den* Komiker des
aufkommenden deutschen Spielfilms. Die Charaktere, die er
spielte, waren ausnahmslos Juden – jung, tölpelhaft, liebenswert,
leicht neurotisch, immer hinter den langen Schürzen gelockter
Unschuldsengel her. Die teutonischen Helden sonstiger Film-
spielproduktionen wurden konterkariert durch die körperlichen
Merkmale des jüdischen Gegenhelden: vermeintlich kleinge-
wachsen (obwohl Lubitsch überhaupt nicht klein und untersetzt
war), dunkle Haare und Augen, eine ausgeprägte, eben »jüdische«
Nase. Zunehmend fand jedoch mit sehr vielfältigen Charakteren
(etwa jüdischer Ärzte, Geschäftsleute, Ehefrauen etc.) immer
mehr jüdische Lebenswirklichkeit auf die Kinoleinwand. So wurden die Stereotypen des »kleinen Juden mit der großen Nase«
neutralisiert.

Jüdischsein war keine Randerscheinung, keine Ausnahme, sondern gehörte dazu, war Teil der turbulenten und innovativen Berliner Szene, von Unterhaltung und Subversion. Das Komische in
Lubitschs Filmen überlagerte das Tragische der antijüdischen
Zerrbilder, Postkarten, Hetzartikel und rassistischen Publikationen der Jahrhundertwende. Ernst Lubitsch sagte 1916, daß der
jüdische Humor sympathisch und künstlerisch sein kann, daß es
daher falsch wäre, ihn auf der Leinwand zu übergehen.[16] Die satirische Kritik am jüdischen Parvenue war nicht antisemitisch, weil
der Jude als Jude dargestellt werden und sich selbst ironisieren
konnte. Die jüdischen Figuren auf der Leinwand konnten bewundert, geliebt und ausgelacht werden. Das Publikum mochte den
dezent subversiven Humor, ein halbes Jahrhundert bevor Woody
Allen den neurotischen Stadtjuden auf die Leinwand brachte. In
Lubitschs Film *Meyer aus Berlin* (1918/19) macht der preußische
Jude Sally Meyer, natürlich in Lederhosen, Urlaub von seiner trau-
ten Berliner Gattin in den Tiroler Bergen. Nicht von ungefähr
paßte hierzu der Schlager *Was macht der kleine Meyer auf dem
großen Himalaya.*

144

Auf Bühne und Leinwand entwickeln sich gemeinsame deutsch-jüdische Erfahrungen, die im wahrsten Sinne bildend, formativ für die kulturelle Blütezeit der zwanziger Jahre sind. Die Bilder von Juden, die Abbildungen jüdischer Themen umfassen alle Bereiche jüdischer Präsenz und Thematik. Es handelt sich nicht um ein jüdisches Genre, sondern um die Präsenz in allen Bereichen der expandierenden Filmkunst, insbesondere bei historischen Stoffen. Die Bibel erweist sich als phantastische Drehbuchvorlage für eine Vielzahl von Filmen, in denen antike Stoffe, aktuelle Bezüge und die neuen Stars der Leinwand ein wachsendes Publikum erreichen. So wie in Berlin Fritz Lang den germanischen Mythos der *Nibelungen* auf die Leinwand bannt, Paul Wegener den *Golem* in die Lichtspielhäuser schickt, produzieren Alexander Korda und Mihály Kertész in Wien ein jüdisch-biblisches Epos nach dem anderen. *Sodom und Gomorrah, Simson und Delila, Die Sklavenkönigin* – alles Filme, die den neuen Unterhaltungsbedürfnissen, der Sehnsucht nach etwas mehr exotischem Orientalismus in der deutschen Kultur zu Beginn der zwanziger Jahre entsprechen. Ägypten ist gefragt, und das schließt die biblischen Geschichten mit ein. Als in Wien bei einer Filmproduktion 400 Bärte für Komparsen, die antike Juden darstellen sollten, zu teuer sind, engagiert man schlicht 400 orthodoxe Juden aus der Wiener Leopoldstadt.

Es war gerade die Vielschichtigkeit der Darstellung jüdischer Charaktere, die dazu führte, daß Bilder von Juden nicht allein aufgrund der gesellschaftlichen Wirklichkeit wirksam waren, sondern ebenso aufgrund der emotionalen, psychologischen und historischen Dimension des neuen Mediums Film. Tausende Zuschauer sahen zum erstenmal Bilder von Moses, die Pharaonen, die geteilten Wassergewalten des Roten Meeres, die Stämme Israels, den Untergang Sodoms und die zur Salzsäule erstarrende weibliche Sexualität in Gestalt von Lots Weib. Auf der Leinwand trafen sich Judentum und Christentum auf amüsante und unterhaltsame Weise, leicht zeitgeistmäßig verpackt im ansprechenden Ambiente.

Abgesehen davon lockten die weiblichen Leinwandhelden den lustvoll erwartungsfrohen Zuschauer in die Kinos, die schöne

Hebräerin konkurrierte mit der germanischen Heldin. Psychologen können lange rätseln, warum nach dem Berufsverbot für Schauspielerinnen jüdischer Herkunft nach 1933 die exotisch wirkende dunkelhaarige Schwedin Zarah Leander der Star des Films wurde oder warum Goebbels es trotz aller Versuche nicht schaffte, die beliebte, attraktive und geheimnisvolle Schönheit der Sybille Schmitz aus der Arbeit der Ufa auszuschließen. Leander und Schmitz durften Liebe und Formen zeigen, die blondgelockte Kristina Söderbaum hingegen entsprach zwar dem Ideal in Goebbels' Reden, eignete sich aber in ihren Filmen meist nur als systemkonform leidensvolle Wasserleiche oder Reichs-Heulsuse.

In der Literatur, in den Tageszeitungen, Magazinen wie der kritischen *Weltbühne* und auch in einer ganzen Reihe von Spielfilmen zeigt sich Anfang der dreißiger Jahre, daß es ein Milieu des deutsch-jüdischen Widerstehens in der Tat gab, wenngleich es in seiner Wirkung zu schwach war. Als Ende der zwanziger Jahre antisemitische Tendenzen zunahmen, reagierte der Schauspieler und Regisseur Fritz Kortner mit *Dreyfuß*, einem Film über den französischen Offizier, der zu den beeindruckendsten Filmen gegen den antijüdischen Zeitgeist gehört. 1933, bereits nach dem 30. Januar, fand die Premiere des Musikfilms *Ein Lied geht um die Welt* mit dem populären jüdischen Sänger Joseph Schmidt statt. Bei der Premiere in Berlin erhob sich Goebbels und klatschte Beifall.

Zwar waren dies Episoden angesichts der übermächtig anrollenden schwarz-braunen Welle der Kulturvernichtung. Dennoch bleiben unendlich viele Zeugnisse für die Nachgeborenen. Der von Millionen geliebte Sänger Joseph Schmidt konnte noch rechtzeitig in die Schweiz fliehen, starb jedoch dort in einem Internierungslager.

Fritz Lang konnte seinen grandiosen Film gegen den Aufstieg Hitlers noch produzieren, doch kaum jemand hat damals noch *Das Testament des Dr. Mabuse* sehen können, war er doch eine wundervoll gelungene und ästhetisch bestechende Fundamentalkritik an Hitlers *Mein Kampf*. Der verrückte Dr. Mabuse schreibt in der psychiatrischen Anstalt sein Testament, dessen verbrecherischer Inhalt mit Hilfe des Anstaltsleiters und eines perfekt orga-

Szenenfoto aus *Das Testament des Doktor Mabuse* von Fritz Lang, 1933

nisierten Netzes, einer Alternative zu den demokratischen Institutionen Weimars, realisiert wird. Das Ziel ist, die Weltherrschaft zu erringen durch Chaos, Zerstörung, Verbrechen und Terror.

Zwar gefiel der Film Goebbels, doch so ganz verstand er ihn wohl nicht. Das ästhetisch und intellektuell Subversive war nicht gerade die Stärke des NS-Propagandachefs. Fritz Lang seinerseits sah keinen Grund, den Film nach Goebbels' Wünschen zu ändern. Der Regisseur der *Nibelungen*, des nationalen Heldenepos über Siegfried, den naiven deutschen Helden, verweigerte sich dem neuen deutsche Geist und verließ noch im selben Jahr Berlin.

Die Gegenwart der deutschen Juden zwischen 1933 und 1939 ist genauso differenziert zu betrachten wie das Konglomerat antijüdischer Traditionen, das sie in dieser Zeit in den sozialen Tod führte, bevor die Deportationszüge in die Vernichtungslager rollten. Von der kulturellen Distanz führte ein gesellschaftlicher und politischer Weg in die Ausgrenzung. Die Judenfeindschaft basierte nie nur auf Vorurteilen, stereotypen Denkformen, beschränktem Bewußtsein, unbewußter Angst, Volksglauben, religiösen Traditionen, ethnischer Überheblichkeit oder tiefenpsychologischer Abwehr des als kulturell anders Wahrgenommenen.

Bei der religiösen Ausgrenzung der Juden im Mittelalter und der frühen Neuzeit ging es auch um Macht und Gewinn. Die Ritualmordanschuldigungen und Pogrome hatten nicht allein fundamentalistisch-christliche Motive, sondern dienten auch der Vertuschung und Reinwaschung von Verbrechen oder der ungehemmten Befriedigung wirtschaftlichen Neids und dem Versuch, kompetente Konkurrenten auszuschalten. Der Rassismus des sich entwickelnden kolonialen und eurozentristischen Denkens integrierte die Völker der außereuropäischen Welt in ein abendländisches Weltbild, das wiederum hilfreich war bei der Konstruktion des Juden als »Orientale«, mithin als kulturell Anderen.

Zahlreiche Bilder, die jüdische Schauspieler, Schauspielerinnen und Regisseure vor 1933 geschaffen hatten, wurden, gerade weil sie in den Köpfen von Millionen Deutschen existierten, u. a. durch die hier exemplarisch dargestellte Filmproduktion nach 1933 und durch die Propaganda des Nationalsozialismus in einen neuen Kontext eingebaut. Das, was die NS-Kulturpolitik als »entartete Kunst« vernichten wollte, wurde auch umgeformt, verformt, mißbraucht, um eine neue antihumanistische Botschaft mit dem vorhergehenden humanistischen Bild in die Köpfe der Menschen einzupflanzen. In kaum einem Bereich wird dies deutlicher als in der Repräsentation der Bilder von Juden und jüdischen Themen im deutschen Spielfilm.

Aus Fritz Langs Meisterwerk *M. Eine Stadt sucht einen Mörder* von 1931 wird die Szene, in der der psychopathische Kindesmörder sich selbst bezichtigt, sich rechtfertigt und seine krankhafte Psyche offenlegt, in den NS-Propagandafilm *Der ewige Jude* hineinkopiert und aus dem Off suggeriert, daß der deutsch-jüdische Schauspieler Peter Lorre hier nichts anderes darstellt als die triebhafte und verbrecherische Psyche des jüdischen Mannes schlechthin. Eine Projektion der Massenmörder.

Doch lassen sich die Bilder von Juden in über fünfzig Filmen NS-Deutschlands nicht auf Propaganda reduzieren. So wie es jüdische Charaktere bis 1933 in Deutschland und bis 1938 in Österreich in zahlreichen Filmgenres gegeben hatte, beginnt seit etwa 1928, nachdem der extrem rechte Industrielle Alfred Hugenberg die Ufa übernommen hatte, eine filmische Normalisierung antijüdischer Repräsentationen, die nach 1933 zur Methode wird. Die soziale Isolierung, Diskriminierung und Ausgrenzung der deutschen Juden wird auf der Leinwand in der virtuellen Distanzierung von Emanzipierten und Integrierten, von scheinbaren Patrioten, finsteren jüdischen Gestalten, lächerlichen Emporkömmlingen, antideutschen Verschwörern, üblen Nutznießern und sexuellen Monstern vorweggenommen. Der NS-Film erfindet kaum neue Bilder, er baut die vorhandenen aus dem Film der Weimarer Republik, nun negativ besetzt und rassistisch definiert, in den künstlerischen und antihumanistischen Zusammenhang des neuen gesellschaftlichen Konsenses ein, kann mithin Wiedererkennen beim Publikum voraussetzen und so effektiv ältere Bilder überlagern.

Alles, was vor 1933 und noch in den in Wien gedrehten Filmen der dreißiger Jahre alltäglich, normal und selbstverständlich schien, erhält jetzt eine andere, eine antijüdische Bedeutung. Beliebte Schauspielerinnen und Schauspieler werden wegen ihres Judentums öffentlich diffamiert, Namen im Abspann der Filme nicht mehr genannt. Lubitschs von der Leinwand lachendes Gesicht wird mit einer antisemitischen Fratze überdeckt. Es sind nun deckende, verdeckende und abdeckende Bilder von jüdischen Leinwandcharakteren, die eine neue Erinnerung, eine andere antihumanistische Bewertung beim Zuschauer bewirken sollen.

Die deutsch-jüdische Erfahrung wird auch ästhetisch zu einem kulturellen Vergehen der Juden an Deutschland umgestaltet. Die antijüdischen Bilder im deutschen Film hatten fortan vor allem die Aufgabe, konsensbildend zu wirken, die tatsächliche Ausgrenzung zu legitimieren, Passivität oder Zustimmung zu bewirken und letztlich die Vernichtung, so sie denn andeutungsweise durchsickerte, als unvermeidliche Konsequenz erscheinen zu lassen. Schauspieler wie Gustaf Gründgens und Sybille Schmitz hatten ein ausgeprägtes Gespür für die Grenzen künstlerischer Kompromisse, andere Künstler wie Paula Wessely und Leni Riefenstahl ließen dies vermissen.

Die Schauspielerinnen und Schauspieler jüdischer Herkunft, die Deutschland und Österreich rechtzeitig verlassen konnten und die Chance hatten, ihre Filmkarriere weiterzuführen, kamen nun in die undankbare Situation, aufgrund ihres deutschen Akzents insbesondere Nazi-Schergen spielen zu sollen. Hollywood bediente sich einer eigenen Logik, der sich so mancher Charakterschauspieler beugen mußte. Die Wiener Schauspielerin Gisela Werbezirk, die vor 1938 immens populär auf den Wiener Bühnen, insbesondere in der Josefstadt, und in Filmkomödien gewesen war, antwortete auf die Frage, wie sie sich in Amerika fühle: *Happy, aber nicht glücklich.* Doch die, die Amerika erreicht hatten, waren zumindest am Leben.

Von der Leinwand in die Lager: Die Dekulturierung Deutschlands

Es gibt kaum eine Periode der deutschen Geschichte, über die in den vergangenen fünfzig Jahren so viel geforscht, geschrieben, publiziert und gefilmt wurde, wie die Ära des Nationalsozialismus. Die Gesetze und Verordnungen antijüdischer Machart, die Isolierung, Ausgrenzung, Diskriminierung und Entbürgerlichung der Bürger, die als jüdisch kategorisiert wurden, ist genauso untersucht worden wie das Verhalten der nichtjüdischen Bevölkerung und der gesellschaftliche und kulturelle Alltag der deutschen Juden, der sich mit beginnender Deportation in die Gettos und Vernichtungslager im Osten in einen deutschen Horror verwandelte. Es gibt die Erinnerungen und Berichte an Hilfe, an Versteck, Flucht, Untergrund, gefälschte Identitäten, Korrumpierbarkeit deutscher Beamter und Politiker, Widerstand und Deportation. Gerade in den vergangenen Jahren sind nicht allein die Gesichter der Verfolgten wieder deutlicher geworden, auch die Gesichter und Namen der Täter treten aus der Distanz scharf umrissen hervor. Die Deportationen, die Vernichtungslager, die Selektionen, die Gaskammern und Erschießungskommandos, die

Krematorien, die Außen- und Arbeitslager sind dokumentiert. Zahlen, manchmal Namen, Theresienstadt, Ohrdruff, Ravensbrück, Dachau, Bergen-Belsen.

Seit Jahren reist mit mir ein kleiner Zettel, den mir meine Mutter vor Jahren zur Erinnerung schrieb: *Onkel Max war 1939 nach Theresienstadt gekommen*. Mehr nicht. Den Zettel finde ich seit

Plakat einer Aufführung von *Emil und die Detektive*
im Konzentrationslager Theresienstadt, 1943/44

Jahren immer wieder auf meinem Schreibtisch, in irgendwelchen Listen oder Erinnerungsbüchern ist der Name meines Onkels nicht zu finden. Der Zettel ist das Dokument, die Erinnerung sein Leben. Vielleicht ist er auch irgendwo in jenem Film zu sehen, den der NS-Propagandaapparat von dem jüdischen Schauspieler und Regisseur Kurt Gerron in Theresienstadt drehen ließ, bevor er ihn in die Gaskammern von Auschwitz schickte. Vielleicht auf jenen Filmmetern, die wir noch nicht gefunden haben und die bei dem Enkel eines SS-Offiziers, der in Theresienstadt stationiert war, in irgendeiner bayerischen Kleinstadt im Keller lagern.

Wer wissen will, kann über diese Zeit mehr in Erfahrung bringen, lesen und sehen als über jede andere Periode der deutschen Geschichte. Und doch bleibt die Geschichte der Deutschen jüdischer Herkunft, die in Hunderten von Lagern im Reichsgebiet auf Zeit, bis zu ihrem Tode oder bis zur Befreiung existierten, ein noch zu schreibendes Kapitel der deutschen Zeitgeschichte. Der junge Berliner Peter Edel schildert in seinen Erinnerungen *Wenn es ans Leben geht* seine »Wanderung« von KZ zu KZ, er entkommt der Hölle von Auschwitz und erlebt in Ebensee, einem Außenlager von Mauthausen, die Befreiung. Überall trifft er auf deutsche Juden, überall wird er Zeuge eines Stücks Untergang von Humanität. Die Lager um Berlin, Mauthausen mit allen österreichischen Neben- und Außenlagern, Dachau und die Arbeitsstätten um München, die Lager im Harz, im Ruhrgebiet, in den großen Städten und den Kleinstädten von Bremen und Hamburg bis Rostock, Breslau, Passau, Stuttgart, Hannover, Danzig, Königsberg.

Es scheint oftmals einfacher, sich mit der millionenfachen und dabei vermeintlich anonymen Vernichtung menschlichen Lebens in Auschwitz, Maidanek, Treblinka, Sobibór, Lódz, Krakow, Warschau und anderen Stätten im Osten auseinanderzusetzen, als sich der Wirklichkeit der zahllosen Lager vor dem Sterben und vor der Befreiung zu stellen. Zahlen erzählen keine Geschichte, dies können nur Menschen. Die Schwierigkeit ausgiebiger Beschäftigung mit den Lagern im Reichsgebiet hängt darüber hinaus vor allem damit zusammen, daß hier eine direkte Beziehung eines deutsch-jüdischen beziehungsweise österreichisch-jüdischen Kontexts mit dem Mord an deutschen und Juden anderer Herkunft innerhalb der deutschen Zivilbevölkerung offen zutage tritt. Die Distanz zwischen Tätern, Mitläufern, Zuschauern und Wegschauern verwischt sich, und wenn man immer wieder nachfragt, hört man bisweilen zaghaft: Man habe doch manchmal Brot durch den Zaun gereicht, einen Apfel beim Marsch durch die Straße zugeworfen.

Die bis 1933, beziehungsweise für Österreich bis 1938, nachvollziehbare und bei allen Widersprüchen, Rückfällen und verheerenden antijüdischen Ereignissen erklärbare deutsch-jüdische Erfahrung weicht in den dreißiger Jahren bis Mitte der vierziger Jahre einer totalen Ablehnung dieser gemeinsamen Kulturgeschichte.

Während so mancher Schlager von jüdischen Komponisten und Interpreten der zwanziger und frühen dreißiger Jahre auch nach 1933 weiter gesungen wird, werden die Komponisten, Sänger und Schauspieler verfolgt, gedemütigt, ins Exil getrieben, deportiert und ermordet. Bis heute erklingen in deutschen und österreichischen Radiostationen und in Unterhaltungssendungen Schlager wie: *Liebling, mein Herz läßt dich grüßen, Das ist die Liebe der Matrosen, Ein Freund, ein guter Freund, Irgendwo auf der Welt gibt's ein kleines bißchen Glück.* Zumindest der letzte Schlager hat durch die Verfilmung der Geschichte der *Comedian Harmonists* aus dem Jahr 1999 erneut eine musikalische Welttournee angetreten. Und der bis heute beliebte Ufa-Hit *Die Drei von der Tankstelle* mit Lilian Harvey, Willy Fritsch und Heinz Rühmann bleibt auch wegen der bestechenden Schlager in Erinnerung. Der Schöpfer dieser Melodien ist der Königsberger Werner Richard Heymann.

Seit 1919 schreibt Heymann Musik für Max Reinhardts »Schall und Rauch«, wird dann 1920 gemeinsam mit Friedrich Hollaender musikalischer Leiter des Kabaretts, 1926 Ufa-Generalmusikdirektor, arbeitet seit 1928 bei Tobis an der Entwicklung des Tonfilms und komponiert bis 1933 für die Ufa Schlager der wichtigsten Erfolgsfilme. Die Ufa will ihm 1933, so wie einer Reihe anderer vorläufig »unersetzbarer« jüdischer Mitarbeiter, eine Sondergenehmigung beschaffen: *Mit Rücksicht auf den anständigen Charakter von Werner Richard Heymann und auf die Tatsache, daß er als Frontsoldat den Krieg mitgemacht hat, beschließt der Vorstand, sich bei der*

Regierung für seine Weiterverwendung in den Diensten der Ufa ein-
zusetzen, zumal er getauft ist und dem evangelischen Glaubensbe-
kenntnis angehört.[17] Doch mit zwei Koffern und 600 Mark emi-
griert Heymann im April nach Paris. Dort im Hotel Ansonia trifft
er auf Friedrich Hollaender, Peter Lorre, Billie Wilder, wie dieser
damals noch seinen Vornamen schrieb, und andere.

1937 bis 1951 komponiert er in den USA Musik für 44 Holly-
wood-Filme, darunter Ernst Lubitschs *Sein oder Nichtsein* und
Ninotchka. Nach vier Oscar-Nominierungen kehrt er 1951 nach
Deutschland zurück. So liest sich das Stenogramm eines Exils.
Die Lieder blieben in Deutschland, konnten noch nicht einmal
aus dem reichsdeutschen Rundfunkrepertoire verbannt werden,
und der Künstler hatte noch verhältnismäßig Glück. Die Sprache
der Musik ist international, ein deutscher Akzent nicht hörbar.
Andere Theater- und Filmschaffende werden deportiert und ermordet.

Die Schauspielerin Elisabeth Bergner, die 1921 aus Galizien
über Wien und München nach Berlin kam und unter Max Reinhardt zu einer der beliebtesten Berliner Bühnendarstellerinnen
wurde, emigrierte 1933 nach London. Der in Prag geborene und
seit 1905 in Berlin lebende Emil Orlik hatte sie in den zwanzi-
gern in einer bestechenden Körperhaltung gemalt, Bildmetapher
des verhaltenen deutsch-jüdischen Selbstbewußtseins der zwanziger Jahre.

Max Liebermann blieb bis zu seinem Tode 1935 in Berlin, nach
1933 vereinsamt und isoliert, eher frei von Freunden und Schülern
als vom Druck des NS-Terrors. Noch 1929 hatte er auf der Feier
der Preußischen Akademie der Künste aus Anlaß des 200. Geburtstages von Gotthold Ephraim Lessing an dessen Beispiel die
Verbindung von Patriotismus und Weltbürgertum hervorgeho-
ben.[18] Den Patriotismus kassierte die nach den Nürnberger Rasse-
gesetzen neu definierte deutsche Volksgemeinschaft wieder ein,
und das Weltbürgertum war sowohl antijüdischer Vorwurf der
Gegner der Aufklärung als auch geistiger Rückhalt einer zum Untergang verdammten liberalen und progressiven deutschen und
gleichzeitig deutsch-jüdischen Elite.

Emil Orlik, Elisabeth Bergner

Doch Liebermanns Bilder waren beliebt, hatten zum Ruhm Berlins als Stadt der Künste beigetragen. Zwar untersagten die NS-Kulturverwalter dem kranken Liebermann noch, in Deutschland auszustellen, doch erwogen sie 1937 eine »Galerie des Auslands« einzurichten, in der dann auch Juden ihren Platz hätten finden können. Dazu kam es nicht, statt dessen zerstörte der »spontane« Volkszorn in der Nacht vom 9. auf den 10. November

1938 zahlreiche Kunstwerke. Dafür hängt in so mancher Wohnung in Israel, Manhattan oder Los Angeles ein echter Liebermann, der dann durch die Enkelkinder bisweilen wieder den
Kunstmarkt erreicht und über diesen seinen Weg erneut in die
Berliner Museen findet. Es gab keine vorbestimmte Logik für die
Menschen auf dem Weg in die Lager, auf dem Weg in das Versteck,
auf dem Weg in das Exil und in die Hoffnung auf das Überleben.
Und das galt auch für ihre Werke. Der Rabbi von Bacherach
wurde schließlich nach Theresienstadt deportiert. Wo ist er heute?

Kaum jemand hat so wie die Malerin Charlotte Salomon in
über tausend Bildern die deutsch-jüdische Erfahrung während
des Ersten Weltkriegs, der Weimarer Jahre und unter dem Ha-
kenkreuz festgehalten. Zwischen 1940 und 1942 malt sie einen ti-
tanischen Zyklus *Leben? Oder Theater?* auf der Flucht vor den
Deutschen bei ihren Großeltern in Südfrankreich. Sie hatte bis
1937 in Berlin Kunst studiert, ihr Werk auf der Flucht ist Theater,
Bühnenspiel, Inszenierung, Installation, Performance, Film ohne
Film, aber mit allen Techniken des Close-up, des Zooms, der
Rückblende, mit Textelementen und musikalischen Bezügen.

Charlotte Salomon, Aus dem Zyklus *Leben? Oder Theater?*, 1940/42

Die Familiengeschichte der Salomons steht für eine tiefenvisuelle Perspektive auf die deutsch-jüdische Geschichte, auf die europäisch-jüdische Geschichte des beginnenden und in Auschwitz endenden jüdischen 20. Jahrhunderts. Eine Metapher, die durch den Mord an der Künstlerin und Unzähligen ihresgleichen gerechtfertigt ist; denn ein Danach konnte sie nicht abbilden. Charlotte Salomon deutete die Zeit visuell, Aufstieg und Fall, Integration und Sehnsucht, Verzweiflung und Hoffnung.[19] Das Tagebuch der Anne Frank wurde von Millionen gelesen, doch die in Amsterdam hängenden Bilder der Salomon harren noch ihrer Integration in die deutsche Kultur. Sie sind aus den fürchterlich-kreativen Momenten des Exils vor der Deportation und Vernichtung ihrer Schöpferin nie zurückgekehrt.

Charlotte Salomon ist im Rückblick eine Stimme aus der Mitte der deutschen Kultur so wie Else Lasker-Schüler, Anna Seghers, Nelly Sachs, Peter Weiss, Alfred Döblin, Arnold Zweig und viele andere, deren kreativste Jahre oftmals vor 1933 begannen, doch deren Stimmen durch die Vertreibung aus Deutschland und Österreich aus der neuen nationalsozialistischen, rechtskonservativen und nationalistischen Mitte der deutschen Kultur verdrängt wurden.

Die physische Katastrophe, die die nichtjüdischen Mitbürger über die deutschen Juden brachten, wurde nach 1945 von dem gesteigert, was der Publizist Ralph Giordano als die *Zweite Schuld* bezeichnete, nämlich die Unfähigkeit, sowohl individuelle Verantwortung zu übernehmen als auch den Verstoßenen, Vertriebenen und Ermordeten ihre klangvollen Stimmen wieder zurückzugeben. Aus einem anti-nationalsozialistischen Selbstverständnis heraus erfolgte dies teilweise eher noch in den frühen Jahren der alliierten Besatzung als später in den beiden deutschen Staaten oder in Österreich.

Allerdings kehrten die Werke von jüdischen und nichtjüdischen Emigranten wie Lion Feuchtwanger, Anna Seghers, Louis Fürnberg und Leonhard Frank schneller in die Verlagsprogramme der jungen Deutschen Demokratischen Republik zurück als in die biedermeierliche Verlagsatmosphäre der Bundesrepublik Deutschland. Der deutsche Zeitgeist hatte sich systemkonform ost-west-gedoppelt und suchte nach den jeweils »passenden« Repräsentanten der deutsch-jüdischen Tradition. Den deutsch-jüdischen Kommunisten standen die deutsch-jüdischen Zionisten gegenüber, dem politisch-gesellschaftlichen Engagement der christlich-jüdische Dialog und die versöhnlichen Botschaften eines mythischen Zionismus.

Es war denn auch kein Zufall, daß eine deutsch-jüdische Widerstandsgruppe um den jungen Kommunisten Herbert Baum in Berlin, in der sich in den dreißiger und Anfang der vierziger Jahre bis zu 200 junge Menschen zusammenfanden, nach 1945 ein Gegenstand west-östlicher Kontroversen wurde. Was konnten die beiden deutschen Übergangsgesellschaften auch mit einer Widerstandsgruppe anfangen, in der es Zionisten, Sozialisten, Gläubige, Kommunisten, Jugendbewegte und Apolitische gab und deren Überlebende in Deutschland und anderen Ländern auch nach 1945 Zeugnis ablegten. Die deutsch-jüdische Welt war vor 1933 genauso vielfältig gewesen wie die nichtjüdische deutsche Welt. Vom Uhrmacher, Facharbeiter, Ganoven bis zum Arzt, Bankier und Firmenchef. Nicht alle konnten Rathenau heißen, aber alle waren Teil einer weltläufigen deutschen Kultur.

Mit Kriegsbeginn teilen die Deutschen, die durch die Verwaltungen, Einwohnermeldeämter, Kirchenregister, Finanzämter, Gesundheitsämter, Schulbehörden usw. als Juden kategorisiert worden waren, bald das Schicksal der von der Wehrmacht, der SS und den Einsatzgruppen überrollten jüdischen Bevölkerung in Polen und in allen anderen von Deutschland besetzten Ländern. Erfassung, Konzentration, Isolierung, Deportation, Massenmord. Elf Millionen Europäer standen auf den Todesstatistiken, Namen und vermeintlich Namenlose. Wer es aus Deutschland bis 1939 in die Nachbarländer geschafft hatte, stand nun erneut unter dem Terror von Verfolgung, Inhaftierung, Deportation. Es begann die physische Liquidierung, die Vernichtung eines Teils der europäischen Bevölkerung mit allen »Problemen«, die es für die Verwalter und Organisatoren dieser Vernichtung mit sich brachte, daß sie nun bestimmen mußten, wer denn im deutsch-jüdischen Beziehungsgeflecht als Jude der staatlich organisierten Ermordung überantwortet werden sollte.

Das Gedächtnisprotokoll der Sitzung der NS-Spitzenfunktionäre in der beschaulich-klassizistischen Villa am Berliner Wannsee am 20. Januar 1942 gibt bis heute ein in seiner Kaltschnäuzigkeit und bürokratischen Selbstverständlichkeit unerbittliches Bild der NS-Mentalität wieder. Sechs Jahre antihumanistische Erziehung, eine totale Durchsetzung der rassistischen Gegenaufklärung und eine autoritäre Gesellschafts- und Staatspraxis hatten einen gesellschaftlichen Konsens geschaffen, in dem es für deutsche Juden und deren Nachkommen bis in die dritte Generation keinen Platz mehr gab.

Die Akkulturation der deutschen Juden war nun durch die Dekulturierung der nichtjüdischen Deutschen abgelöst worden. Es ist ein gemeinsamer Kulturverlust, den die einen mit ihrem Leben bezahlen und die anderen mit der Amputation von Menschlichkeit, Würde, Bildung und Erinnerung. Die Kultur- und Menschenvernichtung begann bereits in den vierziger Jahren zu antagonistischen Erinnerungen zu führen. Es war daher auch an der Zeit, auf der Überlebensflucht ins Exil oder in den unerwarteten Tod die Geschichte der deutsch-jüdischen Erfahrung neu zu durchdenken.

»Das Antlitz der Vergangenheit zugewendet ... unaufhaltsam in die Zukunft«

1940, bevor Walter Benjamin an seinem Fluchtversuch aus Europa scheiterte und sich das Leben nahm, arbeitete er an seinen Thesen *Über den Begriff der Geschichte*. In These IX schreibt er: *Es gibt ein Bild von Klee, das Angelus Novus heißt. Ein Engel ist darauf dargestellt, der aussieht, als wäre er im Begriff, sich von etwas zu entfernen, worauf er starrt. Seine Augen sind aufgerissen, sein Mund steht offen, und seine Flügel sind ausgespannt. Der Engel der Geschichte muß so aussehen. Er hat das Antlitz der Vergangenheit zugewendet. Wo eine*

Kette von Begebenheiten vor uns erscheint, da sieht er eine einzige Katastrophe, die unablässig Trümmer auf Trümmer häuft und sie ihm vor die Füße schleudert. Er möchte wohl verweilen, die Toten wecken und das Zerschlagene zusammenfügen. Aber ein Sturm weht vom Paradiese her, der sich in seinen Flügeln verfangen hat und so stark ist, daß der Engel sie nicht mehr schließen kann. Dieser Sturm treibt ihn unaufhaltsam in die Zukunft, der er den Rücken kehrt, während der Trümmerhaufen vor ihm zum Himmel wächst. Das, was wir den Fortschritt nennen, ist dieser Sturm.[20]

Paul Klee, Angelus Novus, 1920

Was hat es mit dieser Beschreibung auf sich, wie verhalten sich Zeichen und Bild, Wort und Kunstwerk in dieser vielschichtigen Semantik der Erinnerung? Was verbindet Paul Klee, Walter Benjamin, Gerschom Scholem, Theodor Adorno, den Kunstmarkt und das Israel Museum in Jerusalem mit der deutsch-jüdischen Erfahrung und den Brüchen der Moderne? Der beschriebene Engel gemahnt an den Engel der Geschichte, an Untergang und Fortschritt, eine Metapher des verglühenden Abendlichts jenes demokratischen Europas, das weder den Stiefeln der Wehrmacht noch den Bildern einer arisch-germanischen Utopie standhalten konnte und doch letztlich über die europäischen Trümmer hinauswuchs.[21] Mit aufgerissenem Mund zwar wie auf Edvard Munchs Gemälde *Der Schrei*, doch unaufhaltsam weiter trotz aufgetürmter Trümmerhaufen. Diese Unaufhaltsamkeit konnte Walter Benjamin zwar theoretisch darstellen, doch er erlebte sie nicht mehr.

Paul Klee hatte 1920 ein Bild mit Titel *Angelus Novus* gemalt, und Gerschom Scholem beschreibt liebevoll, welche Rolle dieses kleine Bild im Denken Walter Benjamins spielte. Bevor der Angelus so fürchterlich in die Welt blickte, schien er allerdings auch anderes zu bedeuten. So dichtete im Juli 1921 Scholem für Benjamin über das Bild:

> *Ich bin ein unsymbolisch Ding*
> *Bedeute was ich bin*
> *Du drehst umsonst den Zauberring*
> *Ich habe keinen Sinn.*[22]

Im August 1921 schreibt Benjamin in einem Brief an Scholem, daß der Angelus *in der Wohlgestalt des Fräulein Burchardt [Scholems Freundin, F.S.] hier niedergefahren* sei, und er habe ihn/sie *in das erste Café am Platze geführt, wo er umgeben von den Ententediplomaten Nektar und Ambrosia schlürft.*[23] 1922 kündigt Benjamin eine neue Zeitschrift an unter dem Titel *Angelus Novus* und vergleicht Angelus mit den Engeln des Talmud: *Werden doch sogar nach einer talmudischen Legende die Engel – neue jeden Augenblick in unzähligen Scharen – geschaffen, um, nachdem sie vor Gott ihren Hymnus gesungen, aufzuhören und in Nichts vergehen.*[24]

Diese Engel können vergehen, nachdem ihre Stimmen erklungen sind, sie kennen den Tod. 1931, in einem Essay über Karl Kraus, bezieht sich Benjamin wieder auf Angelus und den Talmud, nun aber als Engel, der auch zerstört, *ein Geschöpf aus Kind und Menschenfresser [...] ein Unmensch; ein neuer Engel.*[25] Dieser Engel zerstört, und im Akt der Zerstörung soll auch die Befreiung liegen. 1933 verläßt Benjamin Deutschland, das Bild erreicht ihn erst wieder 1935. Doch in Briefen und Notizen taucht der Engel immer wieder auf. Allerdings verwischen sich ein wenig die philosophischen Grenzen, da der Engel nun auch eine lieblich anzusehende weibliche Gestalt anzunehmen weiß. Zugleich verschiebt sich das Zeichen aus der talmudischen Dimension in die Zeit, es wird zur Zeitmetapher, Metapher der jüdischen Erfahrung mit Deutschland in den dreißiger und vierziger Jahren.

Benjamin: *Denn auch er selbst, der Klauen hat und spitze, ja messerscharfe Schwingen, macht keine Miene, auf den, den er gesichtet hat, zu stürzen. Er faßt ihn fest ins Auge – lange Zeit, dann weicht er stoßweis, aber unerbittlich zurück. Warum? Um ihn sich nachzuziehen, auf jenem Wege in die Zukunft, auf dem er kam und den er so gut kennt, daß er ihn durchmißt ohne sich zu wenden und den, den er gewählt hat, aus dem Blick zu lassen. Er will das Glück: den Widerstreit, in dem die Verzückung des Einmaligen, Neuen, noch Ungelebten mit jener Seligkeit des Nocheinmal, des Wiederhabens, des Gelebten liegt. Darum hat er auf keinem Wege Neues zu hoffen als auf dem der Heimkehr, wenn er einen neuen Menschen mit sich nimmt.*[26]

Und an anderer Stelle schreibt Benjamin, nun den konkreten Bezug des Exils, der Trennung und der Ausweglosigkeit nicht mehr verdeckend: *Der Engel aber ähnelt allem, wovon ich mich habe trennen müssen: den Menschen und zumal den Dingen. In den Dingen, die ich nicht mehr habe, haust er. Er macht sie durchsichtig und hinter jedem erscheint mir der, welchem sie zugedacht sind.*[27] Heimkehr, Neues, Einmaliges auf dem Wege in die Zukunft, doch der Engel repräsentiert den Verlust, Hoffnung liegt auf der Vergangenheit. Die Engel bleiben, auch wenn der religiöse Glaube längst kein hilfespendender Ruhepol ist.

Klees Bild hing dann in Benjamins Emigrantenzimmer in Paris.

Als Benjamin flüchtete, wurde das Bild mit anderen Gegenständen in der Bibliothèque Nationale aufbewahrt, erreichte nach 1945 Theodor Adorno in New York und dann Frankfurt. Hier wird der Weg des Bildes dunkel, wir wissen nicht, wo der Engel hinschritt, welche Trümmer er sah. Das Bild verschwindet im deutschen Nachkrieg und taucht erst 1989 im Israel Museum in Jerusalem wieder auf – aus dem Leben ins Museum getrieben. Der *Angelus Novus* wird zu einem Bild der deutsch-jüdischen Erfahrung. Trümmer, viel Trümmer und Entsetzen, und doch schreitet er unwiderruflich voran.

Erstaunlicher- oder auch bezeichnenderweise hat Klees Zeichnung nur sehr wenig mit Benjamins Beschreibung zu tun. Bild und Metapher klaffen auseinander, die Interpretation ist wirklicher als das Abbild. Angelus hat in der Zeichnung keine Flügel, er macht einen eher unverbindlich munteren Eindruck, unter seinen Füßen gähnt Leere, doch ist dies von Belang? Er ist zum Sinnbild der Geschichte, der deutsch-jüdischen Geschichte seit der Jahrhundertwende geworden. Bild und Text verweisen uns allerdings auch unmißverständlich auf die immense Spannung der deutsch-jüdischen Erfahrung im 20. Jahrhundert. Die nacherzählten Bilder dieser Erfahrung sind nur selten identisch damit, wie es denn gewesen sein könnte. War vielleicht doch nicht alles nur Trümmer und Entsetzen, was den deutsch-jüdischen Weg ins 20. Jahrhundert und darüber hinaus ausmacht? Sind Erinnerungen heute nicht allzu oft Erinnerungen an andere Erinnerungen, an Gesehenes, Gelesenes, Gehörtes?

1989 zeichnete der israelische Künstler Yigael Tumarkin ein Bild, das den Titel hat: *Benjamin –Scholem – Marx – Herzl – mit Angelus Novus.* Köpfe, Namen, die die jüdische Erfahrung, aber auch den deutsch-jüdischen Kontext charakterisieren. Was verbindet diese konzeptionellen Denker? Zunächst natürlich der Engel. Ihnen gemeinsam ist das Denken über Geschichte und Kultur, über Wissen und Vermittlung, über die Folgen des Wissens für die Gesellschaft, über die aus dem Wissen folgende vita activa, das aktive Leben, das sie mit unterschiedlichen Schlußfolgerungen gelebt haben. Jeder von ihnen hat dabei die deutsch-jüdische Erfah-

Yigael Tumarkin, Benjamin – Scholem – Marx – Herzl
– mit Angelus Novus, 1989

rung nicht nur mitgedacht, sondern war Teil dieser, jeder hat auf
konzeptionell unterschiedliche Weise Antworten auf die Widersprüche gegeben, die das uneingelöste Versprechen vollständiger
Emanzipation seit der Aufklärung mit sich brachte.[28]

Das sozialkritische Denken eines Benjamin, die zionistische
Utopie eines Herzl, die ins Zionistische gewendeten Energien religiöser und mystischer Traditionen eines Gerschom Scholem
und die sozialistische Utopie von Karl Marx waren Antworten
deutsch-jüdischer Intellektueller auf die Halbheiten und Probleme der Emanzipation und Integration, auf die Probleme einer
nichtjüdischen deutschen Umwelt mit der Moderne.

Der Antisemitismus der Moderne kann gleichermaßen Denk-
tradition, Vorurteilskonsens, Verhaltensform, gesellschaftlicher
Code und Praxis sein. In der langen Dauer der Judenfeindschaft
gibt es keine logisch voneinander getrennten Inhalte und Motive,
sondern die geistige Vorherrschaft der intellektuellen Irrationa-
lität und der dumpfen Volksängste. Es gibt daher auch keinen
rechten oder linken Antisemitismus, allenfalls Rechte oder
Linke, Konservative oder Sozialisten, Liberale oder Grüne, die
der abendländischen Krankheit verfallen sind. Antisemitismus ist

der Virus des Dünkels, eine psychologische Abspaltung vom Humanen mit verheerenden Folgen.

Der Rassismus bediente sich von Anfang an sowohl der Angst vor Sexualität, sei es des Mannes oder der Frau, als auch ihres physischen Mißbrauchs in Abwehr und körperlicher Ausnutzung des kulturell Anderen, was gerade im Nationalsozialismus eine große Rolle spielte. Man schickte jüdische Mädchen und Frauen ins Gas, doch mißbrauchte man sie auch jahrelang in den Wehrmachts- und KZ-Bordellen. Sexuelle Orientierungen, Frauen- und Männerrollen, so sie nicht einer normierten Konvention entsprachen, wurden in antijüdischen Diskursen in die soziale Ecke des Krankhaften, des Schädlichen, des Parasitären gedrängt.[29]

Das ging und geht nach wie vor einher mit der Diskriminierung von weiblicher und männlicher Homosexualität. Die politische und wirtschaftliche Nutzbarmachung deutsch-jüdischer Wirtschafts- und Finanzpositionen diente je nach Maßgabe des herrschenden Zeitgeists auch dazu, Krisenlösungen entweder durch hilfreiche Heranziehung jüdischer Geschäftsleute und Unternehmer oder durch deren Vernichtung durchzusetzen. Judenfeindschaft war eine hilflos-destruktive Abspaltung von der gesellschaftlichen Hauptentwicklung in die Moderne, die für alles, was unerklärbar schien, eine scheinbar rationale Erklärung anbot. Antisemitismus ist nach seinem universellen Erklärungswert der anti-monotheistische Katechismus der Halbgebildeten.

Die Bilder, Wahrnehmungen, die Reproduktionen eines tradierten Bildes von Juden existierten dabei immer parallel und meist im Gegensatz zum wirklichen deutsch-jüdischen Kontext, den sie entsprechend den kulturellen antidemokratischen Anforderungen willkürlich entstellen. Aus den Bildern der Judenfeindschaft kann man daher zwar über die Widersprüche, Konflikte und Zerstörungen der deutschen Geschichte lernen und die widerwärtigen Negativbilder analysieren, die die visuelle Seite der Kulturzerstörung repräsentierten. Doch werden dabei nur ungenügend die kulturellen und historischen Erfahrungen vermittelt, die den deutsch-jüdischen Kontext geprägt haben und die ebenfalls eine unwiderstehliche visuelle erinnerungsbildende Kraft hatten und nach wie vor ausüben können. Die Beschäftigung mit dem Antisemitismus als einem Problem der nichtjüdischen Bürger kann heute, ohne ihn zu ignorieren, zunehmend von der Beschäftigung mit der deutsch-jüdischen Kultur getrennt werden.

Das zeigt sich in Publikationen und Ausstellungen, die sich auf das alltägliche Leben der deutschen Juden im Nationalsozialis-mus konzentrieren, antisemitische Ideologie und Terror in ihrer Wirksamkeit und ihren unmenschlichen Konsequenzen zeigen. Diese Rücknahme der Emanzipation nach 1933 führte unter den deutschen Juden nicht primär zur religiösen Rückbesinnung auf vor emanzipatorische Zeiten, sondern zur individuellen und gruppenspezifischen Entwicklung von Verhaltensformen, die von Widerstand, Selbstmord, Individualisierung, Organisation, kulturellem Eigensinn, Korrumpierung, Freikauf, Untertauchen und Emigration bis zur erfundenen Identität, aber auch selbsttrügerischen Kooperation reichten. Der Weg Tausender deutscher Juden lag zwischen Würde und Verzweiflung.[30] Die Bilder des Grauens, der Deportationen, des Todes finden ihre repräsentativen Grenzen in den Erinnerungen derjenigen deutschen Juden, die trotz der Herrschaft der Unmenschlichkeit alles in ihrer Macht Stehende taten, um ein Danach zu erleben oder anderen dazu verhalfen.

Die Wahrnehmung und die soziale Einbindung des deutsch-jüdischen Zusammenhangs im individuellen, Gruppen- und gesellschaftlichen Bewußtsein existiert folglich nicht als eine Art tiefenpsychologisches Getto. Durch die notwendige Betonung der verheerenden Rolle des Antisemitismus, vor allem des Vernichtungsantisemitismus, in deutscher Geschichte und Kultur geht bisweilen verloren, daß die Judenfeinschaft nicht destilliert wie in einem Labor von allen anderen Inhalten des Bewußtseins, der menschlichen Psyche getrennt ist. Die immense Bedeutung, die die nationalsozialistische Bewegung der Ideologie zuordnete, ihre moderne Umsetzung in alle Formen der Massenkommunikation seit Mitte der zwanziger Jahre und die Verbindung mit den sozialen, wirtschaftlichen, kulturellen und Karriereinteressen von Millionen Bürgern weisen auf den Grund für den Erfolg der Judenfeinschaft des 20. Jahrhunderts hin: Der Antisemitismus wurde Erklärungs-

sowie individuelles Bewältigungsmuster für Krisen und alle Unbilden der in der westlichen Welt mit unwahrscheinlicher Kraft, aber ungleichzeitig aufbrechenden modernen Gesellschaft.

Der Antisemitismus verband alle Elemente, die dazu beitragen konnten, einen individuellen und kollektiven Ausweg zu zeigen, eine politisch-geistig bisher noch nie dagewesene rassistische Ordnung zu etablieren, die Deutschland das verschaffen würde, was es nie besessen hatte, nämlich ein von ethnisch identischen Volksmassen getragenes zentralistisch expandierendes Reich, insofern eben auch eine antihumanistische Utopie. Dabei handelte es sich weniger um Erlösung von der Geschichte, um einen Antisemitismus der Erlösung also, als vielmehr um eine andere Geschichte, um eine andere Gesellschaft, um eine Verwirklichung antihumanistischer Vorstellungen von Gesellschaft und Kultur. Die deutschen Juden wurden nicht nur Geiseln der Antimoderne. Ihre Diskriminierung, Isolierung, Ausgrenzung, ihr sozialer Tod, der der physischen Vernichtung voranging, waren der nationalsozialistische Prüfstein für die Überwindung der humanistischen Hochachtung des Individuums, für die Zurückweisung der Ideen des europäischen Humanismus, der rationalen Ideale der Aufklärung und der Französischen Revolution, für die Überwindung jeglicher egalitärer Gesellschaftsvorstellungen, ob im Hinblick auf kulturell oder religiös andere Gruppen, ob im Hinblick auf die Rechte der Frauen, ob im Hinblick auf gleichwertige Beziehungen mit den europäischen Staaten.

Die Vernichtungspolitik war die umfassendste antihumane Lösung aller durch die Jahrhunderte der Aufklärung aufgeworfenen Fragen. Die Toten, um an Walter Benjamin zu erinnern, können wir nicht wecken und das Zerschlagene nicht zusammenfügen, doch die Fragen können wir erneut beantworten. Auch das ist eine schwierige und verantwortungsvolle Kontinuität. *Die Vergangenheit*, wie Peter Edel vor Jahrzehnten schrieb, *ist mit uns nicht fertig. Am allerwenigsten mit den Befreiten, die sie gezeichnet und aufgezeichnet haben.*[31] Allerdings sollten wir die deutschjüdische Kulturerfahrung nicht der Vergangenheit überlassen, sonst würde Hitler doch noch endsiegen. Angelus Novus kann nur weiterschreiten, weil er zurückblickt.

V.

GEBROCHENE WAHLVERWANDTSCHAFTEN: DIE DEUTSCH-JÜDISCHE ERFAHRUNG ZWISCHEN AUFBAU, RESIGNATION, MELANCHOLIE UND SKEPSIS

Als die deutsche Vernichtungspolitik bei etwa sechs Millionen Ermordeten angekommen war, konnte die nationalsozialistische Kriegs- und Mordmaschine durch die alliierte Besetzung Deutschlands aufgehalten werden. Konzentrationslager gab es überall in Deutschland, oft mit einer kleinen Zahl überlebender deutscher Juden, wenige Versteckte und im NS-Sprachgebrauch »Privilegierte«, sogenannte U-Boote aus dem Untergrund, Partner aus Ehen mit einem nichtjüdischen Partner, Kinder und Erwachsene, die bei Freunden, »arischen« Verwandten oder gegen Geld bei irgendjemandem untergekommen waren, Zwangsverpflichtete in Rüstungsbetrieben, die Bewohner etlicher sogenannter Judenhäuser, die 800 Insassen des Jüdischen Krankenhauses in Berlin-Wedding, die Übriggebliebenen in Theresienstadt.

Der spätere Berliner Rabbiner Martin Riesenburger schreibt in seinen Erinnerungen: *Gleich nach der Kapitulation begannen wir die Fenster unserer kleinen Synagoge, die sich am Eingang unseres Friedhofes befindet, notdürftig zu verglasen, und am Freitag, den 11. Mai 1945 fand hier der erste öffentliche Gottesdienst statt. Wir hatten versucht, dieses durch Rundfunk bekanntzugeben, und es fanden sich Menschen ein, die erstmalig aus ihrer Illegalität wieder an das Tageslicht den Weg suchten. Waren es doch jüdische Menschen, die schon ihren eigenen Namen fast vergessen hatten, denn sie vegetierten nun schon jahrelang unter falschem Namen. [...] Ich begab mich nun auf die Suche nach überlebenden jüdischen Kindern. An Häuserwänden befestigte ich einen mit Maschine geschriebenen Anschlag, und es fanden sich noch einige wenige jüdische Kinder bei mir ein. [...] Nun begann die Flamme des Judentums, die Jahre hindurch unter der Asche geglüht hatte, die wir aber nie verglühen ließen, wieder emporzulodern. Das Licht war nicht verlöscht.*[1]

Die Geschichte des deutschen Judentums war wieder einmal zu einem fürchterlichen Ende gebracht worden, was andauerte, war das Leben weniger deutscher und osteuropäischer Juden im Nachkriegsdeutschland. Zwischen 15 000 und 25 000 deutsche Juden waren im ehemaligen Reichsgebiet noch am Leben, zwischen 150 000 und 300 000 ostjüdische Überlebende der Konzentrations- und Arbeitslager und jüdische Flüchtlinge vor allem aus der Sowjetunion konnten zwischen 1945 und 1948 vor allem in den westlichen Besatzungszonen gezählt werden.[2] Eine Jiddisch sprechende Bevölkerung, die im Unterschied zu den deutschen Juden meist in Übergangslagern untergebracht war und von der deutschen Umwelt mit emotionaler Abwehr bedacht wurde. Für diese osteuropäischen Überlebenden der deutschen Vernichtungspolitik war Deutschland als Transitland ein notwendiges Übel. Primo Levi hat seine Erfahrung mit Deutschland zu diesem Zeitpunkt eindringlich in seinem Bericht *Atempause* beschrieben. Er irrt nach der Befreiung der Konzentrationslager auf dem Weg nach Italien durch Münchens trümmerübersäte Straßen: *Mir war, als müsse jeder uns Fragen stellen, uns an den Gesichtern ablesen, wer wir waren, demütig unseren Bericht anhören. Aber niemand sah uns in die Augen, niemand nahm die Herausforderung an: Sie waren taub, blind und stumm, eingeschlossen in ihre Ruinen wie in eine Festung gewollter Unwissenheit, noch immer stark, noch immer fähig zu hassen und zu verachten, noch immer gefangen und verstrickt in ein Gewirr von Überheblichkeit und Schuld.*[3]

Den überlebenden und zurückkehrenden deutschen Juden war bewußt, daß die Hoffnungen der Aufklärung, die Kontinuitäten jüdischen Lebens in Deutschland nach diesem verheerenden, zwölf Jahre währenden Prozeß der Vernichtung brutal abgebrochen worden waren, unermeßliche Schuld auf dem Land und seinen Menschen lastete. Dennoch: Die Exilierten, die im Untergrund Lebenden, diejenigen, die mit »privilegiertem« Status hofften, nicht deportiert zu werden, die Halblegalen, die zur Zwangsarbeit Verpflichteten, diejenigen, die die Lager überlebten – alle wahrten in sich etwas von der deutsch-jüdischen Tradition, gebrochen durch Schmerz, Zorn und Würde. Doch war dies eine Tradition, die der positiven kreativen Wechselwirkung mit der nichtjüdischen Umwelt entbehrte, oder diese nur auf ein Minimum reduzierte. Nach dem systematischen Ausrauben durch Staat und Nachbarn, nach der sogenannten Arisierung und dem Verlust von Wohnung und Arbeitsplatz blieben nur ein Bändchen von Heine hier und dort oder ein auswendig gelerntes Gedicht von Goethe oder Schiller. Das gesellschaftliche und politische Scheitern der Aufklärung, der Ideale von Gleichheit und Humanität, hatte fürchterliche Ausmaße. Es war jedoch nicht die sogenannte Reichskristallnacht, die besonders schmerzte, sondern es waren deren gesellschaftliche und kulturelle Folgen, eben der von der Mehrheit der nichtjüdischen Deutschen mitzuverantwortende soziale Tod der deutschen Juden. Seitdem wird der Begriff deutsch-jüdisch im kulturellen Zusammenhang meist so verstanden, daß er sich auf Menschen jüdischer Herkunft bezieht, ein zu bejammernder Erfolg der Sprache des Dritten Reiches. Schließlich hatte doch deutsch-jüdisch über die Jahrhunderte einen Zusammenhang, eine Wechselwirkung, letztlich eine gemeinsame Erfahrung bedeutet.

Die 15 000 bis 25 000 Juden deutscher Herkunft, die sich im Frühjahr 1945 im besetzten Deutschland befanden, konnten von keiner gemeinsamen Erfahrung mehr ausgehen. Die junge Schriftstellerin Lotte Paepcke, die im Westen Deutschlands in einem Kloster versteckt war, erinnerte sich mit folgenden Worten an die ersten Schritte in den deutschen Nachkrieg: *Am nächsten Tag verließ ich das Kloster und wanderte zur Stadt zurück [...] Es war die Freiheit! Dann kam ein Mensch mir entgegen. Ein Herr aus der Stadt, einen Rucksack auf dem Rücken [...] Das erste Menschengesicht in meiner neuen Freiheit: der Feind. Ich sah, wie hinter ihm viele, viele andere Gesichter standen, Männer, Frauen, Kinder, unübersehbar. Sie gingen auf ihren Straßen, fuhren in ihren Straßenbahnen, lebten hinter ihren Fenstern, wie es immer gewesen war. Da stürzte die Angst aus dem geöffneten Himmel und hielt mich fest vor*

diesem Gesicht. Er war da, der lebendige Feind. Aus meiner selbster-
bauten Welt kehrte ich zurück in die der anderen, die nun wieder un-
sere gemeinsame werden sollte [...] Es gab kein Zurück. Ich wußte es
in jenem Augenblick, daß es nicht wieder gut werden konnte. Der
Haß, die Gewehrkolben und das Gas hatten ihr und unser Leben
zertrennt, unsere Augen würden sich nicht mehr finden.[4]

Seitdem haben wir uns ständig vor Augen zu führen, daß es
nicht eine einzige Erinnerung von Juden und Nichtjuden gibt,
sondern antagonistische Erinnerungen an das Erfahrene und Ge-
tane. Die verbliebenen Juden auf deutschem Boden mußten sich
fragen, ob man nach dem von der deutschen Umwelt bewußt her-
beigeführten, Untergang jüdischen Lebens einen Aufbau wagen
konnte. Die Kontinuitäten des Lebens von wenigen Juden im
deutschen Nachkrieg und die immens widersprüchlichen deutsch-
jüdischen Erfahrungen stellten nun etwas dar, was mit keiner vorhergehenden Erfahrung in Deutschland verglichen werden konnte,
es sei denn die unerbittlichen Kontinuitäten, die aus der Ära des
Nationalsozialismus in den Nachkrieg hineinragten. Noch im
Spätsommer 1945 wurden in der amerikanischen Zone Pässe für
überlebende Juden mit einem »J« gestempelt und verschickten
Verwaltungen in der französischen Zone an Juden Mitteilungen,
in denen die Betreffenden alle entweder Sara oder Israel mit Vornamen hießen.

Neben derartigen Überresten der Nazi-Ideologie, vor allem den
Trümmern in den Köpfen der Mehrheit der Deutschen, gab es
aber auch einen Erneuerungswillen, der zwischen apolitischem
Sicheinrichten, konsumorientiertem Lebenshunger und demokratischen Ambitionen schwankte. Die Bestrafung der NS-Täter war
dabei zweitrangig und wurde erst einmal den alliierten Besat-
zungsorganen überlassen. Die überlebenden Juden gingen ihrer-
seits bereits in den ersten Tagen der Besatzung daran, jüdische Institutionen zu schaffen, wobei es primär um soziale und kulturelle
Einrichtungen ging, deren Perspektive keineswegs immer deutlich
war. Die allmähliche Rekonstruktion jüdischen Lebens in
Deutschland unmittelbar nach der Shoah stellt zweifellos ein einmaliges historisches Ereignis dar, und nur auf dessen Grundlage

ist ein halbes Jahrhundert später die umfassende Entfaltung jüdischen Lebens zu verstehen. In den Jahrzehnten seit 1945 wurde die Rekonstruktion der Emanzipation mühsam von den in Deutschland lebenden Juden erstritten. Splitter und Fragmente der einst so hell erstrahlenden Aufklärung wurden langsam zusammengetragen; denn Aufklärung, wie sie von vielen nach 1945 verstanden wurde, geht über ein nur auf die Vergangenheit bezogenes Verständnis der Grenzen bürgerlicher Aufklärung hinaus. Aufklärung ist auch gesellschaftliche Herausforderung, aktives Leben, Veränderung, so wie es in jeder Reformbewegung zum Ausdruck kam, in der deutsche Juden wirkten.[5]

Die inneren Prozesse und Wechselwirkungen der sich rekonstruierenden jüdischen Gemeinschaft mit der Umwelt wurden über die Jahrzehnte durch eine umfassende jüdische Einwanderung nach Deutschland beschleunigt. Der gemeinsame Nenner verschiedener jüdischer Bevölkerungsgruppen liegt wohl darin, daß Gruppen und Menschen unterschiedlicher Herkunft in Deutschland auf jenem kulturellen Wege sichtbar werden, der trotz aller Widerstände, aller Verluste, aller Verbrechen in ein modernes Europa führt. Doch ist der Prozeß der Akkulturation der nichtjüdischen Deutschen und Neueinwanderer noch nicht abgeschlossen, wie die Debatten über Deutschland als Einwanderungsland und über die Institutionalisierung der Erinnerung an die Shoah immer wieder zeigen.

»Ich bin Deutscher und Jude!«

Die durch Krieg und Nachkrieg bewirkten demographischen Umschichtungen haben weder im nichtjüdischen noch im zahlenmäßig nun sehr kleinen jüdischen Bevölkerungsteil eine durch die historischen Brüche des NS-Regimes verhinderte Kontinuität ermöglicht. Kontinuitäten hat es lediglich im individuellen Bereich, im Alltag, in der »Mentalität« gegeben, aber nicht in umfassenderer gesellschaftlicher Hinsicht. Insofern sind die jüdischen Aspekte der deutschen Zeitgeschichte durch immense Veränderungen charakterisiert. Erfahrungen und Wertungen, die auf die deutsche Zeitgeschichtsschreibung zutreffen, müssen allerdings nicht analog auch auf die deutsch-jüdische Zeitgeschichtsschreibung zutreffen. Ein Beispiel mag dies illustrieren.

In der Erinnerung der letzten Kriegsjahre stellen die Bombennächte sowohl einen ultimativen Horror für Nichtjuden dar als auch einen tröstlichen Hoffnungsschimmer für die Überlebenschancen von Juden im Deutschen Reich. Victor Klemperer beschreibt dies in seinem Tagebuch genauso wie in Berlin Versteckte, Untergetauchte, von Endzeitstimmung und damit letztendlicher Deportation bedrohte jüdische Ehepartner oder Kinder. Klemperer und einige andere Dresdner Juden entfernen nach dem verheerenden Bombenangriff am Morgen des 14. Februar 1945, ihre Sterne. Die Listen der Gestapo waren durch den Angriff vernichtet.[6] Doch Klemperer notiert in seinem Tagebuch auch, daß ihm beim Verlassen Dresdens einfällt, wie Jahre zuvor dort die Synagoge niedergebrannt worden war.[7]

Durch die Bombenangriffe und Zerstörungen konnten einzelne Juden sich auf Postämtern als Ausgebombte mit falschem Namen und Adresse melden und erhielten so legale behelfsmäßige Personaldokumente, mit denen dann Lebensmittelkarten, Wohnraumzuweisungen und anderes mehr beschafft werden konnte. Die Akten und Erlebnisberichte aus dem Jüdischen Krankenhaus in Berlin, das bis zum Mai 1945 als Krankenhaus und jüdisches Sonderghetto aufrechterhalten wurde, belegen zweierlei: Zum einen ist der Überlebenswillen der über 800 jüdischen Insassen, vor allem des medizinischen Personals kaum zu fassen, dessen Energie sich immer wieder auf die etwa 100 jüdischen Kinder bezog. Die Krankenschwestern und das sonstige medizinische Personal versuchten mit allen Mitteln, sei es durch künstlich erzeugten Krankheitsverdacht – Kranke durften nicht mit der Reichsbahn transportiert werden – oder durch Bestechung der NS-Bürokraten mit Rauschgift, die Kinder vor der Deportation zu bewahren. Zum anderen frappiert die ideologische Verbohrung der NS-Wachmannschaften und Offiziere, auf deren

174

Anordnung Anfang 1945 erneut Stapel von gelben Judensternen genäht werden mußten, da – so die aberwitzige Logik – nach dem baldigen Endsieg die Reichshauptstadt nun doch nicht »judenrein« sein werde und man die sich dann in Berlin bewegenden Juden kenntlich machen müsse. Jüdische Krankenschwestern, wie die der Herbert-Baum-Gruppe angehörende Widerstandskämpferin Charlotte Holzer, durften andererseits bei genehmigtem Ausgang zu dieser Zeit keinen Judenstern mehr tragen, damit in der Bevölkerung keine Unruhe entstünde und der Kampfwille gelähmt würde.

Wie sicher allgemein im April/Mai 1945 davon ausgegangen wurde, daß es keine Juden mehr im Reich gebe, illustriert auch eine Episode, die der Schauspieler Michael Degen in seiner Autobiographie schildert. Er durchlebt als Kind mit seiner Mutter illegal in Berlin die letzten Jahre des NS-Regimes. Über die befreiende Begegnung mit sowjetischen Offizieren im Mai 1945 schreibt er, daß er zunächst gar nicht glauben konnte, daß nun alles vorbei war und das ewige Verstecken, die Angst und Bedrohung ein Ende hatten. Ein russischer Offizier verhört den Dreizehnjährigen und seine Mutter, fragt, warum ihr Mann im KZ gewesen sei, und will die Antwort, daß dieser Jude gewesen sei, nicht akzeptieren.[8]

Der Russe glaubt ihr nicht, wendet sich an den Jungen, der ihm antwortet: *Ich bin Deutscher und Jude.* Der Offizier hält das für eine Schutzbehauptung, fragt nach der HJ-Uniform, dann nach dem Paß. Die Mutter hat, wie so viele Juden, nur einen Postausweis, den sie sich in den Bombentagen mit einer Notlüge beschaffen konnte. Der Offizier wendet sich aggressiv an die Mutter: *Du weißt genau, daß die Juden abtransportiert und vergast wurden! Viel später. Bei uns hat man sich nicht einmal diese Mühe gemacht. Da haben sie ihr eigenes Grab schaufeln müssen!* Alle Beschwörungen scheinen vergeblich zu sein, der Russe kann nicht verstehen, daß sie Juden und noch am Leben sind, *mitten in Deutschland, in Berlin.* Michael schreit ihn verzweifelt an. *Wir haben uns versteckt! [...] wir haben uns über zwei Jahre versteckt. Bei Freunden, Nutten, Emigranten, Kommunisten. Sogar eine Nazifrau hat uns geholfen, und dafür ist sie umgebracht worden.* Langsam ist der Russe irritiert.

Schließlich fragt er Michael, ob er das Totengebet für seinen toten Vater sprechen könnte und das Gebet *Schemah Jisrael*. Michael Degen kann, spricht die Gebete, und der russische Offizier weint. Mit Hilfe des russischen Besatzungsoffiziers kommen sie endlich im deutschen Nachkrieg an.

Ironisch aus der Perspektive eines Jugendlichen schildert Michael Degen ebenfalls, wie die ersten amerikanischen Soldaten in Berlin am Alexanderplatz empfangen worden: Der Ami trug einen *weißen Helm, stieg aus seinem Jeep und ließ sich von herbeilaufenden Rotarmisten umarmen. Jetzt stiegen auch seine Mitfahrer aus, und man schüttelte Hände.* »*Fehlt nur noch, daß die SS in Galauniform mit weißen Handschuhen vorfährt und beim Händeschütteln mitmacht*«*, dachte ich.*«[9]

Zur gleichen Zeit diskutieren in den USA Emigranten, ob sie zurückkehren sollen oder nicht. Der Regisseur und Schauspieler Fritz Kortner, der als eine der letzten Rollen vor der Emigration den unschuldig diskriminierten französischen Offizier Dreyfus gespielt hatte, kehrt zurück. Als er im Dezember 1947 in Berlin eintrifft, läßt er sich von einem Taxifahrer, so die biographische Legende, durch die Stadt fahren. Über Kortners Neugier erstaunt, fragt dieser: *Sie warn wohl lange nich hier?* Kortner antwortet: *Seit 1933.* Der Taxifahrer darauf: *Na, da hamse nischt versäumt.*[10]

Kortner hat die Idee und findet die Produzenten für den Spielfilm *Der Ruf*, der 1949 in die Kinos kommt. Es geht um das Problem der Rückkehr deutscher Juden, die Frage, ob jüdische Wissenschaftler und Professoren wieder an deutschen Universitäten wirken sollen, und es geht um den noch immer grassierenden Antisemitismus. In einem Brief aus München an seinen noch in den USA weilenden Kollegen Joseph Glücksmann, der 1949 nach Wien zurückkehrt und Regisseur am Volkstheater und ab 1953 am Burgtheater wird, schreibt Kortner: *Ich bin jetzt 1½ Jahre in Deutschland, meiner Wahlheimat, einst so voll von »mind-appeal«, wofür ich nun einmal so viel mehr empfänglicher bin als für alle Bluts- und Gefühlsappelle. Die Entfremdung ist erstaunlich. Der Schock dieser Erfahrung wird Ihnen nicht erspart bleiben. Rüsten Sie sich. Es ist nicht so sehr die politische Situation, nicht so sehr der*

Programmheft des Films *Der Ruf* mit Fritz Kortner, 1949

Nach-Hitler-Antisemitismus, der ja zum herrschenden West-Welt-
standard sich irgendwie reduziert hat, aber keineswegs reduziert wor-
den ist – sondern es ist der Zustand innerhalb unseres Metiers, dem
unsereins so fremd, ja oft so feindlich gegenübersteht wie dem Broad-
way-Theater, wo es uns am unverständlichsten ist. Der Burgtheater-
Klassiker-Provinzialismus hat sich mit Hitlerlärm und Vergewalti-
gungsmethoden gepaart und sich in Deutschland durchgesetzt.[11]

In der gesellschaftlichen, kulturellen und akademischen Wirklichkeit ergeht jedoch nur an wenige ein offizieller Ruf zurückzukehren, hier und dort ein Politiker, ein Bürgermeister, eine Partei. Den Davongekommenen, Exilierten begegnet man mit Skepsis. Viele der Rückkehrer, insbesondere im kulturellen Bereich, ignorieren dies, um bald selbst die Entscheidung für ihre Rückkehr mit einiger Skepsis zu betrachten. In den deutschen Filmstädten Berlin, Hamburg, München entstehen in den ersten Jahren Spielfilme, die sich der Vergangenheit stellen, Probleme des Antisemitismus und der Verfolgung der Juden behandeln. Millionen sehen Filme wie *Ehe im Schatten, Die Mörder sind unter uns, Zwischen gestern und morgen, In jenen Tagen, Morituri, Affäre Blum*. Die Schauspielerin Ida Ehre, die in Hamburg überlebt hat, spielt in dem Film *In jenen Tagen* eine Jüdin, die angesichts des Novemberpogroms von 1938 mit ihrem nichtjüdischen Mann den Selbstmord wählt. Derartige Filme gehörten zu den Versuchen, den Antisemitismus in den Köpfen zu verdrängen und ein neues demokratisches und humanistisches Bild von Juden und deutsch-jüdischen Themen zu schaffen. Wie dies in der gesellschaftlichen Realität aussehen könnte, war damals noch unklar. Doch auch auf den Theaterbühnen versuchte man in Berlin mit Lessings *Nathan der Weise* oder in Wien mit Schnitzlers *Professor Bernhardi* deutsch-jüdische Themen wieder ins Bewußtsein zu bringen.

Der Schauspieler Ernst Deutsch kehrte aus dem amerikanischen Exil nach Wien und Berlin zurück, wurde 1950 vom Regierenden Bürgermeister Berlins gebeten, doch wieder seinen Wohnsitz in Berlin zu nehmen, und wandelte den aufgeklärten Nathan in unzähligen Inszenierungen zur Identifikationsfigur für das schlechte deutsche Gewissen, nachdem Paul Wegener, der Darsteller des Golem aus dem Spielfilm der frühen Zwanziger, bereits als erster Nachkriegs-Nathan brilliert hatte. Das Problem der traditionellen Theaterinszenierungen dieses Toleranzschinkens lag allerdings darin, daß Nathan zum Schluß eigentlich allein auf der Bühne ist, mit niemandem verwandt. Die anderen Personen des Stückes können sich liebhaben, für den weisen Juden gibt es Achtung, mehr nicht.[12] Das deutsche und das deutsch-jüdische Publikum liebt seinen Nathan bis heute, und wann auch immer ein rassistisches Vorkommnis Menschen und Medien erschreckt, dauert es nicht lange, bis eine neue Nathan-Inszenierung ins Theater kommt. Über die Halbheiten dieses didaktischen Lehrstücks macht man sich oft nicht weiter Gedanken. Das Lehrstück machte zwar zur Zeit der Aufklärung Sinn, doch die unkritischen Nachkriegsinszenierungen ließen vor lauter Toleranzbeschwörung vergessen, daß der arme Nathan am Ende allein und verloren auf der Bühne steht und das deutsche Publikum fragend anblickt, während sich alle anderen liebevoll versöhnt als eine Familie in die Arme fallen. Erst Regisseure wie Claus Peymann haben der deutschen Bühne einen anderen, kritischeren und zeitgemäßen Nathan gegeben.

Aufgrund der historischen Einmaligkeit der NS-Vernichtungspolitik ist die Analogie zu den mittelalterlichen Pogromen und die Suche nach einer historischen Antwort in der deutschen Aufklärung natürlich fragwürdig, und doch gibt es eine Analogie in der Haltung der Überlebenden. Ein Teil bleibt am Fluchtort, sucht einen neuen Wohnort, wandert aus – nach der modernen Terminologie –, ein anderer kehrt eben zurück, rekonstruiert das jüdische Leben und die vorsichtige Begegnung mit dem nichtjüdischen deutschen Alltag. Die Zeit nach 1945 ist ein weiteres Beispiel in der langen Kette der Trennung und Distanz, der unausgesprochenen Antagonismen, aber auch des langsamen Aufeinanderzugehens.

Über diese Ambivalenz der deutsch-jüdischen Erfahrung hinaus bestätigen die ersten Nachkriegsjahre eine weitere historische Erfahrung. Die in Deutschland lebenden Juden sehen nicht in ihren neuen oder alten Nachbarn die entscheidenden Ansprechpartner für die Neuregelung ihres Lebens, sondern in den administrativen Organen der Militärregierungen. Die Staatsorientierung der Juden in Deutschland bestätigt sich ein weiteres Mal als der einzig richtige Weg. So wie Josel von Rosheim verstand, daß die regionalen und Zentralgewalten, möglichst der Kaiser, in schriftlichen Verträgen und Privilegien den Status der Juden festschreiben müssen, so wandten sich jüdische Persönlichkeiten der ersten Stunde wie Hans Wollheim und Samuel Gringauz an die Militärregierungen und später direkt an die Bundesregierung, während jüdische Kommunisten von Anfang an in der KPD und dann in der SED im Osten Deutschlands wirkten. Der deutschen Gesellschaft war in den ersten Nachkriegsjahrzehnten nicht zu trauen, mit den staatlichen und politischen Instanzen konnte man zumindest verhandeln. Ihnen wurden durch die alliierten Kontrollorgane die richtigen Wertvorstellungen schon irgendwie beigebracht, zumindest schien dies das Potsdamer Abkommen mit den Festlegungen über Demokratisierung und Entnazifizierung zu garantieren.

So wie Fürsten, Bischöfe und Kaiser im Mittelalter Hoffnungsträger für Juden gewesen waren, so wurden es nun zunächst die Institutionen der Besatzungsmächte oder die Parteien wie SPD und KPD/SED, die für einige Jahre die fehlende deutsche Staatlichkeit ersetzten. Die Militärregierungen, insbesondere der USA oder der Sowjetunion, repräsentierten die antifaschistische Alternative ebenso wie die »anti-antihumanistische« Zukunft. Doch erst im Laufe der Zeit zeigte sich, sowohl für einen Rest deutscher Juden als auch für die verbleibenden staatenlosen ehemaligen jüdischen displaced persons, daß neben dem halbgepackten Koffer auch der gewöhnliche Kleiderschrank seinen vernünftigen Platz haben konnte. Das war kein gradliniger Weg, denn in der Rekonstruktionsphase Deutschlands nach 1945 führen antisemitische Vorkommnisse immer wieder zu der Entscheidung, das Land endgültig zu verlassen, genauso allerdings wie einzelne Familien deutscher Juden aus einer Vielzahl von Emigrationsländern und aus Israel in die zwei »Deutschländer« und nach Österreich zurückkehren.

Die Alliierten, insbesondere die amerikanische Militärregierung waren sich der Problematik jüdischen Lebens nach der Shoah bewußt, zugleich orientierten sie auch auf eine Kontinuität jüdischen Lebens als eine politische, soziale und kulturelle Komponente des demokratischen deutschen Wiederaufbaus. Lucius Clay, der amerikanische Militärgouverneur, aber auch viele Erziehungs- und Kulturoffiziere der französischen und sowjetischen

Verwaltung betrachteten dies als einen Prüfstein der Demokratie. Das Verhältnis zu den in ihrer Mitte lebenden Juden wurde für die deutsche Gesellschaft zu einer politischen und gesellschaftlichen Frage, dessen Beantwortung zur Rekonstruktion des deutschen Gemeinwesens in beiden deutschen Staaten beitrug. Nicht allein die deutsche Demokratie ist trotz aller Mängel, Widersprüche und Versäumnisse vor allem im Osten im Verlauf von fünf Jahrzehnten formal etabliert worden. Aus den verheerenden Trümmern in Städten und Köpfen hat sich nach Befreiung und Besetzung, nach Entnazifizierung und Wiederaufbau auch ein deutsch-jüdischer Zusammenhang auf spezifisch nach-nationalsozialistische Weise rekonstruiert. Der *Aufbau nach dem Untergang*, wie die Festschrift für den verstorbenen ehemaligen Vorsitzenden der Jüdischen Gemeinde zu Berlin, Heinz Galinski, überschrieben war, weist jeglichen jüdischen Bann über Deutschland, demzufolge hier keine Juden mehr leben sollten, in den Bereich der politischen Mythen. Es hat einen solchen Bann nie gegeben. Doch Mythen sind langlebig.[13]

In Berlin lebte im Herbst 1945 noch eine vergleichsweise kleine Zahl von Juden, etwa 7000, ungefähr ein Drittel aller in Deutschland anzutreffenden deutschen Juden. Wie überall in den Besatzungszonen, wo es Menschen gab, die sich als Juden fühlten und den tiefen deutsch-jüdischen Antagonismus zu dieser Zeit verstanden, suchten deutsche und osteuropäische Juden nach Formen der Solidarität, der Identifizierung als Gruppe, nach Formen der sozialen, kulturellen, wirtschaftlichen und religiösen Organisation. In etwa 500 kleineren Ortschaften und großen Städten fanden sich Juden aus Deutschland, Überlebende der Lager und Todesmärsche, jüdische Zwangsarbeiter, erste Rückkehrer aus dem Exil. Doch in den meisten Städten blickten deutsche Juden von außen durch die Fenster ihrer ehemaligen Wohnungen, Geschäfte, Büros oder Kanzleien. Die darin Lebenden und Arbeitenden stört es nicht, sie sind vielleicht von dumpfen Ahnungen, doch von einem Unrechtsbewußtsein sind die meisten nicht gekennzeichnet. Kain ist meist nicht zu identifizieren und Abels Schrei hören nur diejenigen, die ihre Ohren nie verschlossen haben. Es gibt einzig Echos einer einst gelebten deutsch-jüdischen Erfahrung, etwas Neues braucht seine Zeit, seine Menschen und seine Begegnungen.

Die Orte eines sich wiederfindenden religiösen Ritus, manchmal sogar noch eine Synagoge, doch auch Verwaltungen, Ämter, Institutionen und Parteien, die wieder zu arbeiten beginnen, werden im übertragenen Sinne soziale Orte der Selbstfindung und der Suche nach Überlebenden, Versteckten, Entkommenen, Emigranten, Rückkehrern oder auch nach den zahllosen Freunden, Kollegen, Verwandten. Vielleicht hatten sie es doch nach Amerika geschafft, würden sich melden, zurückkommen. Das kleine jüdische Milieu, das sich nach dem Mai 1945 in einer größeren demokratisch suchenden Öffentlichkeit verhalten zeigt, ist voll von Hoffnungen, Enttäuschungen, kleinen Freuden des Wiederfindens nach erfolgreicher Suche. Todesnachrichten treffen oft mit jahrelanger Verspätung über das Rote Kreuz oder jüdische Wohlfahrtsorganisationen aus den Konzentrationslagern ein. Von manchen Onkeln, Schwestern, Großeltern fehlt jede Spur. Sie waren in den frühen vierziger Jahren auf Lastwagen mit dem Blick auf die Zurückbleibenden verschwunden. Keine Registratur, keine Gemeinde ist zuständig. Die wirklich Zuständigen bemühen sich gerade um Anerkennung als Mitläufer oder ehemalige pflichtbewußte Soldaten und Staatsbedienstete mit Renten- und Pensionsanspruch.

Die Passagen über das Lob, die Würde und Zuneigung zur deutschen Obrigkeit wurden denn auch aus den jüdischen Gebeten gestrichen, und das für Jahrhunderte abstrakte Bekenntnis, sich nächstes Jahr in Jerusalem zu versammeln, bekam angesichts der Entwicklung in Palästina, die die Gründung eines jüdischen Staates immer wahrscheinlicher werden ließ, eine völlig neue Bedeutung. Und diejenigen, die 1933 bereits keiner jüdischen Institution angehörten, doch als Juden verfolgt worden waren, standen vor der Lebensentscheidung, sich aktiv zu ihren deutschjüdischen Wurzeln zu bekennen oder da anzuknüpfen, wo Deutschland ihnen 1933 das Recht streitig gemacht hatte, Deutsche zu sein. Letztlich waren es nun die rassistischen Nazi-Kategorien, die ihre Anerkennung als Verfolgte des NS-Regimes zur Folge hatten. Ein historischer Widersinn.

Wie in einem Nachklang der Akkulturation und Integration, der Konversionen und religiösen Beliebigkeiten treffen als jüdisch verfolgte Christen auf überlebende nichtjüdische Ehepartner und deren Kinder. Kulturell und sozial bestimmend für die Reste der deutschen Juden wird allerdings das jüdische Nachkriegsmilieu in Berlin. Man bezieht sich auf sich selbst, andere Überlebende, will endlich leben, sich aber auch zeigen. Der erste Jahrestag des Reichspogroms vom 9. November 1938 wird 1945 erstmals mit Gedenkveranstaltungen und Kundgebungen begangen. In dieser Zeit gibt es keine antifaschistische Veranstaltung in Berlin ohne Transparente jüdischer Institutionen, so ist das Jüdische Krankenhaus mit eigenen Transparenten in zahllosen Wochenschauen von *Der Augenzeuge* dokumentiert worden. Es hatte auf eigentümliche Weise die institutionelle deutsch-jüdische Kontinuität, wenn auch durch den Terror gebrochen, über die Zeit des Nationalsozialismus aufrechterhalten. Mini-KZ, Transitlager, Speziallager des Reichssicherheitshauptamtes, letzte jüdische Reichsinstitution und arbeitendes Jüdisches Krankenhaus, so kann man die zeitgeschichtliche Ambivalenz dieser Institution bezeichnen. Doch gehört das Jüdische Krankenhaus auch zu den Berliner jüdischen Institutionen, die ihren Widerstandsgeist über die gesamte Nazi-Ära bewahrt haben und die das Berliner jüdische Milieu nach dem 8. Mai 1945 prägten.

Dieses jüdische Milieu war nicht durch sein Verhältnis zu deutschen staatlichen und gesellschaftlichen Institutionen bestimmt, sondern durch den direkten Bezug zu den individuellen und kollektiven deutsch-jüdischen Erfahrungen und den Militärregierungen, die von der Mehrheit der nichtjüdischen Deutschen als Besatzer wahrgenommen wurden. Da zumindest in der frühen Nachkriegszeit unter den alliierten Soldaten viele, insbesondere russische und amerikanische Juden anzutreffen waren, ergaben sich hier spontan Bekanntschaften, Freundschaften, entwickelten sich Geschäftsbeziehungen, vor allem aber Vertrauen. Man traf sich in der Synagoge, im gesellschaftlichen Leben, beim Aufbau politischer Institutionen, in Handel und Wandel.

Der exilierte Autor des Romans *Berlin Alexanderplatz*, Alfred Döblin, kommt als französischer Kulturoffizier in die französische Besatzungszone zurück und entscheidet, die Uniform noch weiter zu tragen. Er fährt nach Berlin zu einer der ersten Versammlungen des neu gegründeten Kulturbundes zur demokratischen Erneuerung Deutschlands. Die neuen demokratischen Kulturschaffenden erwarten einen Döblin aus Weimarer Zeiten, doch der Offizier Döblin aus de Gaulles Frankreich betritt den Raum. Entsetzen, wieder wird dem Juden nicht verziehen, daß er so gar nicht dazuzugehören scheint, an der Seite der Aufklärung geht, wohl gar nicht so viel an einer demokratischen Besetzung Deutschlands auszusetzen habe. Napoleons Geist zieht an der Versammlung vorbei, doch fast alle warten auf den Geist des Wiener Kongresses, auf die Restauration.[14] Andere Emigranten wie Stefan Heym, Hans Habe, Konrad Wolf ziehen die Uniform schnell aus, Skeptiker wie Billy Wilder und Erich Pommer behalten sie dagegen an und kehren in die USA zurück. Deutsche Juden mühen sich in den entstehenden demokratischen Funktionen oder in der Wirtschaft, den freien Berufen, besonders im Bildungs-, Kultur- und Kunstbereich.

Etwa 4000 jüdische Familien bereiten sich auf eine Rückkehr in die sowjetisch besetzten Teile Deutschlands vor und hoffen, daß hier das andere Deutschland entstehen würde, von dem sie in den langen Abendgesprächen des Exils geträumt haben. Jurek Beckers Vater entscheidet für sich und seinen Sohn, in Deutschland, in Berlin, zu bleiben. Die Entscheidung jeder Familie hatte andere Gründe, doch stets war sie mit der Hoffnung verbunden, daß ein anderes, ein demokratisches Deutschland möglich sei.[15]

Von einer übergreifenden deutsch-jüdischen Perspektive her betrachtet, sind die in Deutschland zu dieser Zeit ein aktives engagiertes Leben suchenden Juden vor drei Alternativen gestellt: erstens den antifaschistischen Traum, die »Judenfrage« ein für allemal auf dem Misthaufen der Geschichte zu belassen, den der Aufbau des »anderen Deutschlands« notwendig mit sich bringen würde; zweitens die westeuropäisch und amerikanisch geprägte Hoffnung, die liberale offene Gesellschaft wäre nun auch im

Hinblick auf die Wiederherstellung der jüdischen Emanzipation erfolgreich; und drittens die feste Überzeugung, daß alle Kraft für das Berufsleben und die Familie aufzubringen sei, keinesfalls in gesellschaftlich oder politisch exponierten Positionen. Die Familie und das jüdische Milieu wurden für viele deutsche Juden wichtiger als Gesellschaft und Politik. Doch einzelne engagieren sich so wie Jeanette Wolff in der Berliner SPD, Peter Edel, die Familie FriedrichWolfs und andere in der KPD/SED, und auch eine Mitgliedschaft in der christlich-konservativen CDU ist möglich. Wieder andere gehen in die Organe der Entnazifizierung und Demokratisierung, arbeiten in Zeitungsredaktionen und Hörfunkstationen.

Der junge deutsch-jüdische Schriftsteller und Künstler Wolfgang Hildesheimer kehrt aus Palästina und England zurück und wird als Übersetzer beim Nürnberger Prozeß tätig. Die Gesichter der NS-Verbrecher wird man später in seinem Roman *Masante*, einem der beeindruckendsten Schlüsselromane zur deutschen Auseinandersetzung mit der NS-Vergangenheit, wiederfinden. Im November 1945 gibt Victor Klemperer seinen Antrag auf Mitgliedschaft in der KPD ab, da diese die einzige politische Kraft sei, die die *geistige Reaction von Grund aus zu beseitigen* suche. Allerdings teilt er auch mit, daß seine *geschichtsphilosophischen Auffassungen* unverändert seien.[16] Er begegnet an der Technischen Hochschule Dresden alten und neuen Kollegen, darunter Ehemaligen, denen er mit *völliger reservatio mentalis* gegenübertritt.[17] Die Atmosphäre ist entsetzlich, er kommt vielen vor *wie das frei herumlaufende schlechte Gewissen*.[18] In gesellschaftlichen Begegnungen fühlt er sich als Außenseiter, wird ihm schweigend bedeutet, wofür man ihn hält, offensichtlich weil man weiß, wofür er, Klemperer, die anderen hält. Bei empfindsameren Gemütern unter den Juden in Deutschland stellen sich erste Anzeichen für jenes Syndrom ein, das später »Überlebensschuld« genannt wird.

Klemperer befürchtet im Dezember 1945 eine antisemitische Welle. Von der vierstelligen Zahl der Juden vor 1933 sind in Dresden nur etwa 100 übrig geblieben, doch viele von ihnen befinden sich jetzt in leitenden Positionen bei der Ingangsetzung des gesellschaftlichen Lebens.[19] Alter und neuer Antisemitismus grassieren, doch die politischen Dimensionen werden bald wichtiger als das notwendige neue Verhältnis zu den nichtjüdischen Bürgern oder von Lehrenden und Lernenden. Die Empfindungen der deutschen Juden im besetzten Deutschland entziehen sich fast ausnahmslos der öffentlichen Wahrnehmung, bleiben auf jüdische Mitteilungsblätter und Zeitungen beschränkt. In den persönlichen Begegnungen derjenigen, die wieder Kontakte aufnehmen, sich besuchen, ständig darüber sprechen, was sie erlebt haben, was aus Familienangehörigen, Freunden und zeitweiligen Weggefährten geworden ist, entsteht ein erstes Nachkriegsnarrativ deutscher Juden, das die These der Spätergeborenen oder der aus Osteuropa Zugewanderten über eine vermeintliche Periode des Schweigens rein faktisch widerlegt. Es ist nie so viel über die Erfahrungen mit nichtjüdischen Deutschen während der Nazi-Zeit und danach gesprochen worden wie im ersten Nachkriegsjahrzehnt. Daß die Mehrzahl der nichtjüdischen Deutschen dies nicht hören wollte oder weghörte, ist ein anderes Problem. Schweigen kann auch eine Form des Nichtzuhörenwollens sein.

Das Berliner jüdische Milieu der Nachkriegsjahre hatte keinen festen gesellschaftlichen Zusammenhang, keine wirklich herausragenden Persönlichkeiten, wie in den Jahren vor 1938. Das Gemeinsame lag im Unterschied zur nichtjüdischen Gesellschaft und im Erzählen, im Austausch von Erfahrenem und Gesehenem. Stets war dies mit der Hoffnung verbunden, über Angehörige und Freunde Neues zu erfahren. Das Gespräch, die Erinnerung war nahezu ein Zwang. Nicht das Judesein nach der Shoah, wie viele nichtjüdische Deutsche fälschlich annahmen und nach wie vor annehmen, wenn sie einem deutschen Juden unbenommen eine religiöse oder nationale Identität zuordnen, bestimmte die deutsch-jüdische Nachkriegsidentität, sondern die Erinnerung.

Rückblickend heißt es in einem Text über eine jüdische Nachkriegskindheit in Berlin: *Wie oft hörte ich zu Hause, daß es zwei Welten gebe, das Zuhause mit all seinen Gesprächen, Erinnerungen, Informationen, die auch nur bis zur Wohnungstür hörbar sein durf-*

ten; und die Welt draußen, die der anderen, zu denen wir eigentlich auch gehörten, vor denen man sich jedoch nach allem auch in acht zu nehmen habe. Vor allem – nicht erzählen, worüber wir redeten. Einzelheiten, Erinnerungsbrocken, Gefühlsausbrüche, Weinkrämpfe, Verlust prägten sich mir ein, wenn des Abends und mit Besuchern darüber gesprochen wurde. Etwas selbst gegenwärtig noch Bedrohliches schlich sich in die Nächte und Träume, unfaßbar, wie es so offensichtlich mit unserer Umgebung verbunden war. Ich schämte mich für meine Mitschüler, daß sie nicht zu erzählen wagten, was ihre Väter und Onkel in meinen, ihren Lagern gemacht hatten. Wußten sie es nicht, oder hatte man ihnen zu Hause auch gesagt, daß darüber draußen, in der Schule nicht zu reden sei??

Wer da meint, die Geschichte der deutschen Juden sei bereits geschrieben, der irrt, denn es gibt nicht eine einzige Geschichte. Es gibt viele Geschichten. Ich vergaß denn auch, meinen Vater zu fragen: Und was ist mit all den Verwandten, die nirgends leben, noch nicht einmal in Gedenkbüchern? Wie kann man erinnern, wenn man nicht weiß? Ich fragte aber nie; denn eigentlich wußte ich, daß es keinen Grund gab, zu fragen. Mein Vater hätte nur kurz und bestimmt gesagt: In der Erinnerung.[20]

Die deutsch-jüdischen Berührungspunkte sind nicht imaginär, begrenzt, sondern finden sich in der gesamten, von Turbulenzen gekennzeichneten Gesellschaft des deutschen Nachkriegs. Es ist einer der Mythen des deutschen Nachkriegsbewußtseins, daß man niemals Juden kennengelernt habe. Die deutsch-jüdische Erfahrung des ersten Nachkriegsjahrzehnts oft bis in die sechziger Jahre ist durch innere Distanz und äußerliche, scheinbare Jovialität markiert. Victor Klemperers Beschreibungen oder die eines anderen Akademikers, des Altphilologen Rudolf Schottlaender, der durch seine nichtjüdische Frau gerettet wurde, betreffen den Bildungsbereich, doch die wichtigsten Aktivitäten finden nicht an der Universität, sondern an Volkshochschulen, im Kulturbund, anderen vergleichbaren Institutionen wie den neu entstehenden Amerika-Häusern, British Council, den Maisons de France oder den Verfolgtenverbänden und den neuen Medien statt. Hans Habe oder Stefan Heym und Stephan Hermlin arbeiten in der amerikanischen Zone bis zum Beginn des Kalten Krieges für die neue demokratische Presse. Habe wird Chefredakteur der *Neuen Zeitung*, bis seine damalige Lebenspartnerin der amerikanischen Militärverwaltung als politisch zu belastet erscheint.

Billy Wilder hat dann noch mehr Motive, Marlene Dietrich in seinem in Berlin spielenden Klassiker *A Foreign Affair* in einer Rolle als Geliebte sowohl eines amerikanischen Offiziers als auch ehemaliger NS-Repräsentanten brillieren zu lassen. Die Musik dazu schrieb der Komponist Friedrich Hollaender, der nach Kriegsende Deutschland besucht und in seinen Memoiren erwähnt, daß viele seiner Freunde, so Fritz Kortner, Ernst Deutsch, George Salmony, Curt Bois, Max Nosseck, Fritz Rotter, Wilhelm Dieterle zurückgekehrt waren. Er fragt sich: *Konnte man denn dort wieder leben?*[21] Er besucht Dachau, flieht wieder nach Amerika, um später dennoch nach Deutschland zurückzukehren. Zur gleichen Zeit ordnet das amerikanische Hauptquartier Umfragen über Einstellungen in der deutschen Bevölkerung an, die Ergebnisse sind verheerend, bis zu zwei Dritteln der deutschen Bevölkerung hat antisemitische Vorurteile und entsprechende gesellschaftliche Haltungen.[22] Nicht alle Rückkehrer werden so empfangen wie Ernst Deutsch. Der Schauspieler Curt Bois findet lange kein festes Engagement, Thomas Mann verwendet sich für ihn, doch Bois muß zwischen Ost- und West-Berlin und Wien pendeln.

Im Juli 1946 ist Klemperer mehrere Tage in Berlin, Gespräche im Kulturbund, Aufführungen im Hebbeltheater, Zimmer im Hotel Adlon, Besuch der Ruine der jüdischen Reformgemeinde in der Johannisstraße. Klemperer schreibt: *Im Haus zur Seite hatte ich Religionsunterricht. Das Haus in Trümmern, die Synagoge selber: ihre Vorderfront ein Schutthaufen. Ihre Mitte ein Nichts, kein Dach, keine Mauer, eine Schuttfläche. Jenseits dieses Nichts, die rückwärtige Schmalmauer u. eine Andeutung der darüber gewölbten Kuppel coulissenartig erhalten. In der Mauer die Altarnische u. über ihr zwei Gesetzestafeln mit hebräischen Lettern. Ich dachte, wie oft habe ich den Vater stehen sehen...*[23] Klemperer hofft auf eine zweite Karriere. Am 16. Dezember schleppt er sich *unter grausamen Schmerzen Schritt für Schritt anderthalb Stunden lang im kalten*

Wind zur Technischen Hochschule in Dresden und liest dort zum erstenmal vor *höchstens fünfzig Leuten im großen Chemiesaal* über die Sprache des Dritten Reiches.[24] Weiter gibt es über dieses Ereignis nichts zu sagen, kein tosender Beifall, keine begeistert auf die Tische klopfenden Studenten, kein Jubel über die Rückkehr des Verdammten. Die 1999 von der ARD gesendete zwölfteilige Fernsehserie *frei nach Motiven der Tagebücher von Klemperer* konstruiert allerdings eine harmonisch begeisternde Rückkehr des aus dem akademischen Leben Ausgestoßenen, der von Studentinnen und Studenten, die offensichtlich alle geistig unbeschadet den Nationalsozialismus und den Weltkrieg überstanden haben, durch ansteigendes Klopfen und liebevoll großen Augenaufschlag begrüßt wird. Fünzig Jahre deutsch-jüdische Erfahrung seit 1945 sind auch fünf Jahrzehnte von Bildern, Abbildern und, wie im Fall dieser Fernsehserie, von visuellen Mißdeutungen einer geschichtlichen Erfahrung.

Als Konrad Wolf, Sohn des Schriftstellers Friedrich Wolf, der mit der ganzen Familie im Moskauer Exil war, in Leipzig vor Studenten über die Zukunft Deutschlands spricht, findet er hinter seinem Rücken auf der schwarzen Tafel im Vorlesungssaal einen mit Kreide gemalten Galgen und das Wort »Verräter«. Nicht die Wolfs und nicht Klemperer, aber viele waren bald enttäuscht. In den Jahren 1947/48 gibt es eine Auswanderungswelle vor allem der jüngeren deutschen Juden. Die vom ersten Bundespräsidenten Theodor Heuss propagierte Kollektivscham ging nicht so weit, daß man sich vor lebenden deutschen Juden schämen wollte.

Die Schriftstellerin Hilde Domin kehrt aus dem Exil zurück, eine Heimkehr ins Wort. Arnold und Beatrice Zweig reisen 1948, aus Palästina kommend, über Prag nach Deutschland zurück. Auch die Malerin Lea Grundig und andere verlassen das Exil in Palästina, Israel war ihnen nicht zur Heimat geworden. Anna Seghers kommt aus Mexiko. Nelly Sachs in Schweden, von Verfolgungsängsten vor alten und jungen Nazis geplagt, beschwört bald Paul Celan, doch mit ihr die Sprache, die deutsche Sprache als endliche Heimat zu leben, *auf welchem Sand wir auch stehen.*[25] Doch da hat Paul Celan schon seine lyrischen Beschreibungen deutsch-jüdischer Erinnerung in Deutschland veröffentlicht und bleibt in Paris. Auch Ingeborg Bachmann in Wien und Paul Celan konnten sich im Nachkrieg begegnen, sich ineinander verlieren, doch es reicht nicht in der Zeit. Halten können sie sich nicht auf Dauer. Es ist nicht nur die anders verschlungene Sprache. Anziehung kann es nur geben, wo auch Gegenkräfte wirken, und die kommen aus der Gesellschaft, aus der Literatur, aus der inneren Verzweiflung, die nicht nur kreativ sein kann. Das hatten Else Lasker-Schüler und Charlotte Salomon bereits gezeigt, das hatte Süßkind von Trimberg beschrieben, daran hatte Heine gelitten, und das hatte Fanny Lewald für ihr ganzes Leben geprägt.

Die Sprache der deutsch-jüdischen Erinnerung hatte sich nach 1945 der Heimat entledigt. Sie kam aus Schweden, aus England, aus den USA, aus der Schweiz, aus Israel und selbst in Deutschland aus einer kulturellen Distanz. Die Kulturvernichtung hatte dazu geführt, daß mehr Stimmen der deutsch-jüdischen Erfahrung von außerhalb kamen als aus der Mitte; denn die deutsch-jüdische Mitte mußte erst wieder behutsam gefunden werden. Und das war ein Prozeß, der ein halbes Jahrhundert dauerte und der nicht allein noch anhält, sondern zunehmend an literarischer Kraft gewinnt. Die Hoffnung der Rückkehrer galt der Zukunft, doch ihr Blick war meist auf die vergangenen Jahre gerichtet. Lea Grundig, geprägt durch Expressionismus und sozialen Realismus der Jahre vor dem Exil, malte deutsche, arabische, jüdische Erfahrungen, Porträts und Denk-Bilder von den Opfern der deutschen Kriege, von den Kindern, die in die Gaskammern geschickt wurden.

Die künstlerischen Stimmen der Mitte waren nie verstummt, sie sind seit 1945 deutlich zu vernehmen, doch klangen sie jetzt oft zweisprachig, zeitverschoben. Unruhestifter allemal. Und wie sah es um die nichtjüdische deutsche Literatur aus? Sie hatte und hat schlicht noch keine entsprechende Gestaltung gefunden, die Romane oder Theaterstücke über den Umgang der deutschen Nichtjuden mit den deutschen Juden sind noch nicht geschrieben. Es gibt Entwürfe, tastende Versuche. Dies ist auch einer der Gründe, warum Bruno Apitz' Roman *Nackt unter Wölfen*, die Geschichte des in Buchenwald versteckten jüdischen Kindes, bis

Lea Grundig, 1,2 Millionen Kinder werden vergast, 1966

heute einer der meist gelesenen Romane bleibt und warum Paul
Celans *Todesfuge* nach wie vor die überstrapazierte und in den In-
terpretationskitsch getriebene Alternative zu den nicht geschriebenen oder nicht veröffentlichten Konfrontationen bleibt. Vieles
andere ist Übersetzung aus dem Polnischen, dem Französischen,
dem Englischen, dem Hebräischen. Und da, wo es einer wie Walter Kempowski mit seinen Aufzeichnungen eines Überlebenden

wagt, geht die deutsche Literaturkritik nicht gerade freundlich mit ihm um. Offensichtlich liegt ein Problem darin, daß heutige Autoren sich ihren Großeltern mutig entgegenstellen müßten. Doch wie soll dies mit dem vielbearbeiteten Bemühen einhergehen, daß sie die Generation der Großeltern ja gerade verstehen möchten, nach allen Turbulenzen der deutschen Geschichte auch seit 1989 viele Jüngere gerade um Identifizierung mit dieser Generation heischen. *Onkel Max kam nach Theresienstadt.* Doch durch wen ist er dahin gekommen? Eben durch einen jener heute identitätsstiftenden Großväter der nichtjüdischen Seite.

Wer fragt, gewinnt ... Stimmen und Bilder der Mitte

Ein unverbindliches Blättern durch literarische Neuerscheinungen erweckt den Eindruck, daß die heutige junge deutschsprachige Literatur, so sie nicht von Schriftstellern jüdischer Herkunft geschrieben wird, mit nonchalanter Selbstverständlichkeit einen ästhetischen Bogen um die deutsch-jüdische Erfahrung schlägt. Der Berliner Schriftsteller und Publizist Heinz Knobloch kann seit Jahrzehnten mit seinem Bemühen, deutsch-jüdische Gestalten heutigen Generationen nahezubringen, als eine der wenigen Ausnahmen gelten. Johannes Bobrowski ist ein sprachlich herausragender Chronist des Grenzlands im Osten, wo Deutsche, Juden, Polen und Zigeuner im Kaiserreich aufeinandertrafen. Sein Roman *Levins Mühle* zeigt einen Mikrokosmos der deutsch-jüdischen Erfahrung, der heutige Fragen in die Vergangenheit projeziert und parallel zu den Romanen von Fanny Lewald und Theodor Fontane gelesen werden kann.

Viele literarische Bearbeitungen der deutschen Erfahrung haben ihre Bezugspunkte im Nachkrieg. Schriftsteller, Theaterautoren, Filmemacher kehren immer wieder in die formative Periode der deutschen Kultur nach der Shoah zurück. Die fünfziger Jahre sind auch auf jüdischer Seite eine Periode wirtschaftlicher Betriebsamkeit, demokratischer Ambitionen und zaghafter Orientierungen.

Deutschland als Friedhof, auf dem es kein Leben mehr geben kann, als Transitland, in dem man täglich auf den gepackten Koffer blickt und bei jedem antisemitischen Ereignis angstvoll zusammenzuckt, verändert sich und mit ihm die jüdische Gemeinschaft. Koffer werden zu Kleiderschränken, Mietwohnungen zu Häusern. In Häusern, die man baut oder kauft, werden dann wohl auch die Kinder leben. Gesellschaftliche Zurückhaltung ist selbstverständlich, Anfang der fünfziger Jahre gibt es eine offizielle antijüdische Kampagne in der DDR, die mit dem antisemitischen Slánský-Prozeß in der Tschechoslowakei zusammenhängt, und nach ersten Hakenkreuzschmierereien 1959 eine antisemitische Welle in der BRD beginnt.

Antisemitische Vorkommnisse schaffen Distanz und führen zu existentiellen Fragen der in Deutschland geborenen oder zurückgekehrten Nachkriegsgeneration: Warum leben wir hier? Oft finden Eltern keine Antwort, manchmal ist es historischer Trotz, manchmal ökonomisches Zweckdenken, manchmal kulturelles Achselzucken; doch so selbstverständlich wie jüdisches Leben in Deutschland sein sollte, war es nicht und ist es wohl immer noch nicht.

Der 1925 im Jüdischen Krankenhaus in Berlin geborene Hans Rosenthal geht 1943 nach Zwangsarbeit in die Illegalität, findet Hilfe und versteckt sich in einer Berliner Laubenkolonie. Unmittelbar nach der Befreiung beginnt er für den Hörfunk zu arbeiten und wird 1954 einer der populärsten Quizmaster Deutschlands. Rosenthals Stimme, von Millionen gehört, wird zum Symbol für Unterhaltung, Witz, Niveau. Er und nicht der eine oder andere jüdische Gemeindevertreter oder Politiker wird von den fünfziger Jahren an zu einer populären Stimme der deutschen Juden. Bald ist sein Lachen, seine typische Stimme aus den Unterhaltungsprogrammen im Fernsehen nicht mehr wegzudenken. Zugleich nimmt er Wahlfunktionen in der Berliner Jüdischen Gemeinde wahr. In seiner Autobiographie schreibt Hans Rosenthal von seinen *zwei Leben in Deutschland*, einem Leben in Furcht und Dunkelheit und einem zweiten im Licht und in ungewohnter Geborgenheit: *Damals in der Laube und in den Trümmern Berlins hatte*

*ich mir geschworen, mich mit allen Kräften dafür einzusetzen, daß
das, was mit unserem Volke geschehen war, aus Fanatismus und haß-
erfüllter Entfremdung, sich niemals wiederholen dürfte. Ich wollte
mithelfen, die jüdische Gemeinde wiederaufzubauen, die in den vergangenen Jahrhunderten Deutschland unschätzbare Dienste erwiesen hatte, wofür ihr leider kein Dank geworden ist. Ich wollte
wachsam sein gegenüber den Politikern und den ideologischen Strömungen in meinem Vaterland – daß jede Gefahr rechtzeitig erkannt,
jede Art von Fanatismus rechtzeitig entlarvt würde.*[26]

Hörfunk, Zeitungen, Kultur und Kunst, aber auch Gewerk-
schaften und politische Parteien werden Wirkungsfelder einzelner,
Weimar liegt weit zurück, aber wie viele engagierte Demokraten
gab es in den fünfziger Jahren überhaupt. Hans Rosenthal hat für
die Durchsetzung eines neuen humanistischen Bildes von Juden
in der deutschen Populärkultur wahrscheinlich mehr bewirkt als
fünfzig Jahre »Woche der Brüderlichkeit«, in der jährlich eine
christlich-jüdische Versöhnung beschworen wurde.

In den sechziger Jahren zieht es viele jüdische Abiturienten
nach Israel, in die USA, nach Frankreich, in die Schweiz oder nach
England, und dort treffen sie wiederum auf die Reste deutsch-
jüdischer Tradition. Die junge jüdische Nachkriegsgeneration
blickt nach Israel, ob denn der Zionismus vielleicht doch eine
Antwort biete. Die meisten, oft auch nach einem Aufenthalt in Israel, kommen mit der Antwort aus, die Max Liebermann einst
dem Schriftsteller Bialik gab, nämlich hierzubleiben. Deutschland
ist nicht mehr Transitland oder der Hort des »ewigen Antisemitismus«.

1955 kehrt Wolfgang Hildesheimer zu einem Besuch nach Israel
zurück, wo er viele Jahre des Exils zugebracht hatte. In Jerusalem
geht er zu der Mauer, die das jüdische von dem damals jordani-
schen Jerusalem trennt. *Noch ein paar Schritte, und wir stehen vor
einem Labyrinth von Stacheldraht, der in mannshohen Spiralen quer
über der Straße ausgebreitet liegt. Beiderseits stehen Ruinen und
Haufen zerbröckelter Mauer. Überwachsen von allerlei Gesträuch,
Gras und Nesseln; dahinter lauert verdächtiges, feindliches Schweigen, ein bösartiges Schweigen, wie Ruhe vor dem Sturm. Und wäh-*

rend wir hier stehen und das Gewirr von Stacheldraht, die Verwü-
stung, davor das dreisprachige Warnungsschild fotografieren, erheben
sich uns gegenüber auf einer Mauer zwei jordanische Legionäre in
Khaki, mit violetten Schärpen um den Bauch, bis zu den Zähnen
bewaffnet, und rufen uns etwas zu, was sehr drohend klingt. Es ist, als
seien wir Akteure in einem Abenteuerfilm, der plötzlich, unverse-
hens, gefährlichste Realität geworden ist. Und so treten wir den
Rückzug an; wir flüchten unter die Deckung einer Häuserwand. Von
hier habe ich die beiden wackeren Soldaten noch fotografiert. Aller-
dings erscheinen sie auf dem Bild ein wenig verwackelt.[27]

Die deutsche Publizistik so wie das jüdische Gemeindeleben jener Jahre sind durch eine starke Orientierung auf den Staat Israel,
das wichtigste jüdische Zentrum der Nachkriegszeit, charakterisiert. Als die Bild-Zeitung 1967 den Sieg der israelischen über die
ägyptische Armee feiert, ist nur noch von »unseren Jungs« im Nahen Osten die Rede. General Moshe Dayan gewinnt gleichsam
stellvertretend für General Rommel einen Wüstenkrieg. Die Blü-
tenträume des schlechten Gewissens werden zu imposanten Me-
dienbildern, die nichts anderes sind als nach-nationalsozialistische
Stereotype von Juden. Militärische Helden, männliche »Muskel-
juden«, die die Pflugschar führen, und daneben schwarzgelockte
Schönheiten mit glühenden Augen und einem Gewehr in der
Hand. Die körperlichen Ideale des frühen Zionismus paaren sich
mit körperlichen Zuordnungen anderer, rassistischer Tradition.
Bereits 1961, als der Hollywoodfilm *Exodus* in die Kinos kam, war
der Schauspieler Paul Newman zur Repräsentationsfigur des
männlichen Juden geworden. Eine ganze Generation junger Juden
in Deutschland hatte Mühe, dem nicht völlig zu widersprechen.
Die Unfähigkeit, mit gebotener Distanz auf die eigene Geschichte
zu blicken, führte in den deutschen Medien dazu, daß der Blick
auf die »neuen Juden«, die Israelis, alle Juden betreffenden Vorurteile wiederholte, nur eben ins absolut Positive umschlagen ließ.
Goebbels antisemitische Propaganda demokratisierte sich und
kehrte zurück als philosemitisches unkritisches Bekenntnis. Dies
konnte nur die abwartende Skepsis vieler Juden verstärken. Für
mehr schien die Zeit noch nicht reif zu sein.

Doch verändern sich allmählich die jüdischen Milieus der unmittelbaren Nachkriegszeit. Die deutsch-jüdischen Kreise, die Kinder der osteuropäischen Juden, Tausende Israelis, bald Rumänen, Zehntausende Russen existieren miteinander, gegeneinander, leben von der Diskrepanz zur deutschen Geschichte, vermögen Akzeptanz und Zurückweisung zu verbinden. In der antiautoritären Atmosphäre der späten Sechziger entstehen jüdische Arbeitskreise außerhalb der offiziellen Gemeinden, so wie Jahre später kulturelle Institutionen oder, wie in der DDR, informelle Kreise, deren jüdische Identität nicht durch Gemeinderegister definiert ist. Im Laufe der Jahre zeigt sich, daß Tausende mit den religiösen Gemeinschaften, den Gemeindestrukturen, so wie sie nach 1945 entstanden sind, nicht verbunden sind, auch nicht verbunden sein wollen.

Viele Angehörige der jüngeren Generationen wollen in den Einheitsgemeinden nun nicht mehr den einzigen gesellschaftlichen Bezugspunkt sehen. Religion wird wieder Privatsache, und die führenden Persönlichkeiten der Nachkriegszeit sind bis auf wenige Ausnahmen, zu denen Heinz Galinski oder Ignatz Bubis gehörten, eigentlich verstummt. Dennoch werden jüdische Institutionen in Deutschland zunehmend zu einer Repräsentanz des schlechten deutschen Gewissens und stellen von staatlicher und gesellschaftlicher Seite her in allen die Vergangenheit und den Antisemitismus betreffenden Fragen eine Art oberste moralische Instanz dar. Die politische Funktion offizieller jüdischer Sprecher und deren Institutionen und die Entwicklung deutschjüdischer Kultur, die selbstverständliche Integration der deutschjüdischen Nachkriegsgenerationen klaffen auseinander.

Auf das Fehlen notwendiger literarischer Bearbeitungen des deutschen Zeitgeistes auf nichtjüdischer Seite reagieren Schriftsteller wie Peter Weiss, Wolfgang Hildesheimer, Stefan Heym, Jurek Becker und bald auch Angehörige einer jüngeren Generation. Stiller literarischer Zorn, gepaart mit Ironie, durchzieht zahllose Werke, doch werden sie von einem Lesepublikum wahrgenommen? Hildesheimer schreibt 1973 in *Masante: Es sind da unsichtbare Zettel im Zettelkasten. Ich sollte sie ordnen wie ein Lotto, aber das Thema variiert nicht genug, weicht nicht von seinem Grundmotiv ab, dem Schrecken. In Linz damals, mit Lüdig in Linz, da sah ich nachts auf der Straße ein Schild, darauf stand: Spenglerei von Karl Adolph Starck. Ich fragte mich, und nicht zum ersten Mal, wie man eigentlich spengle, aber so leicht machten es mir die Gedanken nicht: ich sah den Spengler vor mir und sehe ihn noch, mitsamt seiner Vergangenheit, geschichtslos und doch Geschichte fördernd; ich sehe ihn als Gesellen mit Griffen hantieren und hämmern, höre ihn als Meister im Kreis Gleichgesinnter gröhlen, so daß die Kellerhunde sich winselnd mit eingezogenem Schwanz verkriechen, sehe ihn Unmaße von Bier stemmen, bis sein Bizeps zu bersten scheint und er sternhagelvoll ist; sehe die Halsmuskeln schwellen, höre ihn in der Masse brüllend den Anbruch neuer Zeiten begrüßen, sehe ihn nachts einen Passanten namens Dr. Szygmunt Weiszbrod an der Gurgel packen und gegen die Hausmauer schleudern, so daß Weiszbrod liegen bleibt, bis ihn die Straßenreinigung am Morgen mitschleift, was hat aber auch so einer in Linz zu suchen!*[28]

Einen viel größeren, in die Millionen zählenden Teil der Bevölkerung erreichten die historisch-kritischen und dabei immens unterhaltsamen Spielfilme, die von der CCC-Film unter der Leitung von Artur Brauner produziert wurden. Es gibt kaum einen nennenswerten westdeutschen Spielfilm mit jüdischer Thematik, an dem Brauners Produktionsfirma nicht beteiligt war. Was machte es aus, daß die finanziellen Mittel hierfür oft mit seichten Unterhaltungsfilmen beschafft wurden; denn diese sind bereits vergessen, doch Filme wie *Liebling der Götter*, *Der Garten der Finzi Contini*, *Bittere Ernte* und *Hitlerjunge Salomon* sind in die Filmgeschichte eingegangen und haben Millionen Zuschauer erreicht.

Die Gegenwart der Vergangenheit füllt Kinos und Bücherregale. Auch die Literatur über den Wiederaufbau der Jüdischen Gemeinden in Deutschland und Österreich nimmt immer mehr Platz in Bibliotheken und Buchhandlungen ein, materialreiche Magister- und Doktorarbeiten entstehen. Die Fülle der Arbeiten kann kulturgeschichtlich jedoch auch in eine Sackgasse führen. Der Eindruck läßt sich nicht vermeiden, daß das jüdische Leben in Deutschland ausschließlich das religiöse, soziale und kulturelle

Leben der in Gemeinden registrierten Mitglieder sei, als ob deutsche Juden per nichtjüdischer Verordnung alle eine religiöse Affinität haben müßten. Der Vorsitzende des Zentralrats der Juden in Deutschland galt denn auch in der Vergangenheit als eine Art »Judenbischof«, dessen gewichtige Stimme immer dann gefragt war, wenn staatlicherseits die repräsentative jüdische Stimme benötigt wurde. Daß bei Marcel Reich-Ranickis literaturkritischer Stimme, um nur ein Beispiel zu nennen, später möglicherweise mehr Menschen hinhörten als bei der institutionell repräsentativen Verlautbarung, wurde wohl übersehen.

Aufgrund der Nachkriegssituation und der aus der nationalsozialistischen Epoche in den Nachkrieg hineinragenden Wahrnehmung, daß es eine zentrale hierarchische Organisation der Juden geben müsse, mit deren Repräsentanten der Staat sich verständige, ist eine Struktur entstanden, die nur sehr wenig mit der deutsch-jüdischen Geschichte vor 1933 zu tun hat. Die immens reiche, vielschichtige und das gesamte geistige, politische, religiöse und säkulare Spektrum der deutschen Gesellschaft umfassende deutsch-jüdische Erfahrung vor 1933 wird auf eine institutionelle Zuordnung reduziert. Logischerweise kann das in den erneuten Versuch münden, die jüdische Existenz auf eine Konfession zu beschränken. Die institutionale Reduktion der Deutschen auf ihre Konfessionen wird nicht zuletzt auch deshalb immer lächerlicher, weil in den vergangenen Jahrzehnten die Zahl derjenigen gewachsen ist, deren Konfession die säkulare Gesellschaft, der Verfassungspatriotismus, Multi- und Interkulturalität oder die sich herausbildende Zivilgesellschaft ist. Die Freiheit *von* und nicht nur *in* Konfessionen ist geradezu ein Wesenszug der modernen Gesellschaft.

Salomon Korn, ein Repräsentant der jüdischen Nachkriegsgenerationen, bemerkte 1999, daß wir uns zur Zeit in einem historischen Prozeß befinden, *der vom Juden in Deutschland über den deutschen Juden hin zum jüdischen Deutschen führen wird.*[29] Dieser Beschreibung ist zuzustimmen, gibt sie doch genau den Generationen- und Perspektivenwechsel wieder, der die deutsch-jüdische Erfahrung seit 1945 zu einer nicht minder gewichtigen machen wird als vorangegangene Perioden. Das könnte einen Zeitraum von etwa vier Generationen in Anspruch nehmen, es mag jedoch schneller geschehen, da der deutsch-jüdische Kontext sowohl eine regionale als auch zunehmend eine europäische Dimension besitzt. In Deutschland findet seit einigen Jahren eine Dezentralisierung jüdischer Lebenserfahrung und jüdischer Lebenswelten statt, die zum Teil ganz bewußt kulturelle Elemente der jeweiligen Herkunftsländer oder der vielschichtigen deutsch-jüdischen Kultur vor dem Zweiten Weltkrieg aufnimmt.

»hast Nicht auch Du Pläne«

Einem möglichen religiösen und kulturellen Optimismus zur Seite stehen allerdings drei Zentralstimmungen der deutsch-jüdischen Erfahrung in der zweiten Hälfte des 20. Jahrhunderts und zu Beginn des 21. Jahrhunderts: Resignation, Melancholie und Skepsis. Resignation ist ein jüdisch-deutsches Wort wie kein anderes, Melancholie nicht nur etwas Romantisch-Irrationales, Skepsis wohl selbstverständlich. Ob wir uns an den Griff des Minnesängers nach dem Judenhut um das Jahr 1250 erinnern, wonach er verstummte, ob wir die Vertreibungen, die Selbstmorde während der Pogrome, die hilflos-trotzigen Konversionen in Katholizismus und Luthertum erwähnen, die Auswanderungen Mitte des 19. Jahrhunderts nach Amerika nennen, die Beweislast auf seiten jüdischer Soldaten im Ersten Weltkrieg, doch deutsche Patrioten zu sein, hervorheben oder die ungeheure Zahl von Selbsttötungen im Nazi-Reich als eine Form des Widerstehens jener deutschen und österreichischen Juden ansehen, die der entwürdigenden Deportation die Würde der Wahl des Todes vorzogen, stets schließt sich der Kreis zu einer jüdischen Reaktion auf die unerträgliche, ja todbringende Arroganz einer vormodernen deutschen Gesellschaft.

So wie Süßkind von Trimberg Laute und Stimme verklingen ließ, Adorno sein Diktum über die Unmöglichkeit, nach Auschwitz Gedichte zu schreiben, fallen ließ, genauso schrieb noch im

Jahr 1983 Wolfgang Hildesheimer, daß er nun schweigen werde, da sich die Welt *von der Sprache entfernt* habe.[30] Allerdings führte ihn das schriftstellerische Schweigen nur tiefer in die bildende Kunst. In einem Interview aus dem Jahr 1989 sagte er, daß es *keine Geschichten mehr zu erzählen gäbe*.[31] Und doch erzählte er seine Geschichten dann mit Bildern, vor allem Collagen. 1983 entsteht seine Collage *Der gelbe Fleck: Eigentlich ist der gelbe Fleck ein Kreis, wie auch der gelbe Fleck, den Juden im Dritten Reich tragen mußten, ein Kreis war. Der Wortlaut fiel mir ein, zu meinem eigenen Erstaunen und dennoch zwingend, obgleich mir kein Sinnzusammenhang zwischen der vulgärhistorischen Tatsache und dem leuchtenden Bildmittelpunkt bewußt wurde. Ich wollte das gelb vor allem deshalb erwähnen, weil diese Farbe, wie sie hier in der rechten Hälfte des Kreises erscheint, in solcher Intensität bei mir sonst nicht vorkommt. Woher ich das Stück hatte, weiß ich nicht mehr; umgeben ist es von Vermeer. Weitere Elemente: Canaletto, Corot.*[32]

Resignation und Melancholie sind berechtigte Widerstände und zentrale Aspekte einer sich formierenden jüdischen Nachkriegshaltung in Deutschland, die nichts mit den kulturellen Formeln der fünfziger Jahre zu tun hat, nach denen Buber, Einstein und dem *großen Beitrag der Juden zu deutscher Kultur und Wissenschaft* alles zu schulden sei. Mit dem Gerede vom »Beitrag« wird eine Distanz geschaffen, so als ob Juden von außerhalb der deutschen Kultur etwas hineingetragen hätten. Deutsch-jüdische Schrifsteller haben seit 1945 gegen eine derartige, einzig auf die Vergangenheit bezogene, Wahrnehmung deutsch-jüdischer Präsenz angeschrieben. In Hildesheimers Roman *Masante* geht der Held in die Wüste und kann den Bildern und Gesichtern des Massenmordens dennoch nicht entkommen. Zu Beginn von Peter Weiss' *Ästhetik des Widerstands* reflektiert der Pergamon-Altar ein einen alles in sich fassenden Blick auf die Kultur des Abendlands, aber eben angesichts der antihumanen Vernichter dieses Abendlandes. Peter Weiss schreibt aus Schweden nach Deutschland, Wolfgang Hildesheimer reist immer wieder aus Deutschland ab, Nelly Sachs kommt nicht mehr zurück, Paul Celan bewegt sich

Wolfgang Hildesheimer, Der gelbe Fleck, 1983

um Deutschland herum, Else Lasker-Schüler stirbt viel zu früh, doch ihre Texte treibt es nach Deutschland. Ein besonderes Phänomen der deutschen Nachkriegsliteratur und Kultur ist die Überlagerung der Zweistaatlichkeit mit dem, was Hans Mayer als

Residuen der Exilliteratur chrakterisierte.[33] In Stefan Heyms *Ahasverus* durchmißt des wandernden Juden Schritt die deutschen Ideologien und den Zionismus gleichermaßen.

Der verstorbene Berliner jüdische Schriftsteller und Drehbuchautor Jurek Becker läßt in seinem Roman *Bronsteins Kinder*, der in den siebziger Jahren spielt, die Tochter der jüdischen Familie, Elle, zu Wort kommen. Bronsteins Tochter Elle ist in eine psychiatrische Anstalt geflohen, doch sie findet Worte für die tiefe deutsch-jüdische Melancholie, die auch dieser Tage angesichts der Steine auf dem Grabstein von Moses Mendelssohn oder angesichts des Abglanzes der alten Synagoge in der Oranienburger Straße in Berlins Mitte spürbar wird. Sie schreibt an ihren Bruder Hans, und der Anklang an Heinrich Heine ist unverkennbar:

> *diesen Brief lies bitte in der Nacht*
> *er ist auch in der Nacht geschrieben*
> *es gehen hier Seltsamedinge vor sich*
> *die mich zwingen nachts wach zu bleiben*
> *nur leider gelingt mir das Nicht immer [...]*
> *Ich wache auf und das Wunderschönebild*
> *das dumir geschenkt hast ist verschwunden*
> *da fiel mir ein wie oft schon etwas gefehlt hat [...]*

Dann spricht sie Hans direkt an:

> *andauernd glaubst du daß sich an Andererstelle*
> *mehr finden läßt als dort wo du bist*
> *dir fehlt die Lust am Verweilen*
> *in dieser Beziehung könnest du dir an Deinerschwester*
> *ein Beispiel nehmen denn ich bin immer noch hier*
> *in diesem Wirrenhaus obwohl schon so lange ...*
> *Aber es ist schön in der Nacht*[34]

Und in einem anderen Brief schreibt sie, und hier ist die selbstkritische Befragung der jüdischen Nachkriegsgeneration unübersehbar:

Du merkst schon wie sich von selbst
Meinrat an dich ausformt und zwar
Sich von den Angelegenheiten des Vaters abzukehren
hast du Nicht auch Pläne
oder hast Nicht auch Du Pläne
die wunderbar auszuführen
so schwach aber beim Erörtern sind[35]

Als Hans, der junge Protagonist des Romans, seine Freundin
Martha von Dreharbeiten eines Films abholt, in dem sie eine de-
portierte Jüdin spielt, denkt er: *Warum mußten Juden im Film
von echten Juden dargestellt werden? Als Martha diese Rolle angeboten worden war, hätte sie antworten müssen: Nur wenn auch die
SS-Männer echte SS-Männer sind.*[36] In der Verfilmung des Romans von 1990, einer deutsch-polnischen Koproduktion, wird
auf nahezu absurde Weise die stereotype »jüdische« Körperlich-
keit der jungen Frau hergestellt, indem sie durch Makeup über-
mäßig große dunkle Augen, dunkle Hautfarbe und durch eine
Perücke schwarze Haare erhält. Der Film im Film benötigt ein
Stereotyp, dem die Wirklichkeit nicht entspricht. Er löst diese
körperliche Konstruktion einer Jüdin in der natürlichen Körper-
lichkeit einer jungen deutschen Frau auf, die nicht »Jüdischkeit«
oder stereotype Wahrnehmungen repräsentiert, sondern sich
selbst, Individualität. Die skeptische Ironie hat in diesem Werk
Jurek Beckers eine überzeugende visuelle Form gefunden.

Es gibt kaum ein literarisches und filmisches Beispiel, das in
solcher Kürze den deutsch-jüdischen Kontext ironisiert und gegen Romantisierungen und Idealisierungen angeht, die sich in
den Erinnerungen an die deutsch-jüdische Erfahrung biedermeierlich einnisten. Denn ein zentrales Problem der Diskussion antagonistischer Erinnerungen in Deutschland ist es seit jeher, sich
der offensichtlichen Gefahr einer Romantisierung und Monu-
mentalisierung alles Jüdischen zu entziehen. Das wird insbesondere am übergezogenen Philosemitismus, jener Überhöhung und
Idealisierung und damit letztlich der erneuten Ausgrenzung alles
Jüdischen, deutlich. Einerseits diente nach 1945 ein als gesell-

schaftliche Norm akzeptierter Philosemitismus dazu, eine neue Haltung gegenüber Juden in der Gesellschaft zu verankern und als ethischen Kredit bei der Herstellung der Souveränität der Bundesrepublik zu nutzen. Es war ein Gründungsmythos der Bundesrepublik, so wie der Antifaschismus in der DDR und die These von Österreich als erstem Opfer Hitlers in der zweiten Republik deren Gründungsmythen waren. Der Philosemitismus verband reale Probleme in der Verarbeitung der NS-Vergangenheit mit der Herstellung internationaler und innenpolitischer Akzeptanz der sich entwickelnden Nachkriegsgesellschaft. Er war, wie Ludwig Marcuse es so treffend formulierte, *eine deutsche Kur für einen deutschen Schmerz.*

Nicht wenige Juden in Deutschland wehrten sich gegen die philosemitische Umarmung, andere fühlten sich durch den gesellschaftlichen Kuscheleffekt des Philosemitismus nun endlich akzeptiert. Im Kern idealisierte der Philosemitismus die deutschjüdische Vergangenheit, monumentalisierte die Rolle der Juden in Deutschland und romantisierte die deutsch-jüdische Erfahrung. Auf dem philosemitischen Olymp wimmelte es nur so von Nobelpreisträgern, klugen und gütigen Menschen, schönen Jüdinnen, allerdings nur deutsch-jüdischer Herkunft. Zu den Ostjuden, den Tausenden polnischen Juden in den Sammellagern und Städten schwieg der Philosemitismus. Der Nachkriegs-Antisemitismus im Westen Deutschlands konzentrierte sich denn auch schwerpunktmäßig auf die Juden polnischer Herkunft. In der DDR war dies insofern anders, als die Masse der osteuropäischen Juden nach 1945 insbesondere in die amerikanische Besatzungszone gegangen war, und Antisemitismus und Antizionismus bereits von Stalin zu politischen Instrumenten gemacht worden waren.

Jahrzehnte später suchen Angehörige der nachgeborenen nichtjüdischen Generationen in Deutschland oftmals nach einer emotionalen »Jüdischkeit«, die ihnen die vernunftorientierte und urbane jüdische Erfahrung insbesondere Wiens und Berlins, aber auch Warschaus kaum vermitteln kann. Der politische und gesellschaftliche Philosemitismus der Nachkriegszeit wird seit den neunziger Jahren zunehmend durch eine gesamtdeutsche kulturelle Variante ersetzt. Es handelt sich um eine philosemitische Abspaltung, durch die nicht nach den jüdischen Nachbarn der Großeltern und deren Verbleiben gefragt wird, sondern nach der vermeintlich harmonisch in sich geschlossenen Welt, jener versunkenen, verlorenenen, vernichteten Welt des ostjüdischen Schtetls, seiner Literatur, seiner Gebräuche, seiner Religion und seiner Sprache.

Mit nahezu unüberwindbarer Hartnäckigkeit überlagert die romantisierte ostjüdische Erfahrung im Bewußtsein vieler jüngerer deutscher Nichtjuden die deutsch-jüdische Erfahrung und beginnt, sie in der Einbildung zu ersetzen. Alain Finkielkrauts Diktum vom *eingebildeten Juden* trifft sehr gut die grandios-beschämende philosemitische Erfindung eines abstrakten Juden, der so ziemlich alles auf sich vereint, was es an Klischees gibt. Es handelt sich im Kern um die überaus verbreitete deutsche Sehnsucht nach einem Judentum *vor* der Akkulturation, möglichst mit Stirnlocken, Käppchen, intensivem religiösem Leben, eigener Sprache, Literatur und Musik. Das ist eine Art »Klezmeritis« des deutschen Zeitbewußtseins, in der es erneut um die Darstellung und Wahrnehmung des Juden als kulturell völlig Anderem geht, eine Art romantisch-wohlmeinende musikalische Rücknahme der in den Jahrhunderten gemeinsamen deutsch-jüdischen Lebens vollzogenen Integration.

Wie gesagt, die Juden rechts und links des Rheins tanzten seit der ersten vom kaiserlichen Hof in Wien mit Skepsis bedachten Walzerwelle beschwingt die neuesten Walzervarianten, auf Festen lauschte man den Spielleuten mit ihrem jüdisch-deutschen Liedergut, und die gehobenen Schichten summten Melodien von Richard Wagner, vornehmlich aus *Tristan und Isolde*. Dennoch: das jüdische Liedgut existiert, und mit dem Ensemble von Jalda Rebling gibt es auch seit vielen Jahren eine Stimme der nichtreligiösen jüdisch-deutschen Musik.[37]

Die achtziger und insbesondere die neunziger Jahre haben uns nicht allein in die Gegenwart jüdischen Schreibens in Deutschland geführt, sondern auch die bleibende Aktualität solcher

Schriftsteller wie Arthur Schnitzler, Lion Feuchtwanger, Hugo von Hofmannsthal, Else Lasker-Schüler, Alfred Döblin, Friedrich Torberg, Egon Erwin Kisch, Stefan Heym, Arnold Zweig, verdeutlicht. Gleichzeitig wächst zunehmend die Zahl jüngerer Autoren, die aus einem jüdischen Hintergrund heraus schreiben, sich dabei skeptisch der Gegenwart widmen und deutsch-jüdischen Problemen auf literarisch anspruchsvolle und satirische Art nähern.

Doron Rabinovicis Roman von 1997 *Suche nach M.* nimmt das von Fritz Lang 1931 etablierte Motiv des Mörders M wieder auf und führt über Wien, Kraków, Tel Aviv, Wien nach Berlin. Ein Zeitgemälde der jüngeren jüdischen Generation und ihrer Auseinandersetzung mit der Generation der Eltern und Großeltern, der älteren und gleichaltrigen deutschen und österreichischen Umwelt und der merkwürdigen Beziehung von Anziehung und Abstoßung von allem, was die israelische Gesellschaft zusammenhält. Mullemann, dessen Name auch mit M beginnt, ist eine geheimnisvolle Person, ein junger, sich hinter Lage über Lage von Mullbinden versteckender Wiener Jude, der sich schuldig hält für alles, was um ihn geschieht, und gleichzeitig die wirklich Schuldigen intuitiv erkennt, ein verhülltes und sich enthüllendes Gedächtnis, die Personifikation antagonistischer Erinnerungen.

Doch letztlich geht es in diesem Roman, so wie in Jurek Beckers *Bronsteins Kinder*, auch um das Ausbrechen aus dem geschlossenen Zirkel von Schuld und Anklage. Die jüngeren Generationen wenden sich allmählich von den Angelegenheiten der Väter ab, bewahren Erinnerung auf ihre Art. Ist doch die Resignation, ob aufgezwungen oder erfüllt, der einen Generation keineswegs zugleich eine Geisteshaltung oder Norm folgender Generationen. Und überdies haben die Jungen anderes im Sinn und in den Sinnen: *Sie eilte vom Museum, in dem sie arbeitete, geradewegs nach Hause, um den Bekenntnissen ihres Gefährten zu lauschen, an seinen Lippen zu hängen, bei seinen Geständnissen in Hitze zu geraten, und während sie ihm die Kleider abzog, rot vor Scham und Lust, und zwischen die Bandagen fuhr, um den Mull zu richten, verhedderte sie sich in ihm. Die beiden verknäulten sich ineinander, bis sie sich mit Gekuder und Gekeuche auf dem Boden wälzten, zwischen den Binden umhertollten. In jenen Nächten konnten die Stocknachbarn den Ausruf ihrer Anwohnerin Sina Mohn: »Ja, ja ich komme ... ich komme«, durch die Milchglasscheiben ihrer Bleibe im Stiegenhaus hören, und gleich darauf den Hahnenruf, das Kikeriki ihres unbekannten Liebhabers: »Neineinein, ich bin's ... ich war's ... ich bin's gewesen!«*[38]

Romane wie dieser und eine wachsende Zahl von Spielfilmen verlagern die zentralen Themen im deutsch-jüdischen Kontext auf Gegenwart und Zukunft. Die Vergangenheit macht vielen Vergangenheiten Platz, und diese Vergangenheiten werden Geschichte und Geschichten, immer mehr als Material für Interpretationen begriffen, die Identität stiften können, aber nicht mehr müssen.[39]

Bereits 1982 wies der Soziologe Alphons Silbermann auf die komplizierte Verbindung von Vergangenheit und Gegenwart hin: *So verdienstvoll es auch als Modus einer Bekämpfung von Vorurteilen ist, in ungeschminkter Weise Einzelheiten aus dem Vertreibungs- und Genozidarsenal der Nazis vorzulegen (geschehe dies in Schrift und Bild), aufgearbeitet kann nur werden, was jetzt ist, nicht, was damals war und sich auf dem besten Weg zur Mythologisierung und darauf basierend zum Vorurteil von beiden Seiten, von Seiten der Juden wie der Nichtjuden, befindet. Nur die Gegenwart kann an dem Kollektivgedächtnis rütteln, kann diese sich kontinuierlich tradierende Wolke auflösen.*[40] Das sei betont, da sonst der mediale Eindruck entstehen kann, daß die auf- und abschwellenden öffentlichen Debatten und Kontroversen über Shoah-Gedenkstätten, über Ausstellungen zu den Verbrechen des nationalsozialistischen Deutschlands, über juristische Schritte gegen die Leugner der NS-Vernichtungspolitik und die zahllosen Fernsehsendungen zum Thema des Antisemitismus der eigentliche Fixpunkt der heutigen deutsch-jüdischen Erfahrung seien. Der Antisemitismus ist zwar auch ein Problem für Juden, aber er ist wohl vor allem ein nichtjüdisches deutsches Problem.

Die NS-Vernichtungspolitik ist nicht die einzige Vergangenheit, jüdische oder deutsch-jüdische Identität läßt sich nicht allein von dieser bestimmen, sondern kann viele, auch widersprüchliche kulturelle, soziale und religiöse Traditionen umfassen. Jurek Beckers Romanfigur Elle gibt mit ihrer Frage nach den Plänen einer jungen deutsch-jüdischen Generation das Motto für ein halbes Jahrhundert vor. Symbolische Ecksteine der Entwicklung seit 1945 waren 1959 die Einweihung des Jüdischen Gemeindezentrums in Berlin und 1986 die Einweihung des Jüdischen Gemeindezentrums Frankfurts und Ende der neunziger Jahre das Abitur des ersten Jahrgangs des Jüdischen Gymnasiums in Berlin. Auch damit hatte Berlin-Mitte wieder ein weiteres Stück von sich selbst gefunden, während die nichtjüdische deutsche Mehrheit sich an den Stätten der Nazi-Herrschaft Monumente des Gedenkens und Mahnens schuf. Genauso können aber auch die jüdischen Preisträger des Friedenspreises des deutschen Buchhandels als Eckpunkte genannt werden oder Preise für deutsch-jüdische Schauspielerinnen und Schauspieler oder Auszeichnungen für Theaterstücke und Spielfilme mit jüdischen Themen. Vielleicht reicht es auch einfach aus, all jene deutschen und österreichischen Städte aufzuzählen, in denen es seit 1945 Beschneidungszeremonien oder jüdische Trauungen gegeben hat, sei es standesamtlich oder beim Rabbiner. Noch bescheidener ließe sich anführen, daß die Romane und Erzählungen von Barbara Honigmann, Gila Lustiger, Robert Schindel und Robert Menasse, um nur einige zu nennen, ein Lesepublikum haben und daß es – Inbegriff kultureller Normalität – sehr viele jüdische Kindergärten gibt.

Deutsche Juden oder eben auch jüdische Deutsche, vor allem die jüngere Generation, sind heute weder Geiseln der Moderne noch Repräsentanten von schlechtem Gewissen oder idealisierte Sinnbilder romantischer Sehnsüchte. Insofern gibt es keine »Normalität«, wohl aber viele Normalitäten. Wie selbstverständlich denken junge Juden über ihre Zukunft in Deutschland öffentlich nach, und nichtjüdische Stimmen werden in solchen Debatten nicht zurückgewiesen.[41] In einem Schreibwettbewerb des Pädagogischen Zentrums der Zentralwohlfahrtsstelle der Juden in Deutschland schrieb 1993 ein zehnjähriges Mädchen über den

Beginn seiner Gymnasialzeit in einer deutschen Großstadt: *Seit-dem ich nicht mehr auf der Jüdischen Grundschule bin, fühle ich mich viel jüdischer. Am ersten Tag in der neuen Schule wurden alle Kinder in den katholischen und evangelischen Religionsunterricht eingeteilt. Man mußte sich melden, was man ist. Die meisten waren evangelisch. Nur meine Freundin und ich meldeten uns nicht. Ein Mädchen sagte noch: »Was seid ihr denn?« Da es so laut war, und die Lehrerin streng, machte ich nur ein Zeichen, das soviel bedeuten sollte: »Wir sind nichts von beidem!« Aber sie verstand es so, als seien wir gar nichts. In der Pause mußte ich sie »aufklären«. Die ganze Klasse wußte innerhalb von 10 Minuten, daß wir Juden sind. Wir kamen uns äußerst wichtig vor. Einen Jungen begeisterte das nicht. Angeblich hatte er nichts gegen Juden, aber gegen uns persön-lich. Langsam bekamen wir Angst, weil wir dachten, daß er jeden Moment sagen würde: »Scheißjude!« Dies erzählten wir einer Leh-rerin, die sich angeboten hat, wenn wir ein Problem hätten, uns zu helfen. Sie meinte, daß alle Lehrer hinter uns stehen würden, wenn das eintrifft. Wir waren beruhigt. Anscheinend hat sie mit ihm gere-det, und jetzt ist er in Ordnung. Ich bin stolz, Jüdin zu sein, auch wenn so etwas mal passieren kann.*[42]

Aufklärung als aktive Erinnerung

Der Versuch, die deutsch-jüdische Erfahrung mit den kultur-geschichtlichen Wegen in die Moderne zu verbinden, hat sich immer wieder an den Widerständen gegen Aufklärung und Mo-derne und durch die nicht zu sühnenden Verbrechen gebrochen. Doch das Ende der einen Aufklärung hat schließlich trotz aller fürchterlichen Konsequenzen auch immer den Beginn der näch-sten Aufklärung nach sich gezogen. Aufklärung, wie sie hier ver-standen wird, geht über ein nur auf die Vergangenheit bezogenes Verständnis der Grenzen bürgerlicher Aufklärung hinaus.[43] Intel-lektuelle Debatten seit den vierziger Jahren konzentrierten sich mit Blick auf die Folgen der antisemitischen Vernichtungspolitik berechtigterweise auf das Scheitern dieser Aufklärung. Eine nahezu unübersichtliche Masse von populärer und akademischer Literatur versucht, das Scheitern der Aufklärung in Krieg und Vernichtungspolitik aus der langen Tradition der deutschen Geschichte und Kultur zu erklären. Die Fragen nach den Ursachen von Nationalsozialismus und Vernichtungsantisemitismus werden sicherlich auch künftige Generationen beschäftigen. Eine der herausragenden, optimistisch stimmenden Alternativen ist nun darin begründet, daß die Suche nach Antworten auf die Frage nach den Ursachen vergangener Katastrophen auch immer das Ringen um eine humanistische Gegenwart zur Folge hatte. Das beschränkt sich nicht auf Kultur- und Gesellschaftskritik, sondern führt in der Regel zu persönlichen Konsequenzen, die gerade in der deutsch-jüdischen Erfahrung immer wieder zum Tragen kommen. Die Theoretiker, Soziologen und Kulturkritiker Max Horkheimer und Theodor Adorno, die in den Jahren des Exils das Scheitern der bürgerlichen Aufklärung so exzellent artikuliert hatten, zogen daraus und aus ihrer persönlichen Situation auch die Schlußfolgerung, aus dem Exil in den USA wieder nach Deutschland zurückzukehren. An der Universität Frankfurt und in der deutschen Öffentlichkeit setzten sie alles daran, dem Erziehungs- und Bildungsauftrag der Aufklärung kritisch zu entsprechen, also doch wieder die positiven Erfahrungen der bürgerlichen Aufklärung zeitgemäß zu berücksichtigen.[44]

Kultur, Kunst und ihre durch die Epochenwenden geformten Repräsentanten haben über die Mitte des 20. Jahrhunderts hinaus eine Ästhetik des Widerstehens geschaffen, deren geistige, spirituelle und visuelle Kraft die nationalsozialistischen Versuche der Kulturvernichtung überlagert hat. Gerade weil nach Auschwitz Gedichte geschrieben werden mußten, Hörspiele und Romane in eine unsichere Öffentlichkeit drängten, weil gemalt und gefilmt wurde, weil eine ganze Generation in eine Sprache hineinwuchs, die sich der semantischen Brandspuren der *lingua tertii imperii*, der Sprache des Dritten Reiches,[45] allmählich zu entziehen vermochte, konnte eine wohl in sich gebrochene und bei weitem nicht vollständige, aber bei allen Versäumnissen sich abzeichnende Kontinuität in der Rezeption deutsch-jüdischer Kultur-fragmente geschaffen werden.

Es sei nur daran erinnert, daß die Literaturschöpfungen NS-Deutschlands faktisch aus dem Kanon der deutschen Literatur verschwunden sind, wenngleich die Antiquariate davon voll sind. Zahlreiche der im Mai 1933 verbrannten Werke, von Tucholsky bis Schnitzler, von Luxemburg bis Marx, von Rathenau bis Heine, haben in den vergangenen Jahrzehnten ihren Platz in Bibliotheken und Buchhandlungen wiedererlangen können. Eine kulturelle Archäologie legt, wenn auch viel zu langsam, Schicht um Schicht der deutsch-jüdischen Erfahrung frei, wobei es erstaunlich ist, daß dies in Literatur, Kunst und Film oft schneller erfolgt als an den Universitäten. In Deutschland und Österreich, in Nordamerika und Israel, aber auch in der Schweiz, Frankreich und England lagern sich von Jahrzehnt zu Jahrzehnt mehr Materialien eines schriftlichen und visuellen Archivs der deutsch-jüdischen Erinnerung ab, als noch vor Jahren absehbar war, ohne daß dies bereits Auswirkungen auf Schule, Bildung und Ausbildung hat.

Dieses deutsch-jüdische Archiv ist nun nichts anderes als die umfassendste Bibliothek der Aufklärung des 20. Jahrhunderts. Es gibt hier keinen Abschluß, keine Vollständigkeit, denn es werden immer wieder deutsch-jüdische Stimmen zu vernehmen sein, die verbrannt, verschollen und verstummt zu sein schienen. Dem Mahnmal in Gestalt von im Erdenreich versenkten Büchern auf dem Platz vor der Humboldt-Universität in Berlin-Mitte oder dem Gedenkhaus aus steinernen Büchern auf dem Judenplatz in Wien werden sich zunehmend die wirklichen bekannten und noch unbekannten Stimmen zugesellen. Die Gedichte, Novellen, Essays, Romane, die Theaterstücke, Bilder, Zeichnungen, Fotos und Filme werden den Stimmen aus der Mitte, den vergessenen und verbannten, allmählich ihren kulturellen, nicht zu Stein erstarrten Platz verschaffen.

Das deutsch-jüdische Exil, das Verstummen wie auch das Wiederfinden der Sprache, das abgewandte Gesicht und die Zuwendung der Zuhörer sind eine Erfahrung des 20. Jahrhunderts und entsprechen gleichzeitig einer abendländischen Urerfahrung. Sie sind auch eine Odysee, die Odysee des 20. Jahrhunderts. Odysseus, wie Homer erzählt, erinnerte durch all die Jahre, wo Ithaca war, das wirkliche und das mythische. Die deutschen Juden wußten stets, wo ihr Deutschland war, doch die Mehrheit der nicht-jüdischen Deutschen vergaß es. So ging das gemeinsame Deutschland verloren. Es kann nur durch die wiedererklingenden deutsch-jüdischen Stimmen von einst und von heute gefunden werden, doch wird dieses Deutschland sich wohl auch anders darbieten und anderes erwarten lassen. Das Mythische bleibt unerreichbar, das Wirkliche ist kleiner, bescheidener. Es klingt, um Rathenau erneut zu zitieren, eben manchmal verschieden, auch europäischer.

Deutsche Juden stehen nicht für etwas, haben keine moralische, historische, spirituelle oder juristische Stellvertreterfunktion. Sie repräsentieren keinen kulturellen Beitrag der Vergangenheit und keine mahnende Erinnerung in der Gegenwart. Sie sind als deutsche Juden für sich so wie andere gleichberechtigte Bürger dieser Zivilgesellschaft. Damit einher geht die Tatsache, daß die öffentlichkeitswirksame Stellung der führenden Gremien der jüdischen Institutionen in Deutschland in ihrer politischen Bedeutung verblaßt. Ähnlich wie in anderen westlichen Ländern wird die Entwicklung dahin gehen, daß sich das Ensemble der Repräsentanten der religiös und kulturell immer differenzierter werdenden Jüdischen Gemeinden stärker zu immanent jüdischen Belangen zu Wort meldet und gleichzeitig Intellektuelle, Schriftsteller, Künstler, Filmmacher, Architekten, Journalisten und Publizisten jüdischer Herkunft, die meist überhaupt nichts mit den Jüdischen Gemeinden zu tun haben, die öffentliche Sphäre noch intensiver mitgestalten. Es gehört zu den Erfolgen der deutschen Nachkriegsdemokratie, daß die Jüdischen Gemeinden wieder in einen halb-öffentlichen Raum zurückkehren, Jüdische Kultur- und Filmwochen wie in Berlin und Wien wichtiger werden können als politisch gewichtige Erklärungen von Gemeindevertretern.[46]

Der Kern der Entwicklung der deutsch-jüdischen Nachkriegskultur liegt in folgendem: Die deutsch-jüdische Erfahrung seit der Besetzung Deutschlands und dem Untergang des NS-Imperiums ist durch die Wiederherstellung eines Grundgedankens der Aufklärung bestimmt, nämlich dem untrennbaren Zusammenhang zwischen geistig-kultureller Akzeptanz und gesellschaftlichen, politischen Formen, die dies erst möglich machen, also, wie wir heute wissen, der Demokratie. So ganz unrecht hatte Karl Marx wohl denn doch nicht, als er in der Emanzipation des Staates von der Religion eine Voraussetzung für die Emanzipation der Juden sah. Vielleicht ist, um Bertolt Brecht zu paraphrasieren, die allgemeine Emanzipation von allen möglichen Formen von »...tümern« so negativ nicht zu betrachten und keinesfalls eine Alternative zu kulturellen Identitäten. Anders gesagt, wer vom Deutschtum nicht mehr reden möchte, sollte auch mit dem Begriff Judentum ein wenig vorsichtiger umgehen; denn derartige »tümer« stehen immer vor der Gefahr, »tümelnd« zu werden.

Die Rehabilitierung der deutsch-jüdischen Aufklärung, die Rekonstruktion eines jüdisch-deutschen Kontextes in der formativen Periode Nachkriegsdeutschlands erfolgte nach 1945 nicht als Teil deutscher Resistenz gegen den NS-Ungeist und die Relikte seiner politischen Kultur, sondern als Aufklärung von oben. Durch diese entnazifizierenden Maßnahmen der Alliierten wurde den Nachkriegsdeutschen unmißverständlich institutionell mitgeteilt, daß Juden auch Menschen seien mit voller, gleichberechtigter und institutionell geschützter individueller und kollektiver Verfassung. Kurz, die bisher oftmals übersehene und doch so bedeutungsvolle dritte Emanzipation, das 19. Jahrhundert und die Weimarer Republik mitgerechnet, wurde den Juden von den Alliierten gegeben und nicht von deutschen Verwaltungen zugestanden.[47] Das gehört zum Gesamtzusammenhang von Demokratisierung, Entnazifizierung und Erziehung, so unvollkommen sie im Rückblick auch gewesen sind. Die Stabilität der deutschen Demokratie geht auf diese formative Periode zurück, in der ebenfalls die Neugestaltung des zweifellos ambivalenten deutsch-jüdischen Kontexts erfolgte. Die Verfassungen beider deutscher Staaten haben dem dann Rechnung getragen. Damit schloß sich der historische Kreis von der Aufklärung des 18. Jahrhunderts, über die bonapartistischen Maßnahmen zu Beginn des 19. Jahrhunderts und die Halbheiten des preußischen Hofes sowie des Kaisers in Wien bis zur egalitären Verfassung der Weimarer Republik und der Ersten Republik Österreichs. Die deutsche und die österreichische Republik prägten für eine kurze, aber historisch einmalige Periode nach dem Ersten Weltkrieg eine deutsch-jüdische und österreichisch-jüdische Blütezeit.

Doch drückten seit 1948 die beiden deutschen Staaten auch nur einen deutsch-jüdischen Partikularismus aus. Die deutschen Juden in beiden deutschen Staaten waren Teil, aber nicht Ganzes, sie waren Repräsentanten der jeweils fälligen Ideen in den deutschen Republiken, jedoch nicht Repräsentanz jüdischer Vielfalt für sich. Mit der Vereinigung Deutschlands hat es einen unerwarteten Schritt in die Zivilgesellschaft gegeben, und mit der allmählichen Entwicklung einer vielschichtigen dezentralen jüdischen Struktur wird die jahrhundertlange Akkulturation, die Nazi-Deutschland rückgängig machen wollte, endlich abgeschlossen und kann einer kulturellen, religiösen und institutionellen Vielfalt weichen. Die Juden in Deutschland sind da, wo sie seit der Aufklärung sein wollen, in einer demokratisch geordneten Zivilgesellschaft, wo eben jeder nach seiner Façon selig werden kann – wenn man ihn denn läßt. Es ist wohl auch etwas Wesentliches in dieser Zivilgesellschaft, daß sie sich nicht von selbst ergibt. Eine Zivilgesellschaft kann nicht, wie die Demokratisierung nach 1945, von oben verordnet oder durch Tabus legitimiert werden. Sie ist, wie jede Bewegung gegen Rassismus und Ausländerfeindlichkeit, gegen Antisemitismus und Geschichtslügen beweist, ständig aktiv zu gestalten, insofern geistiges Kind der Aufklärung.

Die Schriftstellerin Esther Dischereit schreibt 1998: *Die Roma und Sinti sind mir andere Andere. Was uns verbindet, sind unsere Mehrfach-Identitäten, die in einem Umfeld gelebt werden, das sich mehrheitlich monokulturell verstanden wissen möchte. Und es verbindet uns die Tasache, in Deutschland zu leben. Der Anstand einer »normalen« Identität als »Jüdin im Nationalen« geht mir ab. »etwas anderes« – aber was? Leider kann ich da seit Martin Buber nicht weiterhelfen und bleibe gewissermaßen »unsichtbar.«*[48] Vielleicht wäre dies gerade eine schöne Definition von Normalität.

Aufklärung ist aktive Erinnerung. Den Zahlen der Planer der Vernichtung und den Statistiken des Grauens setzen die verbrannten Werke, die Filme, Gemälde, Biographien, Autobiographien und verschlüsselten Fragmente der kulturellen Rückkehr und die entstehenden Werke der Gegenwart etwas Großartiges entgegen: ein Archiv der Erinnerung und des fordernden Gestaltens. Diese Text- und Bildbibliothek setzt auf klassisch humanistische Weise dem Vergessen das Menschliche, das Individuum und seine erfahrene und gelebte Welt entgegen. Insofern ist die deutsch-jüdische Erfahrung kein abgeschlossener Prozeß, sondern unterliegt einer stets neuen Aneignung und auch Erweiterung. Aktive Erinnerung, die über die schriftlichen und visuellen Archive hinaus den Weg zu den nachgeborenen Generationen findet, steht in der lang andauernden Tradition der Aufklärung. Da Aufklärung ohne Erinnerung eine leere Hülse wäre, ist es auch verständlich, warum durch die Betonung der Erinnerung in der jüdischen Tradition das Element der Aufklärung stets mitgewirkt hat und nach wie vor prägend ist. Erinnerung und Aufklärung bedürfen allerdings eines dritten Elements, machen die Interpretation nicht allein im Text, sondern im geschichtlichen, im praktisch-gesellschaftlichen Kontext unabdingbar. Erst durch eine solcherart eingebundene und sich gleichzeitig öffnende Interpretation werden Text und Bild lebendig. Und in Deutschland und Österreich ist diese Erinnerung darüber hinaus zunehmend begehbar, weil jüngere Generationen die vergehende deutsch-jüdische Erfahrung in eine aktive Erinnerung zurückholen. Dies ist auf jeden Fall in Wien und Berlin offensichtlich.

Allerdings bleibt stets eine immense Diskrepanz zwischen aktiver Erinnerung und gelebter Aktivität, doch wirklich möglich ist beides als deutsch-jüdische Erfahrung erst seit den neunziger Jahren des 20. Jahrhunderts. In diesem Sinne sind *Bronsteins Kinder* mehr als eine Geschichte. Wie sagte doch Jurek Beckers Elle: *oder hast Nicht auch Du Pläne.*

Übergänge und kein Schlußwort

Die skizzenartige Zeichnung deutsch-jüdischer Erfahrungen vom ersten Sänger der jüdisch-deutschen Annäherung Süßkind von Trimberg über Fanny Lewald, Max Liebermann, Ernst Lubitsch bis zu Joseph Schmidt und Hans Rosenthal hat zum Ziel, die deutsch-jüdische Erfahrung von der Mitte der deutschen Gesellschaft und nicht vom Rand zu lesen. Die Wellen der wechselseitigen Wirkung, Anerkennung, des Zusammenlebens und der Zurückweisung, Distanz und Diskriminierung können in ihrer Nähe zum deutsch-jüdischen Alltag betrachtet werden. Aus der Mitte der deutschen Gesellschaft und ihrer Kultur ergibt sich der deutsch-jüdische Weg in die Moderne. Wenn die Juden in Deutschland auch immer wieder als Geiseln der Moderne betrachtet wurden, so hatten sie nicht nur an dieser teil, sondern wirkten in Deutschland als eines ihrer aktivsten Elemente, mehr, als Geiseln wohl vermögen. Sie sprengten die Ketten der alten Gesellschaft und waren so wie die Mehrheit der Deutschen in die Dialektik von Demokratie und Anti-Demokratie, von Humanismus und Anti-Humanismus gezwungen. Sie waren nicht die Wächter der Demokratie, aber sie wurden nach 1945 zu Hütern des schlechten Gewissens gemacht, einer Rolle, die man anderen überlassen sollte.

Die Existenz des Antisemitismus verringert keineswegs die Bedeutung der deutsch-jüdischen Akkulturation, der Emanzipation und Integration, sondern weist auf deren Halbheiten, Spannungen und Niederlagen hin. Das letztendliche Scheitern einer historischen Erfahrung wiederum reduziert diese nicht auf den Moment des Zusammenbruchs. Nicht die über ein Jahrtausend währende Gegenwart von Juden in Deutschland wirft Schatten voraus, sondern es sind antijüdische Maßnahmen, schließlich die Vernichtungspolitik, die für den heutigen Betrachter Schatten zurückwerfen. Das eine mit dem anderen zu verwechseln wäre unhistorisch; denn es gab keinen vorherbestimmten Weg, der nach Auschwitz führte oder in die Berliner Republik.

Eine kulturelle Betrachtung, die die deutsch-jüdische Erfahrung nicht mit dem Mantel der Betroffenheit wärmt und sich der üblichen, der Biologie entlehnten Begriffe wie Symbiose oder Assimilation entzieht, kann auf jeden Fall damit rechnen, daß Mißverständnisse unvermeidlich auftreten. Eine Auseinandersetzung mit Problemen des deutsch-jüdischen Nachkriegs ähnelt der sturmumtosten Bootsfahrt des Odysseus zwischen Scylla und Charybdis, und man ist gut beraten, sich dabei fest anzubinden, um von den Wellen nicht verschlungen zu werden. Zugleich ist es nach fünfzig Jahren möglich, so manches Nachkriegstabu zu ignorieren, da sich in der gesamten deutschen Gesellschaft ein allmählicher Wechsel der Gründergenerationen zu den Umgründergenerationen vollzieht, von denen, die dabei waren, zu den Enkeln. Das betrifft nichtjüdische und jüdische Bürger gleichermaßen.

Walter Benjamin beschreibt in allgemein gehaltener prägnanter Kürze, worum es im Hinblick auf deutsch-jüdische Kultur und Geschichte auch zu Beginn des 21. Jahrhunderts gehen kann: *In jeder Epoche muß versucht werden, die Überlieferung von neuem dem Konformismus abzugewinnen, der im Begriff steht, sie zu überwältigen.*[49] Die Dialektik der Aufklärung besteht, geschichtlich betrachtet, nicht darin, daß sie auch scheitert, sondern daß sie es vermag, sich von diesem Scheitern zu erholen, und die jeweils nachdenklichen Stimmen findet, die ihr zu erneutem Durchbruch verhelfen können. Aufklärung war und ist stets verbesserungswürdig, nicht zuletzt aufgrund ihres sich immer wieder verändernden historischen Kontextes. Die kulturellen und künstlerischen Stimmen der Aufklärung, jüdische und nichtjüdische gleichermaßen, sind Stimmen der Mitte, des Ausgleichs, wenn diese Mitte als humanistischer Kern der Gesellschaft verstanden wird, der auch der radikalen Vitalisierung bedarf.

Hierzu gehört die Feststellung, daß die deutsch-jüdische Kulturgeschichte von der Ungleichzeitigkeit ihrer einzelnen Entwicklungen her erst ihre Unruhe und Kreativität gewinnt. Das Religiöse, das Wirtschaftliche, das Soziale, das Politische, das Sprachliche, das Kulturelle, das Theoretische, das Künstlerische beziehen sich wie in Wellen aufeinander, schwappen übereinander, brechen sich, verhüllen sich wie im späten Mittelalter, werden zur untergründigen und auch sichtbaren Strömung wie in der frühen Neuzeit, zu Wirbeln kultureller Kraft zu Beginn und des Untergangs vor der Mitte des 20. Jahrhunderts und zu an Farbenkraft zunehmenden Strömungen des Aufstiegs wie in den vergangenen Jahrzehnten und heute.

In diesem Sinne ist deutsch-jüdische Aufklärung kein abgeschlossenes Projekt, nicht einfach nur vergangene kulturgeschichtliche Epoche, die in ausweglosen Museen eher schlecht als recht abgehandelt werden kann. Jede Generation in diesem Land hat die Chance, die Bausteine der Aufklärung und des deutsch-jüdischen Zusammenhangs von ihrem Beginn her zu lesen, neu zusammenzusetzen und eben die tausendjährige Überlieferung von neuem dem Konformismus abzugewinnen. Daß dabei sowohl Resignation überwunden werden kann, als auch Melancholie und Skepsis unverzichtbar bleiben, muß mit Verweis auf Süßkind, den Juden von Trimberg, nicht extra betont werden. Im Buch des Propheten *Yoel* heißt es, daß das Gesehene der Vergangenheit den Kindern erzählt werden solle und die Kinder es ihren Kindern erzählen mögen und deren Kinder einer anderen Zeit. Wir leben heute in dieser anderen Zeit und können aktiv teilhaben an einer bewegenden und kreativen Erzählung des Gesehenen.

ANMERKUNGEN

Einleitung

1 Walter Benjamin, Geschichtsphilosophische Thesen, in: ders. Illuminationen, Frankfurt am Main 1961, S. 270.

I.

1 Richard M. Meyer, Süßkind von Trimberg, in: Allgemeine Zeitung des Judenthums. Ein unparteiisches Organ für alles jüdische Interesse, 60. Jahrgang, Berlin 1896, S. 356.

2 Heinrich Graetz, Geschichte der Juden in elf Bänden, Bd. 6, Leipzig 1896, S. 235.

3 Alle hier abgedruckten Fassungen der Lieder basieren auf folgenden Übertragungen, die vom Verfasser bearbeitet wurden: Pfarrer Dr. G. Krätzinger, Ein Jude unter den deutschen Minnesängern, in: Deutsche Blätter. Eine Monatsschrift für Staat, Kirche und sociales Leben, Jahrgang 1874, Gotha, S. 519 f., B. Badt, Die Lieder des Süßkind von Trimberg, Berlin 1920; Friedrich Torberg, Süßkind von Trimberg, Frankfurt, Wien, Berlin 1979; sowie ältere Fassungen in deutschen Literaturgeschichten und Sammelwerken, wie z.B. Friedrich Heinrich von der Hagen, Minnesänger. Deutsche Liederdichter des 12., 13. und 14. Jahrhunderts aus alten bekannten Handschriften und früheren Drucken, 2 Bde., Leipzig 1838, S. 119.

4 Vgl. die Darstellung dieser Jahrhunderte mit vielen Abbildungen u. a. bei Ruth Gay, The Jews of Germany. A Historical Portrait, New Haven 1992, S. 3 f.

5 Vgl. Michael Borgolte, Der Gesandtenaustausch der Karolinger mit den Abbasiden und mit den Patriarchen von Jerusalem, München 1976, 34 f., Filo Abraham, Die Reisen Isaaks des Juden und Abu el Abas des Elefanten, zur Zeit Karls des Großen, König der Franken, Jerusalem 1997.

6 Vgl. Ruth Gay (s. Anm. 4).

7 Paul J. Diamant, Althochdeutsches Schlummerlied. Ein Gelehrtenstreit über deutsch-jüdische Zusammenhänge im Mittelalter, in: Leo Baeck Institute Year Book V, 1960, S. 338 f.

8 Yosef Hayim Yerushalmi, Diener von Königen und nicht Diener von Dienern. Einige Aspekte der politischen Geschichte der Juden, München 1995.

9 Vgl. Torberg und die Übertragung nach Pfarrer Krätzinger (s. Anm. 3), S. 519 f.

10 Vgl. Monumenta Judaica, Katalog, Köln 1964, Dokument 96.

11 Benjamin von Tudela, Petachja von Regensburg, Jüdische Reisen im Mittelalter, Leipzig 1991, S. 161.

12 Der Sachsenspiegel in Bildern. Aus der Heidelberger Bilderhandschrift, Frankfurt am Main 1976, S. 50 f., S. 54 f.

13 Vgl. Julius Höxter, Quellenlesebuch zur jüdischen Geschichte und Literatur, III. Teil: Deutschland, Frankreich und Italien im Mittelalter, Frankfurt am Main 1927, S. 16.

14 Judith R. Baskin, Dolce of Worms: The Lives and Deaths of an Exemplary Medieval Jewish Woman and her Daughters, in: Lawrence Fine (Hg.), Judaism in Practice: From the Middle Ages through the Early Modern Period, Princeton 2001.

15 Issak ben Moses, Or Sarua, frühes 13. Jahrhundert, in: Höxter, Quellenlesebuch (s. Anm. 13), S. 97.

16 Zit. nach Höxter, ebd., S. 109.

17 Dieses Zitat und die vorhergehenden Fakten nach Malka Rosenthal, Süßkind von Trimberg – ein Jude? In: Tribüne, 30. Jg., Heft 118, 1991, 176 f., vgl. auch Höxter (s. Anm. 13), S. 82 f.

18 Madeleine Klein-Ehrminger, Das Münster Unserer Lieben Frau zu Straßburg, Lyon 1993, S. 31.

19 Edith Wenzel, Ein neuer Fund: Mittelalterliche Wandmalereien in Zürich, in: Zeitschrift für deutsche Philologie 3/1997, S. 417 f.

20 Vgl. ausführlich Selma Stern, Josel von Rosheim. Befehlshaber der Judenschaft im Heiligen Römischen Reich Deutscher Nation, München 1959.

21 Zit. nach ebd., S. 222.

22 Friedrich Heinrich von der Hagen, Minnesänger (s. Anm. 3), S. 119.

23 Fr. Delitzsch, Süßkind von Trimberg, der jüdische Minnesänger, in: Literaturblatt des Orients. Berichte, Studien und Kritiken für jüdische Geschichte und Literatur, No. 10, Leipzig, den 7. März 1840. Der Artikel wurde in Nr. 11 des Literaturblatts vom 14. März 1840 fortgesetzt.

24 Jakob Löwenberg, Süßkind von Trimberg, in: Jahrbuch für die Jüdischen Gemeinden Schleswig-Holsteins und der Hansestädte, Nr. 8, 1936/37, S. 24.

25 Karl Wolfskehl: Deutsch-jüdische Bibliothek, in: Leo Baeck Institute Yearbook V, 1960, S. 335 f.

26 Moritz Steinschneider, Allgemeine Einleitung in die Jüdische Literatur des Mittelalters. Vorlesungen, Jerusalem 1964, S. 79.

27 Josef Kastein, Süßkind von Trimberg oder Die Tragödie der Heimatlosigkeit, Jerusalem 1934.

28 Gerschom Scholem, Wider den Mythos vom Deutsch-jüdischen Gespräch, in: Manfred Schloesser (Hg.), Festschrift für Margarete Susman. Auf gespaltenem Pfad, Darmstadt 1964, 222 f., wieder abgedruckt u. a. in: Gerschom Scholem, Briefe, Bd. II, 1948–1970, München 1995, S. 87 f.

29 I. Elbogen, A. Freimann, H. Tykocinski (Hg.), Germania Judaica. Im Auftrag der Gesellschaft zur Förderung der Wissenschaft des Judentums, Breslau 1934, S. 384 f.

30 Meier Spanier, Der Spruchdichter Süßkind von Trimberg, in: Jahrbuch für Jüdische Geschichte und Literatur, hg. vom Verband der Vereine für jüdische Geschichte und Literatur in Deutschland, Bd. 31, Berlin 1938, S. 124.

31 Raphael Fritz Aronstein, Süßkind von Trimberg, in: Zion, Bd. 8, Nr. 3, Jerusalem 1943, S. 135 f.

32 Marcel Reich-Ranicki, Über Unruhestörer. Juden in der deutschen Literatur, Frankfurt am Main, Berlin, Wien 1977, S. 62.

II.

1 P. F. Ganz, F. Norman, W. Schwarz, Dukus Horant, Tübingen 1964, S. 77.

2 Vgl. Sander L. Gilman, Jack Zipes (Hg.), Yale Companion to Jewish Writing and Thought in German Culture 1096–1996, New Haven 1997, S. 42 f.

3 Ganz, Norman, Schwarz (s. Anm. 1), S. 77.

4 Vgl. Erika Timm, Das Jiddische als Kontrastsprache bei der Erforschung des Frühneuhochdeutschen, in: Zeitschrift für germanistische Linguistik, 14. Jg., Heft 1, 1986, S. 1f.

5 Felix Rosenberg, Über eine Sammlung deutscher Volks- und Gesellschaftslieder in hebräischen Lettern, in: Zeitschrift für die Geschichte der Juden in Deutschland, Bd. II, Reprint 1975, S. 234.

6 Zit. nach Gustav Karpeles, Geschichte der Jüdischen Literatur, Bd. 2, Berlin 1909, S. 355.

7 Ebd., S. 353 f.

8 Jüdisches Lexikon. Ein Enzyklopädisches Handbuch des jüdischen Wissens in vier Bänden, hg. von Georg Herlitz und Bruno Kirschner, Bd. 1, Berlin 1927, S. 499.

9 Vgl. die Auflistung jüdisch-deutscher Schriften und ihre Standorte bei Helmut Dinse, Die Entwicklung des jiddischen Schrifttums im deutschen Sprachgebiet, Stuttgart 1974.

10 Ebd., S. 232.

11 Zit. nach Karpeles (s. Anm. 6), S. 348.

12 Zit. nach ebd., S. 351. Das Zitat ist eine Umschrift der in hebräischen Buchstaben geschriebenen jüdisch-deutschen Fassung.

13 Zit. nach ebd., S. 359.

14 Ebd.

15 Der Status eines Schutzjuden war eine Weiterentwicklung der Kammerknechtschaft unter dem Kaiser und bezog sich auf die von den Territorialherrschern ausgestellten Privilegien, z. B. das Recht auf Wohnsitz, Erwerbstätigkeit und Familie in Berlin.

16 Moritz Daniel Oppenheim, Erinnerungen eines deutsch-jüdischen Malers, Heidelberg 1999, S. 21.

17 Daniel Stauben, Eine Reise zu den Juden auf dem Lande, Berlin 1986; Erstausgabe: Scènes de la vie juive en Alsace, Paris 1860.

18 Ebd., S. 51.

19 Ebd., S. 53.

20 Vgl. Michael Brenner, Stefi Jersch-Wenzel, Michael A. Meyer, Deutsch-Jüdische Geschichte der Neuzeit, Bd. 2: Emanzipation und Akkulturation 1870–1871, München 1996, S. 10, siehe auch Claudia Ulrich, Shulamit und Margarete. Macht, Geschlecht und Religion in einer ländlichen Gesellschaft des 18. Jahrhunderts, Wien 1999.

21 Nach dem Titel der Memoiren des Dichters Jakob Löwenberg, zit. nach Arno Herzig, Jüdische Geschichte in Deutschland. Von den Anfängen bis zur Gegenwart, München 1997, S. 200.

22 Dinse (s. Anm. 9), S. 126.

23 Siehe die Einleitung in: Denkwürdigkeiten der Glückel von Hameln, aus dem Jüdisch-Deutschen übersetzt, mit Erläuterungen versehen und herausgegeben von Dr. Alfred Feilchenfeld, Berlin 1923, S. 9.

24 Die Memoiren der Glückel von Hameln. Aus dem Jüdisch-Deutschen von Bertha Pappenheim, Weinheim 1994, S. XX.

25 Zit. nach Herzig (s. Anm. 21), S. 102.

26 Vgl. ebd., S. 128.

27 Glückel von Hameln, Feilchenfeld-Ausgabe (s. Anm. 23), S. 22 f., Pappenheim-Ausgabe (s. Anm. 24), S. 32 f.

28 Fußnote von A. Feilchenfeld (s. Anm. 23), S. 21 f.

29 Dinse (s. Anm. 9), S.153 f.

30 Glückel von Hameln, Pappenheim-Ausgabe (s. Anm. 24), S. 138.

31 Eli Barnavi, Frank Stern (Hg.), Universalgeschichte der Juden. Von den Ursprüngen bis zur Gegenwart. Ein historischer Atlas, Wien 1993, Einführung I, S. VIII.

III.

1 Moritz Daniel Oppenheim, Erinnerungen eines deutsch-jüdischen Malers, Heidelberg 1999, S. 48 f.

2 Ebd., S. 48.

3 Anton Merk, Die künstlerische Entwicklung von Moritz Daniel Oppenheim, in: Georg Heuberger, Anton Merk (Hg.), Moritz Daniel Oppenheim. Die Entdeckung des jüdischen Selbstbewußtseins in der Kunst, Frankfurt am Main 2000, S. 32 f.

4 Freie Nacherzählung des Autors der Josephsgeschichte aus Genesis 39–50.

5 Thomas Mann, Joseph und seine Brüder, Joseph in Ägypten (Erstausgabe Wien 1936), Frankfurt am Main 1991, S. 461.

6 Ebd., S. 465 f.

7 Daniel Stauben, Eine Reise zu den Juden auf dem Lande, Berlin 1986, S. 154 ff.

8 Heuberger, Merk (s. Anm. 3), S. 215 und S. 232 ff.

9 Amos Funkenstein, Jüdische Geschichte und ihre Deutungen, Frankfurt am Main 1995, S. 20.

10 Julius Schoeps, Deutsch-jüdische Symbiose oder die mißglückte Emanzipation, Berlin 1996, S.169 f.

11 Heinrich Graetz, Volkstümliche Geschichte der Juden, Bd. 3, Leipzig 1888, S. 592.

12 Als ein »Judenheiland« Schule machte, in: Süddeutsche Zeitung (22./23.9.2001).

13 Zit. nach Rolf Ballof, Ansprache zur Eröffnung der Ausstellung »Blickwechsel« im Jacobson-Gymnasium, 17. 10. 2001, Seesen 2001, S. 10.

14 Eberhard Brecht, Manfred Kummer, Juden in Quedlinburg, Halberstadt, 1996, S. 19.

15 Ebd.

16 Sigrid Weigel, Einleitung, in: Inge Stephan, Sabine Schilling, Sigrid Weigel (Hg.), Jüdische Kultur und Weiblichkeit in der Moderne, Köln, Weimar, Wien 1994, S. 2.

17 Ebd., S. 4.

18 Vgl. Florian Krobb, Die schöne Jüdin. Jüdische Frauengestalten in der deutschsprachigen Erzählliteratur vom 17. Jahrhundert bis zum ersten Weltkrieg, Tübingen 1993 sowie Sander L. Gilman, Robert Jütte, Gabriele Kohlbauer-Fritz im Auftrag des Jüdischen Museums Wien (Hg.), »Der schejne Jid«. Das Bild des »Jüdischen Körpers« in Mythos und Ritual, Wien 1998.

19 Oppenheim (s. Anm. 1), S. 73.

20 Weigel (s. Anm. 16), S. 4.

21 Hans Mayer, Außenseiter, Frankfurt am Main 1975.

22 Vgl. Michael Nerlich, Der Haß auf Frankreich oder: Vom deutschen Veitstanz um die »nationale Identität«, in: Die Neue Gesellschaft. Frankfurter Hefte, Heft 1, 41. Jg., 1994, S. 18 f.

23 Norman Kleeblatt, Abschied und Heimkehr. Quellen und Kontext zu Moritz Oppenheims Meisterwerk *Die Heimkehr des Freiwilligen*, in: Heuberger, Merk (s. Anm. 3), S. 119.

24 Wilhelm von Humboldt, Schriften, Berlin 1961, S. 95 f.

25 Georg Wilhelm Friedrich Hegel, Vorlesungen über die Philosophie der Religion. Teil 2: Die bestimmte Religion, Hamburg 1985, S. 561 f., vgl. auch Terry Pinkard, Hegel. A Biography, Oxford 2000, S. 585 f.

26 Heinrich Heine, Confessio Judaica, Berlin 1925, S. 265.

27 Liliane Weissberg, Georg Heuberger, Der Rothschild, der Maler und der Dichterfürst, in: Heuberger, Merk (s. Anm. 3), S.145.

28 Pinkard (s. Anm. 25), S. 618f.

29 Oppenheim (s. Anm. 1), S. 91.

30 Ebd.

31 Wend von Kalnein (Hg.), Die Düsseldorfer Malerschule, Mainz 1979, S. 263.

32 Heinrich Graetz, Volkstümliche Geschichte der Juden, Bd. 3, Leipzig 1888, S. 579 f.

33 Jüdische Presse im 19. Jahrhundert. Aus dem Internationalen Zeitungsmuseum der Stadt Aachen, Aachen 1967, S. 76.

34 Michael Brenner, Stefi Jersch-Wenzel, Michael A. Meyer, Deutsch-jüdische Geschichte in der Neuzeit. Bd. 2: Emanzipation und Akkulturation, 1780–1871, München 1996, S. 140.

35 Arno Herzig, Jüdische Geschichte in Deutschland. Von den Anfängen bis zur Gegenwart, München 1997, S. 185.

36 Shulamit Volkov, Die Juden in Deutschland 1780–1918, München 2000.

37 Verein zur Förderung geistiger Interessen im Judenthume (Hg.), Gedenkblätter an Moses Mendelssohn, Leipzig 1866, S. 23.

38 Fanny Lewald, Jenny. München 1966 (Erstausgabe 1842), S. 262 f.

39 Zit. nach Gabriele Schneider, Fanny Lewald, Reinbek 1996, S. 28.

40 Zit. nach ebd., S. 115.

41 Ebd., S.122.

IV.

1 Walther Rathenau, Briefe, Dresden 1927, S.79.

2 Ebd., S. 80.

3 Centrum Judaicum, Juden in Berlin, Berlin 2000.

4 Emmanuel Lévinas, Schwierige Freiheit. Versuch über das Judentum, Frankfurt am Main 1996, S. 184.

5 Salomon Hermann Mosenthal, Tante Guttraud. Bilder aus dem jüdischen Familienleben, Berlin, Leipzig 1908, S. 7.

6 Rathenau, Briefe (s. Anm. 1), S. 171.

7 Ebd., S. 325.

8 Centrum Judaicum, Max-Liebermann-Gesellschaft, Museumspädagogischer Dienst (Hg.), Was vom Leben übrig bleibt, sind Bilder und Geschichten. Max Liebermann zum 150. Geburtstag, Berlin 1997, S. 69 f.

9 Gerschom Scholem, Von Berlin nach Jerusalem, Frankfurt am Main 1997, 2. erw. Fassung, 1997, S. 32.

10 Der Jude. Eine Monatsschrift. 1. Jg., Heft 6, Berlin, Wien September 1916

11 Mischket Liebermann, Aus dem Ghetto in die Welt. Autobiographie, Berlin 1977, S. 48.

12 Hugo von Hofmannsthal, Der Ersatz für die Träume, in: Gesam-

melte Werke. Reden und Aufsätze II, 1914–1924, Frankfurt am Main 1979, S. 145.

13 Walther Rathenau, Die Geschichte der Wahrheit. Essays von vergangenen und kommenden Dingen, Tübingen 2001, S. 68.

14 Vgl. Peter Jelavich, Performing High and Low: Modern Theater, Cabaret, Revue and Film, in: Emily D. Bilski (Hg.), Berlin Metropolis. Jews and the New Culture 1890–1918, Berkeley, Los Angeles, London 1999, S. 217.

15 Ebd., S. 227 f.

16 Interview mit Ernst Lubitsch, in: Der Kinematograph, 30.8.1916.

17 Zit. nach Stiftung Archiv der Akademie der Künste (Hg.), Ein Freund, ein guter Freund. Der Komponist Werner Richard Heymann (1896–1961), S. 42. Vgl. ausführlich Werner Richard Heymann, Hubert Ortkemper (Hg.), Liebling, mein Herz läßt dich grüßen. Der erfolgreichste Filmkomponist der großen Ufa-Zeit erinnert sich, Berlin 2001.

18 Max Liebermann, Die Phantasie in der Malerei. Schriften und Reden, Frankfurt am Main, 1978, S. 232 f.

19 Vgl. Astrid Schmetterling, Charlotte Salomon 1917–1943. Bilder eines Lebens, Frankfurt am Main 2001.

20 Walter Benjamin, Über den Begriff der Geschichte, in: ders., Illuminationen, Frankfurt am Main 1977, S. 255.

21 Siehe die Vielzahl von künstlerischen und literarischen Bezügen in: Werkbund Archiv (Hg.), Bucklicht Männlein und Engel der Geschichte. Walter Benjamin. Theoretiker der Moderne, Berlin 1990.

22 Walter Benjamin, Briefe, Frankfurt am Main 1966, S. 269.

23 Ebd., S. 272 f.

24 Ders., Gesammelte Schriften, Bd. 2, Frankfurt am Main 1977, S. 246.

25 Ebd., S. 367.

26 Zit. nach Gerschom Scholem, Walter Benjamin und sein Engel, Frankfurt am Main 1983, S. 42 f.

27 Ebd., S. 41 ff.

28 Vgl. Donat de Chapeaurouge, Paul Klee und der christliche Himmel, Stuttgart 1990, S. 47 f.

29 Vgl. Christina von Braun, Zur Bedeutung der Sexualbilder im rassistischen Antisemitismus, in: Inge Stephan, Sabine Schilling, Sigrid Weigel (Hg.), Jüdische Kultur und Weiblichkeit in der Moderne, Köln, Weimar, Wien 1994, S. 23 f.

30 Vgl. Marion Kaplan, Mut zum Überleben. Jüdische Frauen und ihre Familien in Nazideutschland, Berlin 2001.

31 Peter Edel, Wenn es ans Leben geht. Meine Geschichte, Bd. 2, Berlin 1979, S. 246.

V.

1 Martin Riesenburger, Das Licht verlöschte nicht. Ein Zeugnis aus der Nacht des Faschismus – Predigten, Berlin 1984, S. 53 f.

2 Zur unmittelbaren Nachkriegszeit siehe ausführlich Frank Stern, Im Anfang war Auschwitz. Antisemitismus und Philosemitismus im deutschen Nachkrieg, Gerlingen 1991.

3 Primo Levi, Atempause. Eine Nachkriegsodyssee, Frankfurt am Main 1982, S. 198.

4 Lotte Paepcke, Ich wurde vergessen. Bericht einer Jüdin, die das Dritte Reich überlebte, Freiburg, Basel, Wien 1979, S. 120 f.

5 Hans Mayer, Außenseiter, Frankfurt am Main 1975, S. 458.

6 Victor Klemperer So sitze ich denn zwischen allen Stühlen, Berlin 1999, Bd. 2, S. 661 f.

7 Ebd., S. 675.

8 Michael Degen, Nicht alle waren Mörder. Eine Kindheit in Berlin, München 1999, S. 278–284.

9 Ebd., S. 300.

10 Peter Schütze, Fritz Kortner, Reinbek 1994, S. 93.

11 Nach Klaus Völker, Fritz Kortner. Schauspieler und Regisseur, Berlin 1987, S. 185.

12 Siehe Hans Mayers ausführliche Diskussion des Stückes in: Außenseiter (s. Anm. 5), S. 327 f.

13 Vgl. auch Jael Geis, Gehen oder bleiben? Der Mythos von der »Liquidationsgemeinde«, in: Y. Michal Bodemann, Gedächtnistheater. Die jüdische Gemeinschaft und ihre deutsche Erfindung, Hamburg 1996, S. 56 f.

14 Vgl. Frank Stern, The Return to the Disowned Home – German Jews and the Other Germany, in: New German Critique 67/1996, S. 57 f.; sowie Thomas Michael Ruprecht, Felix Boenheim. Arzt, Politiker, Historiker, Hildesheim 1993.

15 Vgl. Wolfgang Herzberg, Überleben heißt Erinnern. Lebensgeschichten deutscher Juden, Berlin, 1990; Vincent von Wroblewsky (Hg.), Zwischen Thora und Trabant. Juden in der DDR, Berlin 1993; Günther B. Ginzel (Hg.), Der Anfang nach dem Ende. Jüdisches Leben in Deutschland. 1945 bis heute, Düsseldorf 1996.

16 Klemperer (s. Anm. 6), Bd. 1, S. 147.

17 Ebd., S. 148.

18 Peter Jacobs, Victor Klemperer. Im Kern ein deutsches Gewächs. Eine Biographie, Berlin 2000, S. 312.

19 Klemperer (s. Anm. 6), Bd. 1, S. 153.

20 Radio-Essay des Verfassers im SDR, November 1997.

21 Friedrich Hollaender, Von Kopf bis Fuß. Revue meines Lebens, Berlin 2001.

22 Vgl. zur Analyse der Umfrageergebnisse: Stern (s. Anm. 14), S. 65 f.

23 Klemperer (s. Anm. 6), Bd.1, S. 273.

24 Ebd., S. 328.

25 Paul Celan, Nelly Sachs, Briefwechsel, Frankfurt am Main 1993, S.33.

26 Hans Rosenthal, Zwei Leben in Deutschland, Bergisch-Gladbach 1980, S. 292.

27 Wolfgang Hildesheimer, Vermischte Schriften, Frankfurt am Main 1991, S. 654.

28 Wolfgang Hildesheimer, Masante, Frankfurt am Main 1973, S. 118f.

29 Salomon Korn, Geteilte Erinnerung. Beiträge zur deutsch-jüdischen Gegenwart, Berlin 1999, S. 244.

30 Wolfgang Hildesheimer, Ich werde nun schweigen, Göttingen 1993, S. 86.

31 Ebd., S. 86.

32 Wolfgang Hildesheimer, Endlich Allein. Collagen, Frankfurt am Main 1985, S. 48.

33 Hans Mayer, Gelebte Literatur. Frankfurter Vorlesungen, Frankfurt am Main, 1997, S. 103.

34 Jurek Becker, Bronsteins Kinder, Frankfurt am Main 1988, S. 123.

35 Ebd., S. 192.

36 Ebd., S. 197.

37 Siehe die CDs von Jalda Rebling, die auf musikalischen und ge- schichtlichen Ausgrabungen beruhen, z.B. Juden in Deutschland 1250–1750, Raumklang 1994, sowie Juden im Mittelalter, Raumklang 1999. Die Lieder dieser CD wurden in der Synagoge Rykestraße in Berlin-Prenzlauer Berg aufgenommen.

38 Doron Rabinovici, Suche nach M. Roman in zwölf Episoden, Frank- furt am Main 1997, S. 193.

39 Vgl. Micha Brumlik, Kein Weg als Deutscher und Jude. Eine bundes- republikanische Erfahrung, München 1996.

40 Zit. nach Ludger Heid, Julius H. Schoeps (Hg.), Juden in Deutsch- land. Von der Aufklärung bis zur Gegenwart, München 1994, S. 349.

41 Micha Brumlik (Hg.), Zuhause, keine Heimat? Junge Juden und ihre Zukunft in Deutschland, Gerlingen, 1998.

42 Alexa Brum, Rachel Heuberger, Manfred Levy, Noemi Staszewski, Dodi Volkersen (Hg.), Ich bin, was ich bin, ein Jude. Jüdische Kinder in Deutschland erzählen, Köln 1995, S. 31f.

43 Hans Mayer (s. Anm. 5), S. 458.

44 Vgl. Theodor Adorno, Max Horkheimer, Dialektik der Aufklärung. Philosophische Fragmente, Amsterdam 1947.

45 Victor Klemperer, Lingua Tertii Imperii. Notizbuch eines Philolo- gen, Berlin 1947.

46 Vgl. Bodemann, (s. Anm. 13), S.148 f.

47 Vgl. Stern (s. Anm. 14), S. 241 f.

48 Esther Dischereit, Übungen jüdisch zu sein, Frankfurt am Main, 1998, S. 198.

49 Benjamin, Geschichtsphilosophische Thesen, in: ders. Illuminatio- nen, Frankfurt am Main 1961, S. 253.

PERSONENVERZEICHNIS

Ackermann, Rachel (17. Jh.), Wiener Schriftstellerin 77
Adorno, Theodor W. (1903–1969), Philosoph, Soziologe, Musiktheoretiker 163 199 210
Agnon, Samuel Josef, eigtl. J.S. Czaczkes (1888–1970), israel. Schriftsteller 133 f.
Allen, Woody, eigtl. A. Stewart Königsberg (*1935), am. Regisseur und Schauspieler 144
Andersen, Hans Christian (1805–1875), dän. Schriftsteller 125
Apitz, Bruno (1900–1979), Schriftsteller 190
Aristoteles (384–322 v. Chr.), griech. Philosoph, Lehrer Alexander des Großen 79
Arnim, Bettina von (1785–1859), Schriftstellerin 125
Äsop (6. Jh. v. Chr.), altgriech. Fabeldichter 55

Bach, Johann Sebastian (1685–1750), Organist, Hofkapellmeister, Komponist 78 106
Bachmann, Ingeborg (1926–1973), Schriftstellerin 190
Baum, Herbert (1912–1942 ermordet), Widerstandskämpfer 46 158 175
Becker, Jurek (1937–1997), Schriftsteller und Drehbuchautor 16 184 196 202 ff. 206 208 215
Bendemann, Eduard (1811–1889), Maler aus dem Kreis Johann Gottfried Schadows 107
Benjamin ben Moses (um 1600), Drucker aus Tannhausen 64
Benjamin, Walter (1892–1940 Selbstmord), Literaturwissenschaftler, Essayist und Kulturkritiker 15 159–164 167 217
Bergner, Elisabeth, eigtl. Ettel (1897–1986), Schauspielerin 154 f.
Bialik, Chajjim Nachman (1873–1934), hebr. Dichter und Verlagsleiter 133 194
Bismarck, Otto Fürst von (1815–1898), Staatsmann, 1871–1890 Reichskanzler 114 f. 121
Blumenthal, Hermann (1880–1959), Schriftsteller 124
Bobrowski, Johannes (1917–1965), Lyriker, Lektor und Romanautor 192
Boccaccio, Giovanni (1313–1375), ital. Dichter 65
Bois, Curt (1901–1991), Schauspieler 188
Börne, Ludwig, eigtl. Löb Baruch (1786–1837), Schriftsteller und Journalist 16 46 63 96 108 112

Brandes, Simon Wolff, Berliner Schutzjude, bekannt durch seine Huldigung zur Krönung des ersten preußischen Königs Friedrich I. 1701 71
Brauner, Artur (*1918), Filmregisseur und Produzent 197
Brecht, Bertolt (1898–1956), Dramatiker und Regisseur 213
Brociner, Marco (1852/53–1942 ermordet), Schriftsteller 124
Buber, Martin (1878–1965), Philosoph und Religionswissenschaftler 26 123 128 134 f. 200 214
Bubis, Ignatz (1927–1999), 1992–1999 Vorsitzender des Zentralrates der Juden in Deutschland 196
Byron, George Gordon Noel, Lord (1788–1824), engl. Dichter 47

Canaletto, eigtl. Bernardo Belotto (1720–1780), ital. Maler 200
Capito, Wolfgang Fabricius, eigtl. Köpfel (1478–1541), Reformator 44
Cassirer, Ernst (1874–1945), Philosoph 140
Celan, Paul, eigtl. Paul Anczel (1920–1970 Selbstmord), Schriftsteller und Übersetzer 189 ff. 200
Clay, Lucius Dubignon (1897–1978), am. General, 1947–1949 Militärgouverneur der am. Besatzungszone in Deutschland 180
Cleve, Adelheid (1800–1836), Ehefrau von Moritz Daniel Oppenheim 87
Cohen, Hermann (1842–1918), Philosoph, erster deutsch-jüdischer Ordinarius für Philosophie 123
Corot, Camille (1796–1875), frz. Maler und Graphiker 200
Curtiz, Michael, eigtl. Mihály Kertész (1888–1962), ungar. Schauspieler und Regisseur 121 145

Dayan, Moshe (1915–1981), israel. General und Politiker 195
Degen, Michael (*1932), Schauspieler 175 f.
Deutsch, Ernst (1890–1969), Schauspieler 178 188
Dieterle, Wilhelm (1893–1972), Schauspieler und Regisseur 188
Dincklage-Campe, Friedrich Freiherr von (1777–1846), Buchhändler und Verleger 124
Dietrich, Marlene (1901–1992), Schauspielerin und Sängerin 188
Dischereit, Esther (*1952), Schriftstellerin und Publizistin 214
Döblin, Alfred (1878–1957), Schriftsteller und Nervenarzt 137 157 184 206
Dolce (um 1200), Ehefrau des Wormser Rabbiners Eleazar ben Jehuda 37
Domin, Hilde (*1912), Lyrikerin, Schriftstellerin 189
Dreyfus, Alfred (1859–1935), frz. Hauptmann 145 176

Eckart, Meister (um 1260–1328), Dominikaner, Mystiker, Spruchdichter 117
Edel, Peter (1921–1983), Schriftsteller und Maler 152 167 f. 185
Ehre, Ida (1900–1989), Schauspielerin und Regisseurin 178
Einstein, Albert (1879–1955), Physiker 200
Elchanan ben Abraham (1. Hälfte 17. Jh.), Verfasser populärer jüdisch-deutscher Lieder 66

Glückel von Hameln (1645–1724), Kauffrau und Schriftstellerin 16 46 76–84 115

Glücksmann, Joseph (1900–1963), österr. Regisseur und Dramaturg 176

Goebbels, Joseph (1897–1945 Selbstmord), 1933–1945 Reichsminister für Volksaufklärung und Propaganda 146 f. 196

Goethe, Johann Wolfgang, (1749–1832), Dichter 87 98 104 ff. 112 125 171

Goya, Francisco José de (1746–1828), span. Maler 139

Graef, Gustav (1821–1895), Maler 107 f.

Graetz, Heinrich (1817–1891), Philologe, Philosoph und Historiker 9 20 47 78 96 f. 108 128

Granach, Alexander (1890–1945), Schauspieler 137

Grazie, Marie Eugenie delle (1864–1931), Schriftstellerin 124

Grimm, Jacob Ludwig Karl(1785–1863), Germanist 77 87 109

Grimm, Wilhelm (1786–1859), Germanist 77 87 109

Grimmelshausen, Johann Jacob Christoffel von (1621–1676), Erzähler 78

Gringauz, Samuel, nach der Befreiung aus dem Konzentrationslager aktiv am Aufbau jüdischen Lebens im Nachkriegsdeutschland beteiligt 180

Grosz, George, eigtl. Georg Ehrenfried (1893–1959), Maler und Graphiker 133

Gründgens, Gustaf (1899–1963), Schauspieler, Regisseur und Intendant 149

Grundig, Lea (1906–1977), Malerin und Graphikerin 189 f.

Habe, Hans, eigtl. Hans Békessy (1911–1977), Journalist, Drehbuchautor und Schriftsteller 184 187

Hagen, Friedrich Heinrich von der (1780–1856), Literaturwissenschaftler und Herausgeber der ersten wissenschaftlichen Ausgabe der *Manesseschen (Große Heidelberger Lieder-) Handschrift* 46 f.

Harun al Raschid (786–809), Kalif von Bagdad 24 f.

Harvey, Lilian (1906–1968), engl. Schauspielerin 153

Hegel, Georg Friedrich Wilhelm (1770–1831), Philosoph 104 106

Heine, Heinrich (1797–1856), Schriftsteller 16 28 f. 52 63 66 96 104 106 108 112 120 171 190 202 211

Hermann, Georg (1871–1943 ermordet), Kunstkritiker und Schriftsteller 124

Hermlin, Stephan, eigtl. Rudolf Leder (1915–1997), Schriftsteller 187

Herz, Henriette (1764–1847), Mittelpunkt eines aufklärerischen Salons in ihrem Hause 99 f.

Herzberg-Fränkel, Leo (1827–1915), Schriftsteller und Journalist 124

Herzl, Theodor (1860–1904), Schriftsteller, Journalist, 1897 Präsident des Ersten Zionistischen Weltkongresses in Basel 121 132 163 f.

Heuss, Theodor (1884–1963), Politiker und Publizist, 1949–1959 Bundespräsident 189

Heym, Stefan, eigtl. Helmuth Flieg (1913–2001), Schriftsteller 184 187 196 202 206

strieller, Politiker, Febr.–Juni 1922 Außenminister 16 46 63 117 127 f. 134 140 f. 158 211 f.

Rausnitz, Rahel, Prager Schriftstellerin 68

Rebling, Jalda (*1951), Sängerin 16 66 205

Reich-Ranicki, Marcel (*1920), Literaturkritiker, Schriftsteller 52 198

Reinhardt, Max, eigtl. Max Goldmann (1873–1943), Schauspieler, Regisseur und Theaterleiter 121 128 137 141 153 f.

Rembrandt van Rijn (1606–1669), niederl. Maler 78

Reuter, Ernst (1889–1953), SPD-Politiker, 1950–1953 Reg. Bürgermeister von Berlin 178

Reuchlin, Johannes (1455–1522), Humanist und Philologe 45

Riefenstahl, Leni (*1902), Tänzerin, Schauspielerin, Regisseurin 149

Riesenburger, Martin (1896–1965), Rabbiner 169 f.

Rommel, Erwin (1891–1944 Selbstmord), Generalfeldmarschall, führte 1941–1943 das Afrikakorps 195

Rosenthal, Hans (1925–1987), Rundfunk- und Fernsehentertainer 16 46 193 f. 216

Rosenthal, L., Rabbiner 127

Rosenzweig, Franz (1886–1929), Philosoph, gründete mit Martin Buber das Freie Jüdische Lehrhaus in Frankfurt am Main 123

Roth, Joseph (1894–1939), österr. Schriftsteller und Journalist

Rotter, Fritz (1900–1984), Drehbuchautor, Komponist 188

Rühmann, Heinz (1902–1994), Schauspieler und Regisseur 153

Sachs, Franz, Journalist 135

Sachs, Nelly (1891–1970), Lyrikerin, Schriftstellerin 157 189 200

Salmony, George 188

Salomon, Charlotte (1917–1943 ermordet), Malerin und Autorin 46 156 f. 190

Saura, Carlos (*1932), span. Regisseur 139

Schiele, Egon (1890–1918), österr. Maler und Zeichner 139

Schiller, Friedrich (1759–1805), Dichter 105 112 171

Schindel, Robert (*1944), österr. Schriftsteller 208

Schlegel, Dorothea (1763–1839), Schriftstellerin, Tochter Moses Mendelssohns und Ehefrau von Friedrich Schlegel 106 114

Schmidt, Joseph (1904–1942), rumän. Schauspieler und Sänger 146 216

Schmitz, Sybille (1909–1955), Schauspielerin 137 145 149

Schnitzler, Arthur (1862–1931), österr. Dramatiker und Schriftsteller 178 206 211

Schocken, Salman (1877–1959), Volkswirtschaftler und Verleger 134

Scholem, Gerschom (1897–1982), Religionshistoriker 49 117 f. 130 161 163 f.

Schottlaender, Rudolf (1900–1988), Altphilologe und Philosoph 187

Seghers, Anna, eigtl. Netty Radványi (1900–1983), Schriftstellerin 157 189

Silbergleit, Arthur (1887–1943 ermordet), Lyriker, Legendendichter und Literaturkritiker 124

Silbermann, Alphons (*1909), Soziologe 207

Simmel, Georg (1858–1918) Philosoph und Soziologe 123 f.

Simon, Ernst (1899–1988), Pädagoge, 1923-1928 Redakteur bei der Zeitschrift *Der Jude* 123

Simon, Heinrich (1805–1860), 1848 Mitglied des deutschen Parlaments 114

Simson, Eduard Martin (1810–1899), Anwalt, 1848 Präsident der Nationalversammlung in der Frankfurter Paulskirche, 1867–1874 Reichstagspräsident 110

Slánský, Rudolf (1901–1952 hingerichtet), tschechoslowak. Politiker, in einem Schauprozeß zum Tode verurteilt, 1968 rehabilitiert 193

Slevogt, Max (1868–1932), Graphiker und Maler 133

Söderbaum, Kristina (1912–2001), schwed.-dt. Schauspielerin 146

Spanier, Meier, Dichter 50

Spinoza, Baruch de (1632–1677), Religionsphilosoph 78

Spiro, Eugen (1874–1972), Maler, Mitglied der Berliner Sezession 133

Stalin, Jossif Wissarionowitsch, eigtl. J. W. Dschugaschwili (1879–1953), sowj. Staatsmann und Parteiführer 204

Stauben, Daniel (Mitte 19. Jh.), Schriftsteller, Generalinspekteur der frz. Regierung für lebende Sprachen 74 81 91

Stein, Karl Freiherr vom und zum (1757–1831), preuß. Staatsmann und Reformer 86

Steinschneider, Moritz (1816–1907), Orientalist, Bibliograph 49

Stern, Süsskind (1610–1668), Frankfurter Kaufmann 66

Stettenheim, Julius (1831–1916), Schriftsteller und Journalist 124

Stoecker, Adolf (1835–1909), Geistlicher und deutschkonservativer Sozialpolitiker 120

Süßkind von Trimberg (1. Hälfte 13. Jh.), erster jüd. Minnesänger und Spruchdichter 16 f. 19–22 30 35 40 ff. 46–53 57 f. 85 112 190 199 216 218

Theilhaber, Felix A. (1884–1956), Sexualwissenschaftler 123

Therbusch, Anna Dorothea (1721–1782), Malerin 99 f.

Tiktiner, Rebekka (Ende des 16. Jh.), Schriftstellerin 68

Torberg, Friedrich (1908–1979), Schriftsteller 50 f. 206

Treitschke, Heinrich von (1834–1896), Historiker und Publizist 120

Tucholsky, Kurt (1890–1935 Selbstmord), Schriftsteller 121 135 211

Tumarkin, Yigael (*1933), israel. Künstler und Bildhauer 163 f.

Turszinsky, Walter (1874–1915), Schriftsteller 124

Ury, Lesser (1861–1931), Maler und Graphiker 133

Varnhagen von Ense, Rahel (1771–1833), Gastgeberin eines literarischen Salons in Berlin 68 99 f. 114

Vermeer, Jan, gen. V. van Delft (1632–1675), holl. Maler 200

BILDNACHWEIS

Willem Frederik Hermans

Die Dunkelkammer
des Damokles

Roman

Mit einem Nachwort
von Cees Nooteboom

Aus dem Niederländischen
von Waltraud Hüsmert

415 Seiten. Gebunden
ISBN 3-378-00640-4

Nach über 40 Jahren erstmals in deutscher Übersetzung: Mit »Die
Dunkelkammer des Damokles« hat Willem Frederik Hermans einen der
raffiniertesten Romane der modernen Literatur geschrieben.

»Die niederländische Literatur dieses Jahrhunderts ist ohne Willem
Frederik Hermans undenkbar.«
Cees Nooteboom

»Auch die europäische Literatur wäre ärmer ohne ihn. Privates und
Politisches zu transformieren – darin ist Hermans ein Riese, auf dessen
Schultern Zwerge stehen.«
Süddeutsche Zeitung

»Diesen Roman müssen wir irgendwo zwischen Dostojewski, Kafka und
Boves' genialem Roman ›Die Falle‹ ansiedeln. Schöpferischer Nihilismus
in Hochpotenz.«
Nürnberger Nachrichten

»Ein bewegendes Buch, das nun endlich in deutscher Sprache vorliegt –
dringend empfohlen.«
Das Magazin

»Die beklemmende Paranoia, die er seinen Lesern zumutet, bildet eine der
größten Attraktionen des Romans.«
TAZ

Gustav Kiepenheuer
V E R L A G

Uwe Soukup
Ich bin nun mal Deutscher
Sebastian Haffner

Eine Biographie

Mit 62 Abbildungen
344 Seiten. Gebunden
ISBN 3-351-02526-2

Mit den *Anmerkungen zu Hitler* legte er das wohl meistgelesene Buch über die Nazi-Zeit vor. Seine *Geschichte eines Deutschen* ist seit Erscheinen auf der Spiegel-Bestsellerliste. Der Journalist Uwe Soukup kannte Haffner noch zu Lebzeiten und war Herausgeber dreier seiner Bücher. In dieser ersten Haffner-Biographie schildert er die Lebensgeschichte eines »Historikers wider Willen«, der die »Deutschen mit sich selbst versöhnen« wollte, die Öffentlichkeit polarisierte und uns wie kein anderer half, komplexe geschichtliche Vorgänge zu verstehen.

»Klar und kundig. Eine Biographie Haffners war lange überfällig.«

taz

»Die erste und sehr bemerkenswerte Biographie, die dem Leben dieses Wanderers zwischen allen Welten mit großer Akribie nachgeht. Das ist endlich eine Biographie, die nicht das hundertmal Gesagte noch mal sagt, sondern Neuland erschließt.«

Wolf Jobst Siedler

Aufbau-Verlag

Klil Zisapel

Meine Schwester,
meine Braut

Roman

*Aus dem Hebräischen
von Stefan Siebers*

*361 Seiten. Gebunden
ISBN 3-351-02931-4*

»Der schmerzhafte und zugleich erregende Roman ist in einer präzisen, unsentimentalen Sprache geschrieben und macht trotz aller Melancholie Lust aufs Leben. Eine Art israelische Generation-X-Story.«

Fit for Fun

»Eindringlich und ohne Tabus schildert Klil Zisapel in ihrem gewagten Roman die Rückhaltlosigkeit einer weiblichen Leidenschaft, die bewusst gegen die gültigen Regeln von Gesellschaft und Religion verstößt.«

Börsenblatt des Deutschen Buchhandels

»... man kann kaum glauben, dass die israelische Autorin erst 25 Jahre alt ist, so viel Weisheit und Lebenserfahrung steckt in dieser todtraurigen Chronik einer obsessiven Liebe ohne Zukunft.«

Brigitte

»Klil Zisapels Roman lebt von Extremen: Für Fans von echtem Abenteuer, Adrenalinstößen und Ohnmächtigkeiten sei dieses Buch wärmstens empfohlen.«

Siegessäule

Aufbau-Verlag

Victor Klemperer

Leben sammeln, nicht
fragen wozu und warum
Tagebücher 1918–1932
2 Bände in Kassette

Herausgegeben von Walter
Nowojski unter Mitarbeit
von Christian Löser

Mit einem Nachwort
von Walter Nowojski

1882 Seiten. Gebunden
ISBN 3-351-02391-X

Zwischen Revolution, Inflation und aufkommendem Nationalsozialismus sucht Victor Klemperer politische Orientierung. Begegnungen, Gespräche, Arbeitsnotizen werden ebenso reflektiert
wie Sorgen um Geld und Gesundheit. Berichte von Schiffsreisen,
dem ersten Grammophon, den vielen Kinobesuchen stehen neben
Aufzeichnungen über zunehmenden Antisemitismus, der in eine
finstere Zukunft weist.

»Man kann süchtig werden nach diesen Tagebüchern: in ihnen entwickelt sich eine Lebensgeschichte in fast schon enzyklopädischem
Format. Es fällt dem Leser zuweilen schwer, in das eigene Leben
zurückzufinden.«

Der Spiegel

Aufbau-Verlag

Victor Klemperer

Ich will Zeugnis ablegen
bis zum letzten

Tagebücher 1933–1945

2 Bände in Kassette

*Herausgegeben von Walter
Nowojski unter Mitarbeit
von Hadwig Klemperer*

*Mit einem Nachwort
von Walter Nowojski*

*Mit einem Frontispiz
und einem Faksimile
1694 Seiten. Gebunden
ISBN 3-351-02340-5*

»Die Tagebücher, in denen genaueste Beobachtungsgabe, sprachliche Meisterschaft, aufklärerische Skepsis und menschliche Größe sich aufs glücklichste vereinen, stellen alles in den Schatten, was jemals über die Zeit des Nationalsozialismus geschrieben wurde.«

Die Zeit

»Klemperer, der wunderbare Erzähler, der stilistische Könner, der journalistische Wissenschaftler und humorvolle Linguist.«

Stern

»Ein Jahrhundertwerk.«

Literarisches Quartett

»Victor Klemperers Tagebücher bewegen die Nation.«

Der Spiegel

Aufbau-Verlag

Victor Klemperer

So sitze ich denn
zwischen allen Stühlen
Tagebücher 1945–1959
2 Bände in Kassette

*Herausgegeben von Walter
Nowojski unter Mitarbeit
von Christian Löser*

*Mit einem Nachwort
von Walter Nowojski*

*Mit einem Frontispiz
1824 Seiten. Gebunden
ISBN 3-351-02393-6*

Über die Geschichte Nachkriegsdeutschlands kann künftig nicht geredet werden, ohne Klemperers Aufzeichnungen heranzuziehen. In der unvergleichbaren Mischung aus Genauigkeit, Zeitzeugenschaft und Aufrichtigkeit reflektieren seine Tagebücher den Weg zunehmender Enttäuschung über das Mißlingen eines radikalen Neuanfangs nach dem »Dritten Reich«.

Es ist das letzte Lebenskapitel eines bürgerlichen Humanisten, der seine Liebe zu einem Deutschland der klassischen Aufklärung nie realisieren konnte, und der Abschluß einer einmaligen Jahrhundertschau.

»Durch vier Epochen deutscher Geschichte führt sein unvergleichliches Œuvre. Fast beiläufig, ohne es zu wollen und zu wissen, ist er zum großen Chronisten des Jahrhunderts geworden.«

Die Zeit

Aufbau-Verlag

Helen Fremont

Nach langem Schweigen
*Auf der Suche nach meiner
jüdischen Identität*

*Aus dem Amerikanischen
von Helmut Ettinger*

*333 Seiten. Gebunden
ISBN 3-351-02523-8*

Helen, die katholisch erzogen wurde, findet im Alter von über
dreißig Jahren heraus, daß ihre Eltern Überlebende des Holocaust
sind und sie selbst Jüdin ist.

Stück um Stück enthüllt Helen die Geschichte ihrer Eltern und
damit auch ihrer eigenen Herkunft. Aber der schmerzhafte Prozeß,
mit dem die Wahrheit ans Tageslicht befördert wird, wirft so viele
Fragen auf wie er beantwortet.

»›Nach langem Schweigen‹ ist eine erstaunliche Chronik von Leiden
und Schrecken, Wiedergeburt und Geheimnis. Sorgfältig recher-
chiert und einfallsreich rekonstruiert, bringt es ans Licht, was versteckt und verschwiegen worden war. Ein mutiges, wunderschö-
nes Buch.«
                                                    Charles Baxter

»Ein einsamer Stern am Himmel literarischer Sachbücher. Die
Handlung ist spannend, die Erzählerin beschlagen und witzig und
der Gegenstand so relevant wie die Zeitung von heute.«

                                                    Helen Epstein

Aufbau-Verlag

Rudolf Leonhard
In derselben Nacht
Das Traumbuch des Exils

*Herausgegeben und
mit einem Nachwort
von Steffen Mensching*

*Mit 9 Abbildungen
527 Seiten. Gebunden
ISBN 3-351-02527-0*

Ein einmaliges Dokument: 1941 im französischen Lager Le Vernet interniert, notierte der Lyriker Rudolf Leonhard (1889–1953) seine Träume. Über 2500 eng beschriebene Seiten waren das Ergebnis dieses beispiellosen Selbstversuches unter den Bedingungen von Gefangenschaft und Todesgefahr.

Leonhard war ein phantasievoller Träumer. Zudem besaß er die Gabe, die flüchtigen Visionen seiner Nächte eindrucksvoll festzuhalten. In verblüffenden surrealen Bildern reflektieren diese Aufzeichnungen die bizarre Situation des Exils. Zugleich sind sie auch eine Art Autobiographie. Die Personage ist breit: Geliebte, Ehefrauen, Freunde und Verwandte treffen auf Dichter und Politiker. Unbekannte und Vergessene begegnen Berühmtheiten und Legenden: Kortner, Heinrich Mann, Gide, Döblin, Musil, Hasenclever, Toller. Wie in einer Retrospektive sind wichtige Stationen aus dem Leben Leonhards fixiert, Städte und Straßen schieben sich ineinander.

Aufbau-Verlag

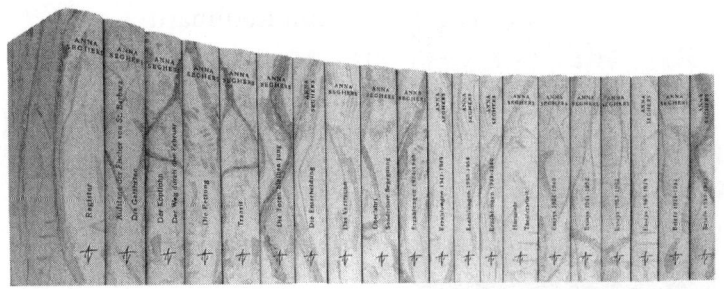

Anna Seghers
Werkausgabe

Hrsg. Bernhard Spies, Helen Fehervary

Alle Bände in Leinen gebunden,
mit Fadenheftung und Leseband

Die neue Werkausgabe, an der international renommierte Seghers-
Forscher beteiligt sind, ist eine Leseausgabe mit sorgfältig editier-
ten Texten, die Fehler der bisherigen Ausgaben beseitigt. Sie umfaßt
die literarischen Arbeiten von Anna Seghers – veröffentlichte wie
bisher nicht veröffentlichte –, die theoretischen Schriften und eine
Briefauswahl. Jeder Band enthält einen Anhang mit Erläuterungen
zu Personen, Begriffen und Ereignissen sowie ein Nachwort zur
Entstehungs- und Rezeptionsgeschichte. Der Kommentar basiert
auf dem neuesten Stand der Seghers-Forschung und erschließt bisher ungenutzte Quellen. Die Edition ist auf 21 Bände in 5 Abteilun-
gen angelegt: Romane und romanhafte Erzählungen (9 Bände), Erzählungen (4 Bände), Hörspiele und Theaterarbeit (1 Band), Essays
(4 Bände), Briefe (2 Bände). Den Abschluß bildet ein Registerband.

Aufbau-Verlag

MARION KAPLAN

Der Mut
zum *Überleben*

Jüdische Frauen und ihre Familien
in Nazideutschland

Aufbau-Verlag

Marion Kaplan

Der Mut zum Überleben

*Jüdische Frauen und ihre Familien
in Nazideutschland*

*Aus dem Amerikanischen
von Christian Wiese*

*Mit 7 Abbildungen
409 Seiten. Gebunden
ISBN 3-351-02519-X*

Marion Kaplan liefert mit dieser bahnbrechenden Studie eine Innensicht der Judenverfolgung aus der Sicht jüdischer Frauen. Ihr Blick verharrt dort, wo ihn andere Historiker bislang rasch wieder abgewendet haben: im alltäglichen Leben. Die renommierte amerikanische Historikerin erzählt diese Geschichte anhand einer Fülle von bislang nicht ausgewerteten Briefen, Tagebüchern, Erinnerungen und Interviews.

»Marion Kaplan gelingt es, in der Darstellung des Alltags den Weg durch die verschiedenen Kreise der Hölle sensibel und anschaulich nachzuzeichnen.«

F.A.Z.

»Eine dichte und erhellende Schilderung.«

Frankfurter Rundschau

»Eine Studie, die aus der Fülle der Literatur über den Holocaust herausragt.«

WDR

Aufbau-Verlag

Marion Schreiber

Stille Rebellen

*Der Überfall auf den
20. Deportationszug
nach Auschwitz*

*Mit einem Vorwort
von Paul Spiegel*

*Mit 25 Abbildungen.
352 Seiten. Gebunden
ISBN 3-351-02513-0*

»Im Mittelpunkt steht eine in der Geschichte des Widerstands einzigartige Aktion: Am 19. April 1943 stoppten drei junge, couragierte jüdische Studenten – lediglich ausgerüstet mit Zangen, einer Pistole und einer roten Sturmleuchte – einen Zug, der 1613 staatenlose Juden in Viehwaggons vom belgischen Sammellager Mechelen nach Auschwitz deportieren sollte. Im Abwehrfeuer der SS und Polizei ermöglichten sie 242 Insassen die Flucht in die Freiheit. Daran erinnert zu haben ist der bleibende Verdienst der Arbeit von Marion Schreiber.«

F.A.Z

»Marion Schreiber, die die Verhältnisse in Belgien gut kennt, eröffnet mit diesem Buch ein unbekanntes, aber anrührendes Kapitel aus der Zeit der Shoa.«

Die Welt

»Die Zivilcourage der Belgier hat Marion Schreiber festgehalten.«

Der Spiegel

Aufbau-Verlag

Anna Seghers

Hier im Volk der kalten
Herzen

Briefwechsel 1947

*Herausgegeben
von Christel Berger*

*Mit 12 Fotos
281 Seiten
Band 5172
ISBN 3-7466-5172-7*

Im April 1947 kehrte die Autorin von »Das siebte Kreuz« aus dem
mexikanischen Exil nach Berlin zurück. Ihre bislang unveröffent-
lichte Korrespondenz aus dieser Zeit ist ein Dokument besonderer
Art: Hier ist nicht nur die Seghers auf sehr persönliche Weise ken-
nenzulernen, präsent sind auch all die Probleme der Heimkehr
einer Emigrantin in ein zerstörtes Land, zu Menschen, die den eigenen Anteil am Geschehen nicht wahrhaben wollen. In diesen
Briefen wird deutlich, wie schwer es Anna Seghers fiel, wieder in
Deutschland heimisch zu werden. Die Rückkehr ist keine Heimkehr, und sie ist unsicher, ob sie bleiben wird. Andererseits reflektieren die Briefe, die sie erhält und die sie schreibt, aber auch das be-
stätigende Gefühl, gebraucht zu werden, das sie schließlich zum
Bleiben bewog.

A*t*V
Aufbau Taschenbuch Verlag

Vernichten und Heilen

Der Nürnberger
Ärzteprozeß und
seine Folgen

*Herausgegeben
von Angelika Ebbinghaus
und Klaus Dörner*

*Mit 18 Abbildungen
675 Seiten. Gebunden
ISBN 3-351-02514-9*

»Angelika Ebbinghaus und Klaus Dörner ist es zu danken, dass dieses – nach Alexander Mitscherlichs und Fred Mielkes ›Medizin ohne Menschlichkeit‹ (1947) – vielleicht wichtigste Werk über die deutschen Medizinverbrechen während der NS-Diktatur erscheinen konnte. Wichtig nicht nur deshalb, weil die Autoren minutiös das Grauen deutscher Forschungsmedizin zwischen 1939 und 1945 dokumentieren, sondern weil hier erstmals auch die Hintergründe des Nürnberger Ärzteprozesses 1946/47, seine Vorgeschichte und seine Wirkungen im Hinblick auf die Ethik des Humanexperiments beleuchtet werden.«

Die Zeit

»Das Material ist von ungeheurem Wert, nicht nur für die Entschlüsselung der Vergangenheit, sondern für die Frage, in welche Richtung wir uns in der Medizin ethisch weiterentwickeln wollen.«

TAZ

Aufbau-Verlag

Anatoli Rybakow
Roman der Erinnerung
Memoiren

*Aus dem Russischen von Renate
und Thomas Reschke*

*Mit 34 Abbildungen
442 Seiten. Gebunden
ISBN 3-351-02524-6*

»Als Rybakow seine Memoiren schrieb, war er weit über achtzig; auf der Höhe seines Ruhmes galt er jetzt als unbestechlicher Autor, der den großen, den wahrhaftigen Roman der Sowjetunion geschrieben hat. Doch ist noch in seinen letzten Aufzeichnungen die Bitternis zu spüren, die Verzweiflung, Erregung, Wut, mit der er über zwanzig Jahre auf diese Veröffentlichung warten musste.«

Süddeutsche Zeitung

»Rybakows letztes Werk ist Zeugnis eines Lebens, das über die volle Distanz des sowjetischen Kommunismus gegangen ist, das ihn ausgehalten und überstanden hat, ohne sich moralisch zu ruinieren.«

WDR

»Sein ›Roman der Erinnerung‹ ist neben der persönlichen Geschichte Rybakows vor allem auch ein beeindruckendes Werk zum Verständnis der russischen Seele.«

Fragmentum

»Ein Buch voller Wahrheiten, Lebensrätsel, Einsichten in die Psyche der Menschen, die in der Diktatur um Würde ringen. Satz für Satz Tatsachen, harte Fakten, knappe Schilderungen. «

Lausitzer Rundschau

Aufbau-Verlag